Knaur

Von Meike Winnemuth und Peter Praschl
ist außerdem erschienen:

Auf und davon

Meike Winnemuth
Peter Praschl
Doppelpack

Die ultimative Gebrauchsanweisung
für das Leben zu zweit

Knaur

Für die freundliche Zusammenarbeit dankt der Verlag
Nikolas Marten, Chefredakteur AMICA,
Peter Bay, Creative Director AMICA, und
Simone Brecht, Verlagsleiterin AMICA.

Besuchen Sie uns im Internet:
www.droemer-weltbild.de

Originalausgabe 2000
Copyright © 2000 bei
Droemersche Verlagsanstalt Th. Knaur Nachf., München
In Zusammenarbeit mit der AMICA
Verlag GmbH & Co. KG, Hamburg
Alle Rechte vorbehalten. Das Werk darf – auch teilweise – nur mit
Genehmigung des Verlages wiedergegeben werden.
Umschlaggestaltung: ZERO Werbeagentur, München,
unter Verwendung eines Entwurfs von Peter Bay,
Creative Director AMICA
Satz: Ventura Publisher im Verlag
Druck und Bindung: Nørhaven A/S
Printed in Denmark
ISBN 3-426-61853-2

2 4 5 3 1

Inhalt

I.
Vorspiel

1 Beipackzettel
Risiken und Nebenwirkungen dieses Buches 16

II.
Wozu Paar sein?

2 Kontaktanzeige
Nichts ist wichtiger, als seine Vorzüge ins rechte
Licht zu rücken 20

3 Lob des Singletums
Warum man das Bedürfnis nach einer Beziehung
vielleicht doch unterdrücken sollte 23

4 Sehnsucht nach Liebe
Warum sich das Bedürfnis nach einer Beziehung
nicht unterdrücken lässt 27

5 Auf der Jagd
Wo man ganz sicher den Partner für den Rest
des Lebens findet 31

6 Das perfekte Date
Eine völlig haltlose Phantasie 34

7 10 Gebote
Was Sie beachten müssen, damit es zum ersten
Kuss kommt 37

8 Versuch und Irrtum
Warum man das erste Date möglicherweise doch
absagen sollte 40

9 Verständnisprobleme
Was Frauen an Männern nie begreifen werden und
umgekehrt 42
10 Warum wir ein Paar wurden
Dichtung und Wahrheit 45

III.
Sex, Teil 1

11 Das erste Mal
Wie man es schließlich doch schafft, miteinander
ins Bett zu gehen 50
12 Das zweite Mal
Wie etwas, dessen Premiere nicht gerade berauschend
war, dann doch zur Gewohnheit wird 53
13 Das zehnte Mal (das erste Mal nicht)
Wie man sich gegen die Macht der Gewohnheit
schützt 56

IV.
Junge Liebe

14 Zu dir oder zu mir?
Warum man sich vielleicht besser doch im
Stundenhotel treffen sollte 62
15 Im Restaurant
Ein Menü für Jungverliebte 65
16 Im Kino
Warum Frauen und Männer nicht dieselben Filme
gucken sollten 68
17 Feindesland
Über den ersten Kontakt mit dem sozialen Umfeld ... 71

18 Cool genug?
Warum man nie zu viele Gemeinsamkeiten haben
sollte 74
19 Was ich dir noch sagen wollte
Frühe Geständnisse 77
20 Kosenamen
Vorstudien zu einer Linguistik der Paarbildung 79
21 Die Tampon-Regeln
An welchen Indizien man merkt, dass man ein
Paar ist 83

V.
Tisch und Bett

22 Guten Morgen
Warum man auf das gemeinsame Frühstück
vielleicht doch verzichten sollte 88
23 Sag´s doch mit Blumen
Warum Frauen sich ihre Sträuße lieber selbst
kaufen sollten 90
24 Auto fahren
Sprechen Sie nicht mit dem Fahrer. Mit dem
Beifahrer auch nicht. 93
25 TV total
Über geschlechtsspezifische Unterschiede beim
Medienkonsum 95
26 Das nächste Spiel ist immer das schwerste
Fußball und Liebe 98
27 Hausarbeit
Was von partnerschaftlicher Rollenverteilung
zu halten ist 101

28 In der Küche
Warum es keine gute Idee ist, gemeinsam
zu kochen 103
29 Essen und Liebe
Was alles durch den Magen geht 106
30 Abnehmen
Die Doppelpack-Diät 109
31 Gemeinsames Konto
Warum man sich für doppelte Buchführung
entscheiden sollte 112
32 Einkaufsliste
Damit es beiden an nichts mangelt 114
33 Schnäppchenjagd
Über Beuteschemen 116
34 Leben mit einem Besserwisser
Warum man in Beziehungen ungemein
weitergebildet wird 119
35 Wie war dein Tag, Liebling?
Wie man sich füreinander interessiert 122
36 Abendgestaltung
Wie man Entscheidungsprobleme löst 124

VI.
Illusionen und
Desillusionierungen

37 Zusammenziehen
Eine Gewissenserforschung 130
38 Aberglauben
Moderne Mythen & Bauernregeln, nach
Geschlechtern geordnet 132

39 Haare
Warum es in Beziehungen manchmal um ziemlich
nebensächliche Dinge geht 135
40 Ganz unten
Was über Schuhe zu sagen ist 138
41 Stil muss man haben
Warum es auf ein gefälliges Aussehen ankommt . . . 140
42 Für immer schön
Wie man sich in Schuss hält 143
43 Du lässt dich gehen
Wie man Verwahrlosung in der Partnerschaft
bekämpft 145
44 Ehrlich sein
Eine kleine Lektion über Liebe, Wahrheit und
Wahrheitsliebe 148
45 Gute Vorsätze
Auch in Beziehungen sollte man sich immer
Ziele setzen 151
46 Sommer
Was in der schönsten Zeit des Jahres mit der Liebe
geschieht 153
47 Tabus
Dinge, die man in Beziehungen besser doch nicht
tun sollte 156
48 Ein perfekter Tag
Wie das Leben auch spielen könnte, wenn es uns
nicht immer so übel mitspielen würde 159
49 Das wäre doch nicht nötig gewesen!
Warum man sich mit Geschenken viel Mühe
geben sollte 162

50 Du bist das Größte!
Zwischendurch eine Runde gegenseitiger
Bewunderung 165
51 Du bist das Letzte!
Warum in einer Beziehung die Ekelschwellen nicht
allzu hoch sein sollten 168
52 Geheim
Warum man in einer Beziehung einander alles
sagen sollte (oder doch besser nicht) 170
53 Bodycheck
Zeig mir deins, dann zeig ich dir meins 173
54 Workout
Auch in einer Beziehung sollte man nicht auf
sportliche Betätigung verzichten 176
55 Extremsport
Die ganz harte Nummer 179
56 Der Zahn der Zeit
Eine Zwischenbilanz 181

VII.
Sex, Teil 2

57 Das hundertste Mal
Ein Durchhänger 186
58 Vollautomatisch
Das erste Mal mit einem Sextoy 190
59 Untenrum
Liebe und die Dessous-Frage 193
60 Sexobjekt
Was Sie tun können, damit das Begehren nicht
nachlässt 196

61 Woran hast du gedacht?
Wie Sie Ihr Liebesleben durch sexuelle Phantasien
aufpeppen können 199
62 The Big O
Gemeinsam kommen 201
63 Echte Frauen, echte Männer
Warum man sich zu seinem Geschlecht bekennen
sollte 205
64 Dirty Talking
Ein Grundwortschatz für intime Gespräche 208
65 Zu schmutzig, um darüber zu sprechen
Was man im Bett lieber doch verschweigen sollte . . . 211
66 Après-Sex
Warum Nachspiele ebenso wichtig sind wie
Vorspiele 214
67 Besser als Sex
Der Vergleich macht Sie sicher 216

VIII.
Diplomatische Beziehungen

68 Du kannst ruhig du zu mir sagen
Die erste Begegnung mit den Eltern des anderen . . . 222
69 Dienstleister
Jede Liebe braucht eine funktionierende
Infrastruktur 224
70 Wahre Freunde
Auch in glücklichen Partnerschaften sollte man
nicht auf intensive Kontakte zu anderen Menschen
verzichten 228
71 Wahlverwandtschaften
In welche Gesellschaft man sich als Paar begibt 232

72 Party-Paar
Warum Sie gemeinsame Auftritte gut planen
sollten 236
73 Die Ex-Files
Schatten der Vergangenheit 239

IX.
Bange Fragen

74 Heiraten oder nicht?
In guten wie in schlechten Tagen 244
75 Kinder oder keine?
Eine Entscheidung fürs Leben 246
76 Eigentumswohnung oder nicht?
Über den Hang, sesshaft zu werden 249
77 Lifting oder nicht?
Über Falten und andere Feinde 252

X.
Krisen

78 Krank
Die Liebe als Pflegefall 256
79 Bei Ikea
Gemeinsame Unternehmungen sind wichtig für
die Partnerschaft 258
80 Urlaub
Ab durch die Mitte 261
81 Fröhliche Weihnachten
Wie man das Fest der Liebe überlebt 264
82 Wer ist hier der Boss?
Liebe und Macht 267

83 Jetzt wird abgerechnet!
Was schon lange mal fällig war 269
84 Kein Bock
Ein Beratungsgespräch 272
85 Selbstverwirklichung
Manchmal kriegt man einfach einen Rappel 276
86 Eifersucht
Ein meistens völlig grundloses Gefühl 279
87 Ich hab da jemanden kennengelernt
Wie man Seitensprünge bewältigt 282
88 Du beachtest mich gar nicht mehr
Über die Schwierigkeit, permanent euphorisch
zu sein 285
89 Soll das alles gewesen sein?
Irgendwann ist es Zeit, sich von unrealistischen
Träumen zu verabschieden 288

XI.
Sex, Teil 3

90 Das tausendste Mal
Dialog über Begierde und Liebe 294

XII.
Und was machen wir jetzt?

91 Das Wir-Gefühl
Wie man seine Identität behauptet 300
92 Langeweile
Über die ewige Wiederkehr des Gleichen 302
93 Mordgelüste
Ich könnte dich umbringen. Ich dich auch. 305

94 Weißt du noch?
Über die Mühsal der Erinnerung 308
95 Glück
Über ein flüchtiges Gefühl 312
96 Was wir unbedingt noch tun müssen
Eine Wunschliste 315
97 Jüngstes Gericht
Kein Scheidungstermin 318
98 Keine Angst
Das Doppelpack-Horoskop für Männer
und Frauen 324

Bonus Tracks

99 Die Autoren
Bei wem Sie sich für dieses Buch
bedanken müssen 328
100 Doppeldank
Bei wem wir uns für dieses Buch
bedanken müssen 331

I.
Vorspiel

1 Beipackzettel
Risiken und Nebenwirkungen dieses Buches

Sie Sie können viel Zeit sparen. Sie können einfach nur meinen Teil dieses Buches lesen und wären dann genauso schlau. Denn was Sie sonst noch finden, ist ohnehin nur Schall und Rauch. Ein Ablenkungsmanöver. Der Mann als solcher weiß ja wenig von der Liebe und von Beziehungen noch weniger. Das ist eigentlich beneidenswert, denn es erspart ihm viel Ärger. Er ist so erfrischend anspruchslos: Er will nur einen warmen Hintern und ein paar warme Mahlzeiten, jemanden, der an die Flugtickets denkt und stillschweigend seine löchrigen Unterhosen gegen genau das gleiche Modell austauscht. Das muss man wissen, bevor man sich auf ihn einlässt: Komplexere Gefühle sind ihm fremd oder bestenfalls im Rahmen einer Fußball-WM zu erwarten. Der Mann, sprechen wir es beherzt aus, ist ein simples Geschöpf. Das ist einerseits äußerst benutzerfreundlich, andererseits auf Dauer etwas eintönig. Irgendwie scheint er das zu ahnen, denn um seine Schlichtheit zu überspielen, hat er sich ein Arsenal an lachhaften sogenannten »Argumenten« (also haltlosen Beschimpfungen) gegen Frauen im Allgemeinen und mich im Besonderen zurechtgelegt, das er bei allen möglichen Gelegenheiten hervorkramt – und dieses Buch ist keine schlechte. Irgendwas muss er ja schreiben. Dass ich phantastisch bin, wie es der Wahrheit entspricht, liebenswert, klug und sowieso in jeder Hinsicht überwältigend – gut, damit könnte man auch schon

recht weit kommen. Aber er glaubt (vermutlich zu Recht), dass er sich interessanter machen muss, als er ist. Ein bisschen herumpesten, sich aufplustern, den Dicken machen. Man kennt dergleichen vom Ententeich. Niedlich. Lassen wir ihm den Spaß.
Seien Sie also großzügig. Werfen Sie gelegentlich einen Blick in die verkorkste Männerseele, staunen Sie über seine Begabung, sich die Welt und die Weiber so hinzulügen, dass sie ihm erträglich werden. Wenn Sie allerdings wissen wollen, wie es wirklich ist, wissen Sie ja, was zu tun ist: Lesen Sie meinen Teil. Werden Sie glücklich.

Er

Lassen Sie sich bloß nichts vormachen. Sie hat keine Ahnung. Von der Kohlsuppen-Diät vielleicht und von kalten Füßen, aber nicht von der Liebe. Würde sie sonst so über mich reden? Praktisch in jedem Abschnitt dieses Buches fällt ihr nichts Originelleres ein, als mich mies zu machen. Sie wird Ihnen einreden, ich wäre zu blöd, mir ihren Geburtstag zu merken, zu geizig, ihr Brillis zu schenken, zu unintelligent, um auch nur annähernd zu kapieren, warum Gucci mehr für die abendländische Zivilisation getan hat als das Rote Kreuz, zu tittenfixiert, um zu erkennen, dass Gisele Bündchen nicht mehr zu bieten hat als »zugegeben ganz hübsche Brüste«, und viel zu unsensibel, um auf ihre sexuellen Bedürfnisse einzugehen. Dabei habe ich erst vor zwei Wochen mit ihr gekuschelt. Und auch der Rest ist glatte Lüge. Brillis schenke ich ihr nur deswegen nicht, weil sonst jeder merken würde, dass sie eher 40 als 20 ist, und Gisele Bündchen hat hinreißende Wangenknochen.

Dass ich in diesem Buch so schlecht wegkomme, liegt einzig und allein daran, dass sie immer nur dann über mich schreibt, wenn sie gerade zwei Kilo zu fett ist (also jeden Morgen), ihre Lieblingshosen kneifen (also fast jeden Morgen), George Clooney mit einer neuen Schlampe (also eher 20 als 40) gesichtet wurde, ihre Haarspitzen splissen (also jedes Mal, bevor sie ihre Tage hat), oder sie ihre Tage entweder schon hat oder kurz davor ist (also immer) – sie also von Sinnen ist und einen Sündenbock braucht. Der Sündenbock bin ich. Der Mann, von dem sie behauptet, dass sie ihn liebt. Was die allergrößte ihrer Lügen ist. Man macht nicht jemanden öffentlich zur Witzfigur, den man liebt. Dass ich sie liebe, kann ich dagegen beweisen: Sie lebt noch. Manchmal kuschle ich sogar mit ihr. Wenn Sie also etwas über Liebe und über die Kunst, trotz allem ein Paar zu sein, erfahren möchten, lesen Sie nur eine Hälfte dieses Buches: meine Hälfte. Den Rest nehmen Sie erst gar nicht zur Kenntnis.

II.
Wozu Paar sein?

2 Kontaktanzeige
Nichts ist wichtiger, als seine Vorzüge ins rechte Licht zu rücken

Sie Füllen Sie bitte diesen Single-Fragebogen wahrheitsgemäß aus.
Sternzeichen: Zwillinge[1]
Größe: 1,83 Meter[2]
Gewicht: 65 Kilo[3]
Beruf: Journalistin[4]
Hobbys: Lesen, Reisen, Sport[5]
Wie sollte Ihr Traummann sein? Schlau, schön, scharmant[6]
Ihre sexuellen Vorlieben und Neigungen? Langer fauler Samstagnachmittagssex[7]
Was schätzen andere an Ihnen? Das müssen Sie die anderen fragen[8]
Wie lange brauchen Sie morgens im Badezimmer? Zehn Minuten[9]
Wie sieht Ihr Traumurlaub aus? Eine kleine Hütte am Meer[10]
Sonntagsfrühstück im Bett. Was gibt es bei Ihnen? Alles, was der Kühlschrank hergibt[11]
Worüber können Sie lachen? Über das Gesicht von Walther Matthau und kleine Kinder[12]
Welche Angewohnheiten können Sie an anderen überhaupt nicht leiden? Geiz[13]

Seine Fußnoten, Jahre später:

[1] Doppelzüngig. Doppelbödig. Isst für zwei.
[2] Ich arbeite immer noch daran, sie auf ihre wahre Größe zurechtzustutzen
[3] Das wahre Gewicht liegt in einem Schweizer Schließfach, das erst nach ihrem Tod geöffnet werden darf.
[4] Nie da und gleich wieder weg.
[5] Vogue lesen, in fremden Städten shoppen, Bauch-Beine-Po-Gymnastik.
[6] Zwei von drei ist doch nicht schlecht.
[7] Vorausgesetzt, man ist vor Melrose Place fertig.
[8] Und wehe, die sagen die Wahrheit.
[9] 30 Minuten. Mit PMS 45 Minuten.
[10] Meer = Südsee, Hütte = 220-Quadratmeter-Bungalow mit Aircondition und Minibar.
[11] Im Kühlschrank steht ein Topf Shiseido-Augencreme und ein Himbeer-Joghurt von September 1998.
[12] Über die Cellulite von Gwyneth Paltrow und wenn kleine Kinder in den Matsch fallen.
[13] Stimmt.

Er

Füllen Sie bitte diesen Single-Fragebogen wahrheitsgemäß aus.

Sternzeichen: Skorpion[1]
Größe: 1,95 Meter[2]
Gewicht: 85 Kilo[3]
Beruf: Lebenskünstler[4]
Hobbys: Sport[5]
Wie sollte Ihre Traumfrau sein? Unabhängig[6]

Ihre sexuellen Vorlieben und Neigungen? Romantische Spaziergänge bei Nacht[7]
Was schätzen andere an Ihnen? Mein Einfühlungsvermögen[8]
Wie lange brauchen Sie morgens im Badezimmer? Zehn Minuten[9]
Wie sieht Ihr Traumurlaub aus? Südsee, einsame Insel, Hängematte[10]
Sonntagsfrühstück im Bett. Was gibt es bei Ihnen? Küsse, Croissants, Champagner[11]
Worüber können Sie lachen? Über die Harald Schmidt-Show und über mich[12]
Welche Angewohnheiten können Sie an anderen überhaupt nicht leiden? Egoismus[13]

Ihre Fußnoten, Jahre später:

[1] Aszendent Ratte. Das konnte ja nicht gut gehen.
[2] In Wahrheit sind es 1,91. Haben wir eines Sonntagmorgens extra nachgemessen. Er behauptet natürlich immer noch, dass es 1,95 wären. Letzter Stand der Debatte: »Und wenn schon! Auf vier Zentimeter kommt es doch nun wirklich nicht an! ... Äh, warum lachst du gerade?«
[3] Seine Verteidigung: »Stand doch nicht dabei, dass man das aktuelle Gewicht angeben sollte. Und mit 18 hatte ich 85 Kilo!«
[4] Also mäßiges Nettoeinkommen.
[5] Unter anderem hält er den deutschen Rekord im Sumoringen-Dauergucken.
[6] Er meinte: finanziell unabhängig. Eine, die keine Sonderwünsche hat (»Wieso musst du ins Fitness-Studio?

Du kannst doch auch im Treppenhaus hoch und runter laufen, das kostet nicht 185 Mark im Monat ...«)

[7] Und zwar danach. Und zwar alleine. Und zwar bis zum nächsten Zigarettenautomaten.

[8] Er hält es für Einfühlungsvermögen, wenn er mir unter den Rock fasst.

[9] Zwei Minuten.

[10] Sofa. Bier. Chipstüte auf'm Bauch.

[11] Mundgeruch und Krümel, das Frühstück mach' ich.

[12] Über Tom Gerhardt und über mich.

[13] Es kann nur einen geben. Und das ist er.

3 Lob des Singletums
Warum man das Bedürfnis nach einer Beziehung vielleicht doch unterdrücken sollte

Sie Es ist so: Man kommt nach Hause, lässt die Tasche im Flur fallen, hört den Anrufbeantworter ab, überlegt, ob man zurückruft, entscheidet sich dagegen, macht den Fernseher an, lässt sich mit der Fernbedienung aufs Sofa fallen und denkt nach zehn Minuten: Gut, eigentlich könnte man auch noch den Mantel ausziehen. Aber erst geht man in die Küche. Man öffnet den Kühlschrank. Man riecht an der Milch. Die Milch ist sauer, also stellt man sie wieder rein. Man packt ein Stück Käse aus, das hauptsächlich aus Rinde besteht. Die Rinde biegt sich schon ein bisschen. Man schneidet ein Stück Käse mit dem Kartoffelschälmesser aus der Spüle ab und packt den Rest der Rinde wieder ein. Man überlegt kurz, packt das abgeschnittene Stück Käse zu der Rinde und packt beides wieder in den Kühlschrank. Man steht mitten in der Küche, minutenlang, und denkt an nichts Bestimmtes. Im Haus gegenüber flackert ein Fernseher, und man versucht aus der Frequenz des Flackerns zu erraten, welche Sendung der Rentner aus dem vierten Stock gerade guckt. Könnte »Matlock« sein. Er guckt immer »Matlock«. Oder der Erotikthriller auf Pro Sieben. Man geht zurück ins Wohnzimmer und guckt im Programmheft, ob heute »Matlock« läuft. Nur um sicherzugehen. Dann zieht man den Mantel aus. Damit ist schon mal die erste Stunde des Abends rum.

Wenn man jetzt das Pech hätte, mit jemandem zusammenzuleben, einem Mann gar, ginge das alles nicht mehr. Aufs Sofa könnte man schon mal gar nicht, weil da schon einer läge, mit der Fernbedienung in der Hand. Man müsste den Mantel gleich ausziehen, weil man sonst blöd angequatscht würde. Man könnte nicht einfach so in der Küche stehen und aus dem Fenster gucken, weil da einer was vom Sofa rüberbrüllt, so was wie »Haben wir nicht noch Käse im Kühlschrank? Und ein Bier wäre auch nicht schlecht.«

Ach, es sind nicht die Kompromisse, die die Idee einer Beziehung so unerfreulich machen. Es sind nicht die kleinen Nervereien am Morgen und am Abend und zwischendrin am Telefon, es sind nicht die Missverständnisse, nicht die prinzipielle und wissenschaftlich erwiesene Unvereinbarkeit von Männern und Frauen. Es ist einfach nur die Tatsache, dass man jederzeit, immer, rund um die Uhr zurechnungsfähig sein muss und nur Dinge tun darf, die man täte, wenn einem einer dabei zugucken würde. Denn es guckt einem einer zu. Immer. Auch wenn er gerade nicht hinsieht. Man kann, um es auf den Punkt zu bringen, nicht mehr einfach so in der Küche stehen und völlig sinnlos vor sich hin starren. Bedenkt es wohl. Das ist ein hoher Preis.

Er

Wenn ich sie jetzt anrufe, müssen wir uns am Freitag treffen. Aber am Freitag wollte ich mit Frank die neue *Playstation* beta-testen. Und das abzusagen, wäre wirklich peinlich, so eine Chance hat man nur einmal. Und am Samstag treffe ich mich grundsätzlich nicht mit Frauen. Samstag ist frauenfrei. Wenn ich da nachgäbe, wäre ich sowieso den ganzen Abend mies drauf, weil ich wüsste, dass die Jungs den viel besseren Spaß hätten. Erst gepflegt eine Runde Squash, dann gepflegt »ran« gucken und über die Dortmunder lästern, und dann gepflegt versacken.
Ich meine, so etwas kann man mit einer Frau einfach nicht. Die will doch nicht versacken, die will schick ausgeführt werden und noch tanzen und dann, aber nur eventuell, wenn sie nicht zu müde ist oder ihre Tage hat oder gerade ein akutes Kuschelbedürfnis, könnte man noch eine Stunde Sex haben, vorausgesetzt, alles stimmt. Täte es aber nicht, weil ich die ganze Zeit an die Jungs denken müsste, und deswegen wäre ich muffig, und deswegen würde sie sicher nicht mit mir Sex haben wollen. Sonntag geht natürlich auch nicht, weil ich am Sonntag beschissen aussehe, kann man nicht anders sagen, ist auch kein Wunder nach dem Samstag, und ich sehe

gar nicht ein, dass ich mich zusammenreißen soll. Das Beste an Sonntagen ist doch, sich den ganzen Tag nicht zusammenreißen zu müssen. Im Bett liegen, *Bild am Sonntag* lesen, irgendein Video reinziehen, alles vollkrümeln, vielleicht noch ein bisschen rumchatten und ein paar E-Mails schreiben. Supersonntag. Kann man vergessen, wenn eine Frau im Spiel ist, da muss man wahrscheinlich spazieren gehen. Nein, zuerst zum Brunch, irgendwohin, wo lauter Internet-Yuppies brunchen, und dabei darfst du natürlich nicht beschissen aussehen, weil sie sich sonst schämt für dich. Montag geht auch nicht, erster Tag der Woche, keinen Bock, das Leben ist hart genug, da muss man sich nicht noch Rendezvous-Stress aufhalsen.

Wenn ich ihr aber sage, dass ich sie erst nächsten Dienstag sehen will, fragt sie sich sicher, warum erst in sechs Tagen und ob ich wirklich interessiert bin an ihr, ob ich vielleicht Angst vor Nähe habe. Und weil sie sich das fragt, werden wir am Dienstag natürlich über kurz oder lang so eine Frauenpsychodebatte haben, über Beziehungen und so, obwohl wir doch noch gar keine haben, und darauf habe ich nun wirklich keine Lust, da hätte ich Ulrike gar nicht erst verlassen müssen, das hatte ich schon. Also lassen wir das jetzt schön bleiben. So, wie das jetzt ist, halte ich das schon noch ein wenig aus. Und wirklich scharf war die ja auch nicht.

4 Sehnsucht nach Liebe
Warum sich das Bedürfnis nach einer Beziehung nicht unterdrücken lässt

Sie Das Telefon klingelt. »Du hast es gut«, schluchzt es grußlos, »du bist Single.« Ich atme tief durch. Es ist mal wieder so weit. Karen hat Stress mit ihrem Alten, und mich plärrt sie voll. Wie immer. Denn ich bin Single. Ich habe folglich Zeit und Verständnis in unerschöpflichem Ausmaß. Was soll ich auch anderes mit meinen Abenden anfangen als am Telefon zu hocken und darauf zu warten, dass es kriselt bei den diversen Paaren meiner Umgebung? »Und was ist es denn heute?«, frage ich ungnädig. »Ist er zwei Minuten zu spät gekommen und hat nicht rechtzeitig Bescheid gesagt? Waren es gelbe statt roter Rosen? Hat er vergessen, dir die Füße zu küssen?« – »Du verstehst das nicht«, heult Karen, an der jegliche Ironie abperlt wie an einem Entenschwanz. »Es ist alles aus. Ich habe Schluss gemacht. Weil ich meine Unabhängigkeit verloren habe. Ich war irgendwie nicht mehr frei.« – »Natürlich warst du nicht frei, du Huhn«, schnaube ich. »Ich war bei deiner Hochzeit dabei, wenn du dich erinnern möchtest. Du hast mir den Brautstrauß ins Gesicht geschmissen. Ich kriege bis heute Ausschlag von Lilien.« – »Innerlich! Innerlich frei! Ich habe ihn so geliebt, dass ich mich selber nicht mehr ausstehen konnte. Deshalb muss ich ihn verlassen. Weil ich erst mal mich selber wieder lieben lernen muss.«

Langsam verliere ich die Geduld. Es ist doch der größte

Dreck, dieser Spruch: Man kann nur jemanden lieben, wenn man sich selbst liebt. Wenn das so wäre, wäre Gerhard Schröder der einzige Mensch auf der Welt, der verheiratet wäre. »Okay, meine Süße, du hältst jetzt mal die Luft an. Was ich dir zu sagen habe, sage ich einmal und nie wieder, verstanden?« Schockiertes Schniefen am anderen Ende. »Also: Freisein wird überbewertet. Freisein ist ein Scheiß. Du hast immer noch nicht kapiert, dass Freisein Alleinsein bedeutet. Du hast niemanden, mit dem du beim Nachhausefahren nach einer Party noch mal alle durchhecheln kannst. Du musst deine kalten Füße an einer tropfenden Wärmflasche heizen statt sie zwischen ein paar anständig behaarte Männerwaden zu klemmen. Du musst Silvester zugucken, wie sich die Pärchen zu Mitternacht küssen, und kriegst erst zehn nach zwölf eine mitleidige Umarmung. Du hast keinen, dem du immer die Schuld geben kannst an allem: an deiner schlechten Laune, am schlechten Wetter, daran, dass du zu fett wirst. Du kannst zu niemandem ›Weißt du noch‹ sagen. Du hast vielleicht ein paar Lieblingssongs, aber du wirst nie ›unser Lied‹ haben. Du bist sterbenseinsam, denn niemand liebt dich, bloß deine Mutti, und die muss ja, und das Schlimmste: Du wirst von all deinen Freundinnen auch noch dafür beneidet.«

»Aber, aber …«, stammelt es am anderen Ende. »Und wenn ich schon dabei bin: Wenn du so bescheuert bist, deine Beziehung einfach so hinzuschmeißen, dann hast du sie nie verdient. Kapierst du nicht, was für eine unglaublich geniale Erfindung Liebe ist? Er erträgt deinen Scheiß, du erträgst seinen Scheiß. Es gibt keinen besseren Deal. Und jetzt ruf ihn auf der Stelle an und sag, du bist ein Idiot und ob er dich wieder zurücknimmt. Wenn du

das nicht in zehn Minuten erledigt hast, rufe ich ihn an. Und kralle ihn mir.«
Ich lege auf. Mit einem Kloß im Hals. Scheiße. Ich werde doch nicht so bescheuert sein und anfangen, diesen ganzen Schmus wirklich selbst zu glauben?

Er

Neulich abends haben Frank und ich uns gestritten. Frank ist so sehr mein bester Freund, dass ich uns sofort standesamtlich registrieren ließe, wenn ich schwul wäre. Gott sei Dank bin ich nicht schwul. Frank ist 130 Kilo schwer, putzt sich nie die Zähne und trägt domestosgebleichte Lederjacken und am Gürtel eine Kette mit einem Leatherman dran. Dennoch fühle ich mich von keinem Menschen mehr verstanden als von diesem häßlichen Fleischklops. Er war an meiner Seite, als Bremen das Cupfinale vergeigte, er tröstete mich, als sich meine Festplatte ins Nirwana verabschiedete, und er baute mich wieder auf, als Uma Thurman sich für Ethan Hawke entschied statt für mich.
Das Einzige, was Frank nicht versteht, ist, dass ich gerne eine Freundin hätte. Ich brauche doch auch keine, sagt er immer. Ich sage dann lieber gar nichts. Ich möchte meinen besten Freund nicht beleidigen. An jenem Abend aber, weiß der Teufel warum, habe ich es getan. »Verdammt noch mal, Frank«, fuhr ich ihn an, »so verzweifelt will ich nie werden, dass mir zum Altwerden kein anderer einfällt als du.« – »Na toll«, brummte Frank und begann, sich mit der Nagelfeile seines Leatherman die Zehennägel zu feilen, was darauf schließen ließ, dass ich ihn tief erschüttert hatte. »Dann sag doch, was dir nicht passt an mir.« – »Nimm´s nicht persönlich«, sagte ich,

»aber merkst du wirklich nicht, dass wir die ganze Zeit nur doof rumhängen?« – »Und mit einer Frau wäre das natürlich anders.«
»Na ja«, sagte ich, »ich kenne keine Frau, die mit mir stundenlang *Myst* spielen würde.« Frank packte die Nagelfeile weg und grinste mich an. »Na siehst du. Sag ich doch. Mit Frauen kann man nicht rumhängen.« – »Du verstehst mich nicht. Ich möchte endlich aufhören, herumzuhängen. Erwachsen werden, wenn du weißt, was ich meine. Liebe und das ganze Zeug. Du weißt gar nicht, wie einsam ich mich manchmal fühle.« – »Wieso, ich bin doch da. Jeden Tag, wenn du willst. Und falls du glaubst, dass man ausgerechnet mit einer Frau erwachsen wird, bist du noch kindischer, als ich dachte. Es gibt praktisch nichts, was du von einer Frau haben könntest, was ich dir nicht auch zu geben imstande wäre. Vom Sex mal abgesehen.«
Das hätte er besser nicht sagen sollen. Er weiß doch, wie trotzig ich werde, wenn man mich herausfordert. »Würdest du für mich im Supermarkt Waschmittel kaufen?« Frank zuckte. »Würdest du etwa entscheiden, dass die Zeitungsstapel zum Container müssen statt weiter im Flur zu verrotten?« Frank zuckte noch mehr. »Und wenn wir schon dabei sind«, sagte ich, »würdest du von mir wissen wollen, wie mein Tag war? Würdest du je sagen, dass wir mal wieder dringend frische Luft bräuchten? Würdest du mich dazu überreden wollen, mit dir in ›Titanic‹ zu gehen?« Frank schüttelte sich. »Du willst doch gar nicht in ›Titanic‹, du Arsch«, wehrte er sich. »Natürlich nicht, aber ich will, dass jemand mit mir in ›Titanic‹ rein will, verstehst du das nicht?« Frank starrte mich an. »Bist du jetzt völlig bescheuert geworden?« – »Nein«,

sagte ich, »ich sehne mich danach, gebraucht zu werden. Nicht bloß da zu sein. Ich sehne mich danach, wahrgenommen zu werden. Dir ist ja noch nicht mal mein neues Hemd aufgefallen.« – »Tolles Hemd hast du da«, stotterte Frank. »Aber du meinst es nicht«, sagte ich, »du meinst das doch gar nicht ernst mit deiner doofen Domestosjacke.« – »Weißt du was«, sagte Frank, »ich glaube, du brauchst dringend mal wieder eine Freundin.« Und dann taumelte er hinaus in die Nacht.

5 Auf der Jagd
Wo man ganz sicher den Partner für den Rest des Lebens findet

Sie Es gibt nur eine Methode, den Traummann fürs Leben zu finden: Man steckt gerade mitten in einer anderen Beziehung. Oder man hat beschlossen, den Job hinzuschmeißen und den gesamten Hausrat zu verkaufen, um ein Jahr auf Weltreise zu gehen. Oder man hat sich gerade die Haare abgeschoren, um ins Kloster zu gehen. Dann, und nur dann, kommt er des Wegs. Nämlich dann, wenn man ihn nun wirklich überhaupt nicht gebrauchen kann. Alle anderen Methoden kann man vergessen.
Meine Freundin Karen hat ein Vermögen für Fitnessclub-Mitgliedschaften und Saisontickets für die Nord-

kurve ausgegeben, hat sich über Monate hinweg jeden Samstag von zehn bis vier im Supermarkt in der Nähe der Tiefkühlpizzen und Jever-Sixpacks herumgetrieben, in Volkshochschulkursen zu den Themenkomplexen »Schlagbohrmaschine für Anfänger« und »Excel-Tabellenverabeitung für Fortgeschrittene« gelangweilt und in Hotelbars von Schrankwand-Vertretern mit Mickymaus-Krawatten belabern lassen. Und das Ergebnis? Eine ausgeprägte Wadenmuskulatur, Hausverbot im Stadion sowie im Supermarkt und ein Discount auf eine Schuhkippe, die nach zwei Wochen von der Wand fiel. Dann ließ sie sich fürs Kloster die Haare scheren und verknallte sich dabei in Jan, den einzigen heterosexuellen Friseur der Stadt. Und er sich in sie. Das zweite Kind kommt im Mai.

Man findet also nur, indem man nicht sucht. Man muss einfach nur die ganze Zeit in die andere Richtung gucken. Das dämliche Schicksal schießt einem dann eine Bananenflanke, und man muss nur noch verwandeln. Die Konsequenz? Es gibt keine. Sich beispielsweise in eine Beziehung mit einem x-beliebigen Hansel zu stürzen, um auf diese Weise den Traummann anzulocken – riskant, riskant. Andererseits ist es gar nicht so selten, dass sich der Hansel nach zwei Jahren ganz ungeplant als Traummann entpuppt.

Er

Im Supermarkt: Sie sah gut aus, wie sie in der Tiefkühltruhe nach den Scampi angelte. Ihr Ausschnitt war tief genug, dass man ihren BH sehen konnte. Schwarze Spitze, leicht transparent, sehr raffiniert. Und in ihrem Einkaufswagen lagen bloß eine

Tafel Schokolade, eine Ananas, Sojasprossen, Buttermilch. Eindeutig ungebunden.
»Ich hab da mal eine Frage«, sagte ich in die Tiefkühltruhe hinein, »welcher Wein passt Ihrer Meinung nach am besten zu Tandoori-Huhn?«
»Mach's dir doch selber!«, sagte die Tiefkühltruhe.
Im Fitness-Studio: Sie sah richtig scharf aus an der Abduktorenmaschine. Hohe Beinausschnitte, hohe Wangenknochen, hohe Schenkeldruckfrequenz.
»Hallo«, lächelte ich, nachdem ich das Laufband auf »Voralpen« programmiert hatte, »könntest du mir bitte sagen, was für meine anaerobische Wirkung am besten wäre, ich kenn mich da noch nicht so richtig aus.«
»Gerne«, keuchte sie und presste die Schenkel besonders fest zusammen, »versuch´s mal mit einer kalten Dusche.«
Im Büro: Sie sah ziemlich lecker aus in ihrem Businesskostüm. Platinblond und Stahlgrau, aber was sie darunter trug, konnte man sich mit ein wenig Phantasie leicht ausmalen.
»Hallo«, sagte ich und setzte mich beim Meeting neben sie, »ich würde dir gerne die Konzeption für die neue Kampagne erklären, heute Abend um sechs vielleicht.«
»Tut mir Leid«, sagte sie und sah mich aus eisgrauen Augen an, »um sechs muss ich mit dem Chef den Sozialplan besprechen. Übrigens, mach dir nichts draus, in deinem Alter findest du sicher ganz schnell was Neues.«
In der Bar: Sie sah empfänglich aus, wie sie an der Theke saß und mir zulächelte, als hätte sie auf mich gewartet.
»Hallo«, sagte ich, »darf ich dir einen Drink spendieren?«
»Du darfst«, sagte sie, »von mir aus auch zwei.«
»Ich bin heute gefeuert worden«, sagte ich.

»Dann sollten wir trinken«, sagte sie, »das wirkt am besten in solchen Situationen.«
»Ich fühle mich richtig beschissen«, sagte ich.
»Ich auch«, sagte sie, »kein Wunder bei der Hitze, ich bin völlig ausgetrocknet.«
»Kein Job und keine Frau«, sagte ich, »der perfekte Loser.«
»Du kannst mit mir schlafen«, sagte sie. »Ich mache dir auch einen guten Preis.«

6 Das perfekte Date
Eine völlig haltlose Phantasie

Sie Ich schließe die Wohnungstür hinter mir, dabei weht mir zart der Duft der sieben Rosenbouquets nach, die er mir im Lauf der letzten Woche geschickt hat. »Monsieur erwartet Sie bereits sehnsüchtig im ›Le Canard‹, Mademoiselle«, sagt der Chauffeur, der die Tür der schneeweißen Cadillac-Stretchlimo aufhält. »Wollen Sie während der Fahrt vielleicht ein Video mit einem Zusammenschnitt der letzten Pariser Modenschauen sehen? Sie wissen sicherlich, dass Monsieur Hauptaktionär bei Louis Vuitton Moët Hennessy ist. Im Kühlfach neben Ihnen finden Sie einen Martini, den ich eben noch schnell gemixt habe. Bombay Sapphire Gin war doch Ihre präferierte Marke?«

»Ah, da sind Sie ja, meine Liebe«, sagt er. »Ich habe den ganzen Tag an nichts anderes als an Sie denken können.« Sein kurzes graumeliertes Haar passt vorzüglich zu seinen blaugrauen Augen und seinem camelfarbenen Cashmere-Rollkragenpullover. »Ich hoffe, es stört Sie nicht, dass wir allein sind. Ich habe mir erlaubt, das gesamte Restaurant zu reservieren. Es ist doch ein bisschen ruhiger so, nicht wahr?« Er rückt meinen Stuhl zurecht und riecht dabei nach Pferdesattel und Meer. »Aber damit es nicht zu ruhig wird, habe ich meinen Freund Xavier Naidoo gebeten, während des Diners ein bisschen für uns zu singen.« Der Kellner bringt eine dreistöckige Platte mit Hummer, Austern, Jakobsmuscheln und Weinbergschnecken. »Wenn Ihnen nach etwas anderem ist: Zufällig ist heute der Chefentwickler von McDonald's im Haus, der seinen neuen *Quadruple-Mac-Deluxe Super Lean* testet. Man muss sich das wie einen doppelten *Big Mac* ohne Kalorien vorstellen, sagte er mir vorhin.«

Er plaudert von seinem Haus auf Bora-Bora, das er gerade gekauft hat, und von seinem Plan, alle seine Freunde jederzeit mit seinem Privatjet einfliegen zu lassen. »Das gilt natürlich besonders für Sie, meine Liebe. Haben Sie nächstes Wochenende Zeit? Dann wird auch mein Bruder da sein. Obwohl ich gar nicht weiß, ob Sie beiden sich treffen sollten. Er behauptet nämlich, sich unsterblich in Sie verliebt zu haben, als er neulich Ihr Foto sah.« Er schenkt 73er Mouton Rothschild nach. »Oh, du liebe Güte, da kommt er ja. Was machst du denn hier? Sie haben ihn bestimmt schon in ein paar Filmen gesehen, meine Liebe. Ich vergesse immer die Titel. Irgendwas mit ›Legenden‹ und ›Leidenschaft‹, stimmt's, Brad?«

Er »Was gefunden?«, fragt der Kellner und lächelt sie an, als wäre sie Grace Kelly. »Ein Steak«, sagt sie, »möglichst groß, möglichst blutig, und für meinen Begleiter auch.« Sie trägt ein schwarzes Cocktailkleid, um den Hals ein diskretes Collier und die Haare hochgesteckt, damit man sich danach sehnt, ihren Nacken küssen zu dürfen. »Schwan«, denke ich, und sie lächelt mir zu, als wäre sie Audrey Hepburn. »Ich könnte einen ganzen argentinischen Ochsen vertragen«, sagt sie, »manchmal brauche ich einfach was Anständiges im Magen.« Sie heißt Carmen und mit Nachnamen Rubin, und ihr Schlüsselbein ist so vollkommen wie eine gotische Kathedrale. »Nach dem Essen«, sagt sie und lächelt mir zu, als wäre ich Bruce Willis, »würde ich gerne *Stirb langsam* sehen, hast du Lust, mit mir zu kommen und ein paar Videos zu gucken?« Ja, nicke ich, für Worte habe ich jetzt keine Kraft mehr, ja, ja. »Ich liebe Männer, die andere Männer verhauen«, sagt sie, »ich weiß auch nicht, ich finde das eben – männlich.«

Der Kellner kommt mit dem Essen, zwei Teller mit monströsen Stücken aus den Hüften preisgekrönter argentinischer Stiere. Es riecht ein wenig nach warmem Blut und nach Testosteron, und ihre Augen funkeln, als wären sie Sterne. »Versprich mir, dass du nicht lachst, wenn du siehst, wie ich schlinge«, sagt sie und sticht mit dem Messer in das Fleisch. »Perfekt«, sagt sie, als sie fertig gegessen hat und zündet sich eine Zigarette an, *Gauloises*, ohne Filter. Dann beugt sie sich unter den Tisch, wo ihre Tasche steht, ich kann ihren Nacken sehen und sehne mich danach, von ihr aufgeschnitten zu werden wie ein argentinischer Stier. »Da, ich hab dir was mitgebracht«, sagt sie. »Nichts Besonderes, aber vielleicht magst du es ja«, und sie überreicht mir einen Fußball mit den Autogrammen aller englischen Spieler des WM-Finales von 1966. »Ist was mit dir, du siehst so mitgenommen aus«, sagt sie und lächelt mich an, als wäre sie eine Nachtschwester mit einer Morphiumspritze. »Willst du meine Frau werden?«, stammle ich, und meine Stimme überschlägt sich, als hätte gerade mein Stimmbruch eingesetzt. »Findest du nicht, dass wir vorher herausfinden sollten, ob wir auch sexuell zueinander passen?«, sagt sie und lächelt mir zu, als meinte sie mich.

7 10 Gebote
Was Sie beachten müssen, damit es zum ersten Kuss kommt

Sie I. Du sollst nur eine Göttin haben und keine anderen Göttinnen neben ihr, weder einst noch jetzt noch fürderhin. Wahrlich, so sollst du auch beim dritten Date immer noch schweigen von deiner Ex, dem Supermodel, das dich verlassen hat, um in Harvard in Gehirnchirurgie zu promovieren.
II. Du sollst sie anrufen, wenn du sagst, dass du sie anrufst. Denn dein Wort ist ihr heilig, und sie wird viele Stunden am Telefon wachen, um keines deiner Worte, dieses köstlichen Mannas, zu versäumen.
III. Du sollst fasziniert an ihren Lippen hängen, welchselbe sie zu deinen Ehren mit Karmesinrot gefärbet, und

sie nicht darauf aufmerksam machen, dass sie Lippenstift auf den Zähnen hat.

IV. Du sollst sie nicht voll labern von den Vorzügen deines neuen Handys und den Unzulänglichkeiten deines neuen Chefs. Sie weiß, dass du der Tollste bist.

V. Du sollst nicht begehren die Frau, die am Nebentische sitzt, auch wenn ihr Rock nur ein Gürtel ist und du die Augen nicht wenden kannst von ihren goldenen Flanken.

VI. Du sollst sie zu einem Nachtisch drängen mit den Worten: »Bei deiner Figur könntest du dir locker drei Desserts leisten.«

VII. Du sollst ohne Murren die Rechnung zahlen, auch wenn sie dir ein ums andere Mal anbietet, diese Last mit dir zu teilen. Das ist nur ein Test.

VIII. Du sollst keinen Knoblauch essen. Du sollst ein Deo benutzen. Du sollst niemals »Cool Water« tragen.

IX. Du sollst ihr keusche Liebesworte ins Ohr sagen, auf dass sie dahinschmelze und von deinen guten Absichten überzeugt ist.

X. Du sollst nicht versuchen, deine Zunge in ihren Rachen zu rammen, wenn dir deine Weichteile lieb sind.

Er I. Du sollst nur an einen Gott glauben, und Gott ist dieses Würstchen, das dir gegenübersitzt und seit einer geschlagenen Stunde Schwänke aus Seiner Zeit als Zivildiener beim Arbeiter-Samariter-Bund erzählt.

II. Du sollst Sein Wort ehren, auch wenn dieses Wort davon kündet, dass Er schon mit sechs den Freischwimmer gemacht hat.

III. Du sollst Ihm nicht erzählen, dass du dich mit Ihm nur deswegen triffst, weil alle anderen Männer in deiner Umgebung entweder verheiratet, homosexuell oder bereits abgehakt sind.

IV. Du sollst auf der Speisekarte das billigste Gericht wählen, damit Er nicht den ganzen Abend lang darüber nachdenken muss, wie Er dem Kellner erklären soll, dass Er nicht genügend Geld dabei hat.

V. Du sollst aber nicht Mineralwasser trinken, sondern Wein von Seinem Wein, damit Er denkt, du wärst beschwipst und deswegen für Ihn eine leichte Beute.

VI. Du sollst deine Vergangenheit fälschen, damit Er nicht gezwungen wird, sich Seinen Kopf darüber zu zerbrechen, ob Er in deiner Rangliste der besten Liebhaber einen Platz unter den ersten fünfzehn einnimmt.

VII. Du sollst deine Zukunft vertagen, auf dass Er nicht von deinem Kinderwunsch, deinen Präferenzen für skandinavische Vornamen und deinen Einrichtungsplänen aus der Bahn geworfen wird.

VIII. Du sollst Seinen Geschmack für grelle Farben, Linux-Computer, Heavy-Metal-Gruppen und pointenlose Witze ehren, als wäre es dein eigener.

IX. Du sollst nach dem Essen auf Seine Frage, ob du Ihn wiedersehen willst, leuchtende Augen bekommen, enttäuscht sein, dass Er nicht gleich morgen Zeit hat, dich aber für übermorgen mit Ihm verabreden, weil du gerne mehr wissen würdest über einen so interessanten Mann.

X. Du sollst, während Er dich zum Taxistand bringt, den Kopf in den Nacken legen, die Augen schließen, die Lippen öffnen und *Küß mich!* hauchen, damit Er weiß, was Er zu tun hat.

8 Versuch und Irrtum
Warum man das erste Date möglicherweise doch absagen sollte

Sie Man hat schlechte Laune. Man hat zwei Tage nichts gegessen, um in die einzige Hose zu passen, die man zu einer ersten Verabredung anziehen kann, weil sie der perfekte Ausdruck eines klassisch-modernen, lässig-erlesenen Geschmacks ist, um dann in letzter Sekunde doch noch das vor zwei Jahren im Schlussverkauf (»ein Schnäppchen! Nur 100 000 Mark!«) erstandene arschcoole Prada-Kleid zum ersten Mal anzuziehen, das für einen Ahnungslosen – also für jeden nicht-schwulen Mann – wie C&A 1974 aussieht und das außerdem unter den Achseln juckt.

Er hat Gel im Haar und Schuhe mit Metalltrensen an. O Gott. Man geht ins Kino. Man hat den passenden Film gefunden: ohne peinliche Liebesszenen, ohne Überlänge, ohne Sylvester Stallone. *Wallace and Gromit*. Das ist lustig, dauert 30 Minuten, und danach weiß man alles, was man wissen muss: Kauft er Cola oder Cola light? Oder (um Himmels willen) zwei Pikkolo? Toffifee oder Weinland-Gummi? Oder (um Himmels willen) gar nichts? Legt er die Beine auf die Rückenlehne vor ihm? Singt er die Langnese-Werbung mit? Und vor allem: Nimmt er die ganze Zeit die Armlehne in Beschlag? Danach hat man entweder ganz plötzlich grässliche Migräne oder geht noch schnell was essen. Schlecht: Der Kellner begrüßt ihn mit Vornamen und wirft einem diesen *Was-für-eine-Tusse-schleppt-er-denn-heute-an*-Blick zu. Ganz schlecht: »Ich kenne da diese kleine Sushi-Bar, Toshiro macht den besten Kugelfisch der Welt.« Gut: Penne al' arrabiata, die einem die Tränen in die Augen treiben, und ein Glas Wein zuviel. Man redet. Schlecht: Er redet. Über seinen Job, seinen Boss, seinen Dienstwagen. Gut: Er findet auch, dass Synchronschwimmen das Beste an der Olympiade war. Man verabschiedet sich. Schlecht: Ich melde mich mal. Gut: Ich rufe dich morgen an. Sehr gut: Er tut es auch. Hervorragend: Man muss sich nie wieder zum ersten Mal verabreden.

Er

Du fühlst dich prächtig. Du wirst ein gutes Abendessen bekommen, und vielleicht noch mehr. Ihr habt euch auf ein Restaurant geeinigt, in dem es nicht bloß Dialog von Tofu mit Ruccola gibt. Du kannst getrost die Cargo-Hose anziehen und den Lieblingspulli vom vorvorletzten Urlaub. Du wirst ihren Wonderbra nicht zur Kenntnis nehmen, aber dafür ein möglichst originelles Kompliment anbringen. Zum Beispiel, dass ihr Unterarmflaum im Gegenlicht so schön melodramatisch leuchtet. Sie wird dir dankbar sein dafür. Vor dem Essen geht man ins Kino. *Wallace and Gromit*, prima Spezialeffekte. Während des Films sagst du »besser als *Striptease*«, legst deinen Arm auf die Lehne, für den Fall, dass sie Händchen halten will. Aber das soll sie entscheiden.

Im Restaurant lässt du sie reden. Über ihren autistischen Ex-Freund, über ihr Faible für altenglische Teerosen und über ihre Bindungsangst. Dazu nickst du alle 20 Sekunden und guckst ihr tief in die Augen. Selbst erzählst du wenig. Höchstens, dass du die letzten zwei Jahre keinen Sex hattest, weil deine letzte Freundin an Leukämie starb und du ihr nicht untreu werden wolltest. Natürlich gelogen, aber bei Bewerbungsgesprächen ist alles erlaubt. Danach bringst du sie nach Hause. Vor der Tür sagst du, dass du leider nicht mit nach oben könntest – für den frühen Morgen hätte sich dein Patenkind angesagt, das große Herbstferien-Programm. Sie küsst dich, auf den Mund, du sollst sie anrufen, wenn du wieder Zeit hast, ganz sicher. Versprochen! Drei Tage später siehst du sie in deiner Lieblingskneipe mit einem langhaarigen Typen herumknutschen, der einen Anzug trägt, in dem ein Handy steckt. Du siehst, wie langsam seine Hand unter ihrem Rock hochwandert und wie sie versonnen lächelt. Hallo, sagst du, als sie an dir vorbei zum Ausgang taumeln. Aber sie erkennt dich nicht.

9 Verständnisprobleme
Was Frauen an Männern nie begreifen werden und umgekehrt

Sie Ewige Rätsel der Männschheit: Dass sie Laetitia Casta wirklich attraktiv finden. Dass sie Mehmet Scholl wirklich attraktiv finden. Dass sie Zigarren gerade wegen des exquisit widerlichen, stinkigen Geschmacks rauchen. Dass sie erst dann sehen, dass man beim Friseur war, wenn ein halber Meter Haar fehlt und der Rest hellgrün ist. Dass es eine Steigerung der Lebensqualität bedeutet, die Klamotten abends auf den Boden fallen zu lassen und nicht auf den 20 Zentimeter entfernt stehenden Stuhl. Dass es internationale Vorschrift ist, eine halbe Stunde ziellos durch eine fremde Stadt zu fahren, bevor man endlich jemanden nach dem Weg fragen darf. Dass sie ernsthaft glauben, dass ein Telefon ausschließlich zur Übermittlung von Nachrichten da ist und dass es was bringt, wenn man die Haare quer über die Glatze kämmt. Dass sie ihre heiligste, geliebteste Platte aller Zeiten, »God« von »Rip, Rig & Panic« – diejenige, die keine Frau je berühren darf –, tagelang offen rumliegen und verstauben und verkratzen lassen, derweil ihr erklärtes Lieblings-Designerjackett langsam auf dem Grunde eines Kleiderhaufens kompostiert (20 Zentimeter neben dem Stuhl, wo sonst). Dass sie Ravioli kalt aus der Dose essen können, ohne sich dabei schlecht zu fühlen. Andererseits aber für die Herstellung einer Tomatensauce drei Töpfe, zwei Messer und vier Vorbereitungsschüsseln brauchen. Und dass die dann immer noch langweiliger als Miracoli schmeckt. Dass für sie ein Schnupfen tödlich, ein Puff geil und das Laden einer Waschmaschine undenkbar ist. Dass sie nicht täglich ihrem Herrgott auf Knien danken für die unverdiente Gnade, ohne die geringste sportliche Betätigung einen perfekten Hintern zu haben. Dass sie niemals selbst eine Beziehung beenden, sondern lieber eine Frau so lange zum Wahnsinn treiben, bis sie es tut. Dass für sie ein romantisches Geschenk eine Flasche 4711 aus dem Duty-free in Amsterdam ist. Dass sie uns lieben, obwohl sie uns doch kennen.

Er Was Männer an Frauen nicht verstehen? Tut mir leid, dazu fällt mir nichts ein. Frauen sind nun mal überaus logisch, beängstigend widerspruchsfrei, kurzum: verständlich. Alles, was sie glauben, denken, tun, hat Hand und Fuß, Sinn und Verstand. Deswegen kommt ihr ja nicht klar mit uns – weil wir so irrational, so bescheuert, so asozial sind. Ihr dagegen habt für alles einen Grund, und zwar den besseren. Frauen mögen Brad Pitt, weil er einen leckeren Waschbrettbauch hat. Frauen sind von sexistischen »Spiegel«-Titelbildern genervt, weil sie keine Lustobjekte sein wollen. Frauen hassen Friseure, weil sie von ihnen doppelt so viel nehmen wie von Kerlen. Frauen rasieren ihre Bikinizone mit »Lady Shave«, weil der extra für Frauen gemacht wurde. Frauen leiden unter der Schönheitsdiktatur, weil niemand so aussieht wie Cindy und Naomi. Frauen jubilieren über Cellulite-Fotos von Gwyneth Paltrow, weil deren Beine noch verwüsteter aussehen als ihre eigenen. Frauen ziehen sogar beim Sex den Bauch ein, weil sie immer fetter sind, als sie sich erlauben. Frauen finden ein bisschen Bauch bei Männern gar nicht schlecht, weil das so schön weich ist. Frauen kaufen ihr achtes schwarzes Jackett, weil es ein supergünstiges Sonderangebot war. Frauen finden männliche *fashion victims* affig, weil es auf die inneren Werte ankommt. Frauen können nichts dafür, wenn sie fremdgehen, weil es entweder einfach passiert ist oder die Beziehung sowieso schon kaputt war. Frauen misstrauen Männern, weil sie früher oder später sowieso fremdgehen. Frauen finden Laetitia Casta doof, weil die immer ihren Busen so heraushängen läßt. Frauen tragen Wonderbras, weil Männer große Brüste lieben. Frauen wissen, dass in ihrer Beziehung etwas nicht nicht mehr stimmt, weil er nicht mehr dreimal am Tag mit ihr schlafen will. Für Frauen ist Sex nicht so wichtig, weil Liebe mehr ist. Alles klar? Mir schon.

10 Warum wir ein Paar wurden
Dichtung und Wahrheit

Sie Ganz ehrlich? Ich hatte Mitleid. Wie er da so stand mit seinen abgeknickten Blumen, die er wahrscheinlich aus irgendeinem Vorgarten gemopst hatte, in seinem Jackett, das ihm viel zu eng war um die Schultern, in seinen einzigen Hochzeits-/Beerdigungs-/Frauenbeeindruck-Schuhen und mit seinem Versuch einer Frisur, dem ersten und letzten seines Lebens. Das war rührend. Niedlich. Süß. (Übrigens drei Worte, die man niemals in Gegenwart eines Mannes benutzen sollte, vor allem nicht, wenn sie sich auf genau diesen Mann beziehen.) Das war, na schön, auch knieerweichend. Unwiderstehlich. Aber eben hauptsächlich niedlich. Mitleid ist natürlich Mist. Für beide Beteiligten. Selbstverständlich weiß er nichts davon, im Gegenteil: Er wird denken, ich sei berauscht gewesen von seinem Charme, seiner funkelnden Konversation, seinem erlesenen Schuhgeschmack. Tatsäch-

lich war es dieser eine Moment, wo er über seinen offenen Schnürsenkel stolperte und sich den Kopf an einem Briefkasten aufgeschlagen hat. Da war klar, dass der Mann nur halb so cool war, wie er tat, und doppelt so hilfsbedürftig.
Warum verliebt man sich in jemanden? In welchem Augenblick ist klar: Der isses? Das habe ich noch immer nicht kapiert. Wenn ich mal kurz meine Lieben Revue passieren lasse, schält sich kein eindeutiges Muster heraus. Lars hat mir seinen Donald-Duck-PEZ-Spender geschenkt, Micha hatte diesen einen Haarwirbel am Hinterkopf, der mich um den Verstand brachte, Heinrich hat mir ein Gedicht geschrieben, Chris hatte diesen entzückenden englischen Akzent. (Die anderen 37 lasse ich jetzt mal weg.) Waren das gute Gründe? Natürlich nicht. Natürlich doch. Wie auch immer: Männer dürfen niemals erfahren, was es letztlich war. Sie würden es einfach nicht verkraften.

Er

»Liebling, weißt du noch?«, fragt sie, und ich weiß vor allem eines: Ich darf ihr nicht ins Gedächtnis pfuschen. Gleich wird sie mit verklärtem Blick davon sprechen, wie es so war, damals, als wir beschlossen, ein Paar zu werden. Als wäre es gestern gewesen, kann sie sich noch an alles erinnern: an die Blumen, die ich zum alles entscheidenden Rendezvous mitbrachte, an meine Leidenschaft nach dem Kino, als ich sie ohne Vorwarnung in den Arm nahm und küsste, und an meine Tränen der Rührung, als ihre Lippen sich mir öffneten und sie sagte: »Komm, lass uns zu mir gehen.« Nur nicht widersprechen jetzt. Die Wahrheit muss sie

nicht erfahren, nicht jetzt jedenfalls, und wenn überhaupt, dann frühestens knapp vor der Scheidung.
Die Wahrheit lautet: Die Blumen waren geklaut. Meine Leidenschaft war pure Verzweiflung, denn vor meiner Haustür lauerte diese kleine verrückte Jura-Studentin, die mich dringend erschießen wollte, zu Recht übrigens, und einen Schlafplatz braucht ein Mann nun mal, da sind wir uns sicher einig. Was die Tränen betrifft: Ich leide an Heuschnupfen, seitdem ich sechs bin, Multipollenallergie, kein leichtes Los. So und nicht anders war das mit uns jenseits der Legenden, aber ich werde einen Teufel tun, sie mit der schalen Wahrheit vertraut zu machen. Wozu auch? Rachsüchtig, wie sie ist, würde sie mir doch nur einreden wollen, dass ihre Orgasmen in jener Nacht alle nur gespielt waren. Selbst, wenn ich es besser weiß, anhören muss sich das ein Mann ja wirklich nicht, da sind wir uns sicher einig. Es reicht, wenn sie mir das knapp vor der Scheidung sagt. Und dann werde ich sie triumphierend anlächeln und ihr erzählen, wie es wirklich war, damals, als wir beschlossen, ein Paar zu werden.

III.
Sex, Teil 1

11 Das erste Mal
Wie man es schließlich doch schafft, miteinander ins Bett zu gehen

Sie Natürlich zu ihm. Wäre viel zu nervig, die eigene Wohnung aufzuräumen und einen todsicheren geheimen Platz für die Hanni-und-Nanni-Sammlung, die Blümchenkissen von Tante Lotti, die »Take That«-CDs und die Damenbart-Bleichcreme zu finden. Aus dem Kühlschrank müsste die Sprühsahne und der Liter-Tetrapak Fertig-Grießbrei raus und irgendein netter Champagner rein. Und Oliven, ich habe irgendwo mal gelesen, dass es Männer gibt, die so Tricks mit Oliven draufhaben. Was immer das auch sein kann. Dann müsste man auch endlich mal die Bettwäsche wechseln, wobei die einzig saubere die rosa Flanellwäsche mit dem Schokofleck ist, der nie mehr rausgeht. Und die Glühbirnen in der Flurdeckenlampe auswechseln. Am besten gleich die ganze Wohnung wechseln. Nee, echt nicht. Für keinen Sex der Welt.
Andererseits: Will man wirklich mitten in der Nacht in einer wildfremden Wohnung aufs Klo tappen, mit den Füßen gegen unidentifizierbare Gegenstände stoßen oder – noch schlimmer und noch wahrscheinlicher – auf einen eiskalten Badezimmerboden geraten, der so klebrig ist, dass man Fäden zieht beim Gehen?
Andererseits: Man kann zumindest gehen, wenn es ganz furchtbar wird. Nein: Man kann rennen. Man kann was von der Sieben-Uhr-Maschine nach Frankfurt murmeln oder dass einem ganz plötzlich eingefallen ist, die Groß-

mutter noch ein letztes Mal am Sterbebett zu besuchen. Man kann nach Hause fliehen und sich mit Grießbrei in die rosa Flanellbettwäsche einrollen wie all die Abende zuvor.
Andererseits: Das ändert auch nichts. Denn irgendwann muss es sein. Dieses »Kommst du noch auf einen Kaffee mit rauf?« Dieses »Ist dir nicht viel zu warm in deinem Pulli?« Diese Angst, dieser Schrecken, diese Panik, diese eingezogenen Bäuche, dieses ungewohnte Atmen, diese andere Haut, diese fremden Geräusche. Irgendwann will es sein. Irgendwann will es rein. Jetzt. Hier. Heute.
»Kommst du?«, fragt er sanft.
Ja. Natürlich. Hier bin ich.
Und das da drüben, das ist meine Damenbart-Bleichcreme.

Er

Sie will es. Er will es. Jetzt sofort. Warum tun sie es dann nicht gleich, sondern erst dreißig Minuten später?
Weil sie eine Frau ist und noch einiges klären muss. Nämlich: Ob, wenn sie gleich tut, was sie will, er von ihr denkt, dass sie eine Schlampe ist, die es nur deswegen mit ihm tut, weil sie scharf ist. Was zwar stimmt, er aber nicht wissen darf. Weil er sonst ein falsches Bild von ihr bekäme, und mit Männern, die sich ein falsches Bild von ihr machen, will sie es nicht tun. Sie will es nämlich nur mit einem Mann tun, der sie als Person respektiert, und als Person geht man nicht dann mit jemandem ins Bett, wenn man scharf ist, sondern erst dreißig Minuten später. Beim ersten Mal jedenfalls. Nur Tiere tun es sofort; Personen tun es später. Personen wissen, dass man ein-

ander respektieren muss, selbst wenn die Zunge der einen im Genital der anderen Person steckt, und dieser Respekt braucht Zeit, um wachsen zu können. In der Zeit, in der der Respekt wächst, fragt die eine Person die andere, ob sie vielleicht noch einen Kaffee will. Oder ein Glas Wein. Und die andere Person wühlt noch ein wenig anerkennend in der CD-Sammlung der einen Person. Oder so ähnlich. Und dann trinkt man noch gemeinsam ein Glas Wein. Und hört noch ein wenig der Musik zu. Und dazu küsst man einander ganz zart. Und bei besonders schönen Stellen guckt man einander ganz tief in die Augen. Und respektiert einander. Nach ungefähr drei Liedern macht die eine Person der anderen Person zwei Knöpfe auf. Und die andere Person wehrt sich nicht. Und die Hand der einen Person verirrt sich wie zufällig unter der Bluse der anderen Person. Und die Brustwarzen der anderen Person wachsen. Und der Respekt zwischen den beiden Personen schlagartig auch. Und dann sehen die beiden Personen einander ganz tief in die Augen. Und dann wechseln sie von der Couch ins Bett und reißen sich die Klamotten vom Leib und ficken wie die Tiere. Aber erst in dreißig Minuten. Weil wir keine Tiere sind, sondern Personen.

12 Das zweite Mal
Wie etwas, dessen Premiere nicht gerade berauschend war, dann doch zur Gewohnheit wird

Sie Dass es ein zweites Mal gibt, ist ein Wunder, wenn man bedenkt, wie das erste Mal war. Das gilt für die erste Zigarette, den ersten Drink, das erste Mal Sex. Warum soll man sich das jemals wieder antun? Man hat keinen Spaß dabei, es geht einem schlecht hinterher, man hat keine Ahnung, was die Leute an diesem Scheiß finden, es ist von vorn bis hinten ein Desaster. Also macht man es gleich noch mal. Und es ist phantastisch. Und man kommt nie wieder davon los. Das zweite Mal mit einem neuen Lover ist der einzige Grund, warum das erste Mal doch zu was nütze war. Es ist ein Quantensprung. Plötzlich wissen Sie alles. Warum er quiekt, wenn Sie dies machen, und warum er grunzt, wenn Sie das machen. Dass Sie sowieso nicht viel machen müssen, um schöne Effekte zu erzielen. Dass Sie sich die nette Ausgeh-Unterwäsche auch hätten sparen können, weil der Mann sowieso nicht einen Blick darauf verschwendet.

Das zweite Mal ist eigentlich das erste Mal. Das erste Mal findet ja, wie gesagt, nicht richtig statt. Oder vielmehr: Man kriegt es einfach nicht mit, weil man viel zu sehr damit beschäftigt ist, den Bauch einzuziehen und fieberhaft zu überlegen, wie das eigentlich in »Basic Instinct« ging, diese Szene mit dem Hermès-Schal, und ob man nicht vielleicht auch … Und dann ist es auch schon vorbei. Beim zweiten Mal dagegen können Sie den ganzen

Krampf vergessen und dazu übergehen, anständigen Sex zu haben. Der Schlüssel zum Erfolg besteht darin, nicht zu anspruchsvoll zu sein. Keine komplizierten Stellungen, keine Versuche, originell zu sein (Sex auf einer Spüle voll dreckiger Teller sieht nur in »Eine verhängnisvolle Affäre« gut aus), und das Wichtigste: alles vergessen, was Sie je in Schundromanen gelesen haben. Gemeinsam zu kommen ist in jedem Stadium einer Beziehung praktisch unmöglich. Es ist schon schwer genug, es in derselben Woche zu schaffen. Und wenn Sie das zweite Mal dann glücklich hinter sich gebracht haben, ist es Zeit, ein paar Fragen zu stellen: Wollen Sie diesen Mann überhaupt? Noch ist es nicht zu spät für einen schmerzlosen Abschied. Schmerzlos natürlich nur für Sie.

Er

Liebe Leserin!

Wahrscheinlich haben Sie schon viele Bücher und noch mehr Frauenzeitschriftenartikel gelesen, um endlich zu verstehen, wie der Mann, die Sau, funktioniert. Warum Sie immer so unglücklich sind, sobald Sie sich auf einen einlassen. Und wie es kommt, dass er nach kürzester Zeit zum Arschloch mutiert, egal, wie süß und zuvorkommend und zärtlich er zu Ihnen war, ehe Sie beschlossen, sich doch mit ihm einlassen zu wollen. Hätten Sie sich alles ersparen können. Und gleich auf das hören sollen, was ich Ihnen zu sagen habe. Ich weiß nämlich, woran es liegt. Jeder Mann weiß das. Aber bis jetzt hat es Ihnen keiner gesagt. Weil der Mann nämlich eine Sau ist. Nur ich nicht. Und deswegen verrate ich Ihnen jetzt, worauf es ankommt. Sie dürfen mit einem Mann nur einmal schlafen. Das erste Mal und das

letzte Mal. Also genau EINMAL. Nach dem ersten Mal sind wir noch Menschen. Nach dem zweiten Mal sind wir unerträglich. Wenn eine Frau zum zweiten Mal mit uns schlafen will, hat sie schon verloren. Denn zweimal mit uns schlafen zu wollen bedeutet für uns:
Unser Schwanz war nicht zu klein.
Sie ist süchtig nach unserem Schwanz.
Unsere Brusthaare haben sie nicht im Geringsten gestört.
Auch nicht, dass wir sofort nach dem Orgasmus einpennen und in Jumbo-Jet-Lautstärke schnarchen.
Unsere Performance ist die beste, die sie je genossen hat.
Sie weiß, was sie kriegen kann, und trotzdem will sie es.
Also will sie genau das, was sie von uns kriegen wird.
Obwohl wir sie nie ins Theater, in »Titanic« oder zum Winterschlussverkauf begleiten werden.
Und sie jederzeit betrügen würden, falls es nicht rauskommt.
Wahrscheinlich sind wir der beste Liebhaber, den sie je gehabt hat.
Unsinn, werden Sie jetzt sagen, so denkt doch kein Mann. Doch: so denken wir. Und nun wollen Sie sicher wissen, was Sie tun sollen. Sag ich doch: Nur einmal mit uns ins Bett. Wenn Sie Glück haben, haben Sie dabei wenigstens zärtlichen und zuvorkommenden Sex. Wenn Sie Pech haben, sind Sie danach wenigstens kein Paar.

13 Das zehnte Mal (das erste Mal nicht)
Wie man sich gegen die Macht der Gewohnheit schützt

Sie Nicht heute Nacht, Liebling. Ich habe Migräne. Meine Katze ist gestorben, und ich habe so ein komisches Ziehen im Unterleib. Ich muss morgen ganz früh raus, außerdem ist heute der 14. Todestag von Cary Grant, das musst du einfach respektieren. Ich muss auch noch zu Karen, sie hat mal wieder Liebeskummer, und gleich fängt »Harald Schmidt« an, das willst du doch bestimmt nicht verpassen. Und überhaupt muss ich mir noch die Haare waschen. Zweimal.

Die erste Nacht, in der man nicht miteinander schläft, weil man einfach ums Verrecken keine Lust dazu hat, ist entscheidend für den Fortbestand der Beziehung. Sie ist sogar, um genau zu sein, der Beginn der Beziehung. Denn erst jetzt wird man den wahren Kern des Kerls kennenlernen. Steckt er es weg? Mufft er rum? Wird er lästig? Ist er trotzdem noch nett? Bittet er? Bettelt er? Leidet sein Ego? Leidet es sehr? Wie sehr? Die meisten Männer kriegen dann diesen »*Ich hab's ja gewusst, dass sie nur ein Cockteaser ist*«-Blick. Ins Schicksal ergeben, aber leicht vorwurfsvoll. Wenn sie schlau sind, halten sie die Schnauze und gucken nur ein bisschen wie Dackel im Regen. Manchmal wirkt das ja. Wenn nicht, dann haben sie etwas viel Wichtigeres geschafft: Man hat ein unglaublich schlechtes Gewissen, diesen Zaubermann einfach so abblitzen zu lassen. Okay, nicht ein SO schlechtes Gewissen, dass man sich noch rumkriegen ließe, das dann auch wieder nicht. Aber schon schlecht genug, um am nächsten Tag ohne Murren die Wäsche aufzuhängen oder mit in »Die lange Arnold Schwarzenegger-Nacht – Die frühen Meisterwerke« zu gehen. Clevere Männer setzen diesen Schuld-und-Sühne-Komplex gezielt ein, wenn sie irgendwas völlig Unakzeptables durchdrücken wollen. Sagen wir: ein Champions-League-Spiel gucken, während gerade »Ally McBeal« läuft. Sie haben einen derart feinen sechsten Sinn für sexuelle Unlustschwingungen, dass sie es sogar riskieren, dann Sex zu wollen, wenn sie selber nicht den geringsten Bock haben. In der Hoffnung, abgelascht zu werden, um dann sagen zu können: »Auf tm3 hat übrigens gerade das Spiel angefangen.« Dagegen hilft nur der Gegenbluff: begeisterte Zustimmung bei der kleinsten Andeutung von Sex. Ehrlich: Das kegelt sie in 90 Prozent aller Fälle. Der Rest ist halt Risiko, und man muss doch noch ran. Kompliziert? Aber ja. Schließlich hat niemand je behauptet, dass dieser ganze Liebesquatsch einfach sein würde.

Er

Es kommt die Nacht, und sie kommt viel früher, als du befürchtest, in der du keine Lust haben wirst, mit ihr ins Bett zu gehen. Aus keinem besonderen Grund. Du willst einfach nicht. Wenn du eine Frau wärst, wäre das nichts Besonderes. Weil du ein Mann bist, wirst du ein Problem haben in dieser Nacht. In dieser Nacht ist sie besonders schön. Sie hat das Bett frisch bezogen und sich eineinhalb Stunden lang in belebenden Schaumbädern gesuhlt, die ihr eine Freundin aus New York mitgebracht hat. Sie hat eine Dose Kaviar besorgt, die Unmengen gekostet haben muss, aber sie hat da ihre Quellen. Sie hat den Champagner gekühlt, das Licht heruntergedimmt und die Barry-White-CD auf Endloswiederholung programmiert. Wenn es Winter wäre und einen Kamin gäbe, würden darin Holzscheite knacken, und wenn es das Artenschutzabkommen nicht strikt verböte, läge vor dem Kamin ein Eisbärenfell, groß genug für einen Eskimo-Swingerclub. Nein, so schön wie in dieser Nacht ist sie noch nie gewesen. Ihre Augen leuchten, ihre Haut glüht, ihr Dekolleté schimmert. Das muss der Eisprung sein, denkst du, obwohl du noch nie so genau begriffen hast, warum ein springendes Ei so viel Wirkung haben soll, und dann hoffst du, dass jetzt sofort das Telefon läuten und ihre beste Freundin dran und von ihrem Ehemann mit einer fünf Jahre jüngeren naturblonden Nagelstudioinhaberin betrogen worden sein soll. Sie hat aber das Telefon ausgesteckt.

Nimm noch einen Löffel Kaviar, sagt sie, und schiebt dir ein halbes Kilo Störeier in den Mund, ist gut, viel Eiweiß, wirst du noch brauchen. Und während du verzweifelt mit deiner Zunge die Störeier in Karieslöcher zu schieben versuchst, wo sie für brüllenden Schmerz und eine perfekte Ausrede sorgen könnten, dimmt sie per Fernsteuerung das Licht noch ein wenig dunkler und die Barry White-Bässe noch ein wenig tiefer, und dabei bewegt sie sich wie beiläufig so, dass der Träger von ihrer linken Schulter ihren linken Oberarm hinabzugleiten beginnt, in Zeitlupe, auf einem Gleitbett aus Feuchtigkeitscreme. Huch, sagt sie, ich weiß auch nicht, was mit mir los ist, ich bin so schusselig heute. Dann schaut sie dich plötzlich an wie ein Eskimo, dem ein Eisbär vor die Harpune gelaufen ist, und sagt: Lass uns endlich ins Bett gehen. Und du hast keine Ausrede mehr. Und du wirst sagen müssen: Heute nicht, Liebling. Heute habe ich keine Lust. Morgen vielleicht.

IV.
Junge Liebe

14 Zu dir oder zu mir?
Warum man sich vielleicht besser doch im Stundenhotel treffen sollte

Sie Männer kennen nur fünf wirklich unverzichtbare Möbel: die Stereoanlage mit möglichst großen Boxen. Den Fernseher mit möglichst großem Bildschirm. Den Kühlschrank mit möglichst großem Eisfach. Das möglichst große Bett, denn man weiß ja nie. Den möglichst großen Aschenbecher, denn man will ja nicht so oft laufen. Alles andere, was sich in Männerwohnungen noch findet – die Bücherregale aus Ytong-Steinen und Brettern vom Baumarkt, die Reste vom Jugendzimmer (Kiefernfurnier, braune Zierkanten), die verblichene orangegrüne Bettwäsche (Konfirmationsgeschenk), das Alu-Besteck (Kantine und/oder Lufthansa), der Stapel leicht fadenscheiniger hellgelber Gästehandtücher, die Mutti sonst weggeworfen hätte, der guacamolegrüne Teppichboden vom Vormieter (»Wieso, der ist doch noch gut«) – sind im Wesentlichen Zugeständnisse an die Zivilisation, aber im Grunde seines Herzens ist der Mann Minimalist.

Wozu Gläser, wenn es leere Senfbecher gibt? Wozu Vasen, wenn es leere Bierflaschen gibt? Wozu Garderobenhaken, wenn es den Fußboden gibt? Das beherrschende innenarchitektonische Konzept der Männer ist der Haufen. Im Schlafzimmer ist der Haufen neben dem Bett, im Wohnzimmer neben dem Sofa, in der Küche in der Spüle. Ein einheitlicher Look, der von echtem Stilempfinden und Sinn für die Gesamtwirkung kündet.

Mit einem Mann zusammenzuziehen ist kinderleicht. Männer sind so dankbar, wenn man ihnen die Entscheidung über Stühle abnimmt, die Wandfarbe bestimmt und Kissen (bequem, aber unmännlich) kauft. Man muss sich nur damit abfinden, dass man immer allein zu Ikea fährt. Im Gegenzug ist jeder Mann bereit, sofort aus seiner Wohnung auszuziehen, unter Zurücklassung aller Dinge. Er würde nichts vermissen. Solange er sein Cindy-Crawford-Poster mitnehmen darf. Aber dafür findet sich – man ist ja kompromissbereit – bestimmt ein hübsches Plätzchen. Im Keller oder so.

Er

Wenn Mädchen erwachsen werden, ziehen sie um – von einem kleinen Puppenhaus in eines, das endlich so groß ist wie sie. Jetzt können sie Möbel kaufen, auf denen nicht nur Barbie sitzen kann, ihr bulimisches liebeshungriges kuschelsüchtiges Vorbild. Das merkt man den Möbeln auch an: Sie sehen aus, als wären sie dazu verurteilt, den jäh ins Leben verstoßenen Mädchen eine Liebe zu spenden, die sie sonst nicht bekommen. Farben, die den Augen schmeicheln. Materialien, die sich zärtlicher anfühlen als jede Männerhand. Betten, die den Rücken liebkosen, Bilder, die nicht weh tun. Frauen haben romantisch flackernde Teelichter, Frauen haben beeindruckend Ecke auf Ecke geschichtete Coffee-Table-Books mit Weichzeichner-Fotos von Pariser und New Yorker Interieurs (nicht so viele harte Buchstaben), Frauen haben das gesamte Rösle-Küchenutensilien-Arsenal, obwohl sie nur Magerquark essen, Frauen haben einladend warme Kerzenleuchter. Es könnte ja jemand zu Besuch kommen, mit dem man über den für 900 Mark angeschafften Stuhl schwärmen könnte, der aussieht wie aus einem Zahnarzt-Wartezimmer geklaut, aber von einem jüngst geadelten britischen Designer stammt.

Es kommt aber keiner. Jedenfalls kein Mann. Männer interessieren sich für WAP-Portale, für Handhelds und ein Breitbandkabel für die Internet-Übertragung der *Victoria´s Secret*-G-String-Präsentation. Für Dinge eben, auf die es wirklich ankommt. Für Möbel nicht. Weil niemand sie besucht, warten Frauen sehnsüchtig auf das Erscheinen der neuen *Elle Deco*, British Edition. Das ist der Soft-Porno für Frauen, die häufiger Shaker-Kommoden streicheln als Menschen. »Sensual«, sinnlich, verkündet dieses Einrichtungs-Kamasutra, richtet euch sinnlich ein! Schreitet auf liebkosenden Teppichen! Fühlt die hauchzarten neuen Tapeten von Sir Schwuchtel! Und habt ihr schon diese umwerfend sensiblen Lampen von Lord Tucke? Dann seufzen Frauen ganz tief empfunden, und sie schlafen ein, gebettet auf authentisches Bauernlinnen, von Duftkerzen bewacht. Ein Kerl stört da nur.

15 Im Restaurant
Ein Menü für Jungverliebte

Sie *(rekapitulierend, warum sie doch besser in ein schlecht beleuchtetes Kellerlokal gegangen wären, wo sie niemand kennt)*

Aperitif: »Nee, lassen Sie mal, guter Mann. Ich habe Latein schon immer gehasst, haha. Haben Sie stattdessen nicht einen netten kleinen Drink für uns? So zum Warmwerden?«

Vorspeise: »Unglaublich, dieser Kellner, oder? Dieser affige französische Akzent! Jaja, ich weiß, dass er Franzose ist. Aber trotzdem. Für mich klingt das immer so schwuchtelig. Also, lass mal sehen, was sie hier haben. Foie Gras. Pfui Gras, haben wir früher immer gesagt, haha. Ich habe mal einen Fernsehbericht gesehen, wie diese Gänse mit so langen Stangen gestopft wurden, da ist mir richtig übel geworden von. Austern – igitt, dieses Glibberzeug. Stimmt das eigentlich, dass die noch leben? Haben die denn nichts, was man essen kann, ohne sich zu übergeben? Oh, entschuldige, ich habe ja vergessen, dass das dein Lieblingsrestaurant ist. Ah, da ist ja was: Bouillon, eine ordentliche Kraftbrühe, das ist immer was Feines. Garçon! Haben Sie Eierstich?«

Hauptgang: »He! Herr Ober! Garçon! He, Sie! Der tut doch wirklich so, als ob er mich gar nicht sieht! Ach, Louis heißt er? Ihr scheint euch ja richtig gut zu kennen, was? Was heißt hier, ich soll nicht albern sein? Na endlich, da kommt er ja. Ich weiß gar nicht, was an einem blutigen Steak so lange dauern kann. Zack, in die Pfanne, ordentlich schmurgeln lassen, umdrehen, weiterschmurgeln, fertig. Oder? Ich werde dir mal eins braten, das kann ich richtig gut, wirst schon sehen. Nein! Guck mal: Sie haben kleine Blümchen aus den Karotten geschnitzt. Das haben Sie aber schön gemacht, Louis, wirklich.«

Dessert: »Mousse au chocolat, das ist doch schon alles, was die Frenchies können. Das klingt jetzt wie ein Klischee, aber an den Schokopudding von meiner Mutter, da werden sie niemals rankommen. Nehmen die nicht Ochsenblut oder sowas, um die Farbe so schön dunkel hinzukriegen? Was heißt, du musst ganz dringend los? Wollten wir nicht noch einen Absacker trinken?«

Er *(rekapitulierend, was zur Sperre seiner Kreditkarte geführt hat)*

Aperitif: »Ach ja, warum nicht? Bringen Sie doch einfach eine Flasche Champagner. Du trinkst doch einen kleinen Schluck mit, oder?«

Vorspeise: »Vielleicht esse ich ja nur eine Vorspeise. Mhm, lecker. Guck mal, die haben Tunfischbauch-Sashimi. Das gibt's doch gar nicht. Frau Mehrbauch, du weißt, diese blöde Nuss aus dem Controlling, mit der ich letztens zusammengekracht bin, gibt immer damit an, dass sie in Tokio Tunfischbauch-Sashimi gehabt hat und dass es das in Deutschland gar nicht gibt. O Gott, ist das teuer! Na ja, die Mehrbauch kann sich's ja leisten, die controlled ihre Spesen ja selbst. Nein, das ist viel zu teuer. Okay, wenn du meinst. Du kriegst natürlich was ab davon … Ich esse ja auch keinen Hauptgang mehr.«

Hauptgang: »Das ist ja wohl das Letzte! Für drei Bissen

Fisch 60 Mark zu verlangen. Darf ich noch ein Stück von deinem Steak haben? Aaah! Komisch, wie sehr man sich manchmal nach einem großen Stück Fleisch sehnt! Nein, ich mag dir doch nicht alles wegfuttern. Wieso hast du nicht so viel Hunger? Du bist doch schließlich ein Mann.«

Dessert: »Genial, diese Idee mit dem Blattgold-Überzug. Ich meine, das macht doch so einen Kaiserschmarren sofort zu einem Luxusgericht. Als ob man reines Gold essen würde. Meinst du, dass das wirklich Gold ist? Völlig pervers. Aber gut, kann man nicht anders sagen. Stell dir mal vor, was mit dem Blattgold passiert, wenn man es verschluckt hat ... meine Güte, bin ich beschwipst, ich trinke ja sonst keinen Champagner. Findest du nicht, dass die *Kantine* eine gute Idee von mir war? Ist doch genial, dieses minimalistische Design und diese Holzbänke, du kannst dir gar nicht vorstellen, wie ich diese überkandidelten Restaurants hasse, mit denen die Mehrbauch immer angibt ... Magst du mal von dem Kaiserschmarren kosten? Ach Männo, guck doch nicht so hungrig, wenn du willst, lade ich dich am Heimweg noch zu einer Currywurst ein.«

16 Im Kino
Warum Frauen und Männer nicht dieselben Filme gucken sollten

Sie

Ein Kino ohne Mann ist wie ein Fisch ohne Fahrrad, oder so ähnlich. Anders gesagt: Wenn man einen anständigen Film sehen will, geht man allein. Oder mit einer Freundin. Auf keinen Fall aber mit einem Kerl. Anständiger Film – da geht's schon los. In seinen Top Ten stehen »Im tiefen Tal der Superhexen« und »Dirty Harry«. Auf meinen dagegen Meisterwerke wie »Die Brücken am Fluss«, in denen einem Tränen und Tusche warm in den T-Shirt-Kragen laufen, nach denen man angenehm melancholisch und vollständig gereinigt dem faden Leben wieder ins graue Gesicht blicken kann.

Mit Filmen ist es wie mit Waschmitteln: Es muss einen erkennbaren Unterschied zwischen vorher und nachher geben, sonst taugen sie nichts. Wozu sonst ins Kino gehen? Um zu sehen, wie irgendwelche Deppen andere Deppen abknallen? Dass Actionfilme weltweit am erfolgreichsten sind, liegt doch nur daran, dass kleine Jungs zu blöd sind, »Batman« beim ersten Mal zu begreifen und deshalb dreimal reingehen müssen. Ich schwöre, wir haben es probiert. Ich bin in »Gladiator« und »Mission Impossible 2« mitgegangen, nachsichtig und aufopferungsvoll (so wie man mit Kindern in »Aladin« geht) – zweimal und nie wieder. Wir haben beidgeschlechtlich angelegte *dating movies* getestet: In den meisten spielt Meg Ryan mit, die scheiden also von vornherein aus, und alle anderen sind faule, für beide unbefriedigende Kompromisse. Zwar gibt es löbliche Ausnahmen wie »Speed« (für uns Keanu, für die Männer der Bus) oder »Titanic« (für uns Leonardo, für die Männer 1500 Ertrunkene), aber das ändert nichts an der goldenen Regel: Männer und Frauen haben einfach nichts im selben Kino zu suchen, wenn sie die Illusion gemeinsamen Glücks nicht nachhaltig beschädigen wollen. Einmal, ein einziges Mal habe ich es gewagt, ihn mitzunehmen: »Der englische Patient«. Flugzeuge, dachte ich, Krieg, Wüste, was soll da schiefgehen? Und dann kamen wir aus dem Kino, ich tränenblind, er gähnend, und er sagte irgendwas von »Edelkitsch« und »Das Buch war tausendmal besser«. Zumindest glaube ich, dass das seine letzten Worte waren, bevor ich ihn erwürgte.

Er

Er hat kein Gramm Fett am Körper, aber ein Kilo davon in den Haaren. Er hat wenig Bauch und noch weniger im Kopf, und beim Sex kommt er nach 30 Sekunden, wovon sie in Ohnmacht fällt. Er heißt Ralph Fiennes, Leonardo DiCaprio, Jeremy »Magengeschwür« Irons, Brad »Die-Schule-habe-ich-gerade-so-geschafft« Pitt, aber eigentlich könnte er immerzu Depp heißen. Er ist der Mann, den meine Liebste sich ausguckt, wenn sie fremdgehen will, ohne dabei mehr zu riskieren als peinlich zu sein, er ist der Kerl, bei dessen Anblick sie schlagartig wieder so kindisch wird wie zuletzt auf dem Ponyhof. Er ist Filmstar, und das ist ein besonderer Mann, der Einzige, gegen den ich keine Chance habe. Aber das macht nichts, weil ich weiß, dass auch sie bei einem Filmstar keine Chance hätte und mich folglich nie mit Robert Redford betrügen wird. Obwohl sie es jederzeit würde, für weit weniger als eine Million Dollar. Hat sie gesagt, ohne schlechtes Gewissen.

Frauen und Kino – das ist eine Geschichte voller Missverständnisse. Wir Männer gucken Filme, um uns moralisch zu vervollkommnen (»Das dreckige Dutzend« zog gegen die Nazis ins Feld ...), um uns intelligent zu unterhalten (Uma Thurmans Vater ist Tibetologe!) und uns weiterzubilden (über den Einfluss neuer Waffensysteme auf die Weltpolitik). Frauen dagegen halten jeden Kinobesuch für eine Lizenz zum Verblöden. Woran sonst sollte es liegen, dass sie ein Machwerk klasse finden, in dem ein ältlicher Millionär sich in eine Nutte verknallt und ihretwegen sein ganzes Leben ändert? Völlig unglaubwürdig, aber das stört sie nicht. Kaum geht das Licht aus, verabschieden sie sich vom Denken, und von ihren heiligen moralischen Ansprüchen gleich dazu. Im Kino sind Kinderschänder (»Der Liebhaber«), bindungsunfähige Autisten (»Die Brücken am Fluss«), sadistische Lebensmittelverschwender (»9 ½ Wochen«) oder Bruchpiloten, die Frauen in Höhlen verhungern lassen (»Der englische Patient«) voll in Ordnung. Im wirklichen Leben nie. Deswegen bin ich kein Filmstar. Und deswegen muss sie bei »Bodyguard« alleine heulen.

17 Feindesland
Über den ersten Kontakt mit dem sozialen Umfeld

Sie »Liebling, das sind die Jungs. Jungs, das ist sie. Ihr wisst schon. Sie.« Die Jungs wussten anscheinend Bescheid. Das ist ja schon mal was. Wenngleich ich gar nicht wissen will, wie er mich angekündigt hat. Ich bring heute Abend mal meine neue Schnalle rum, bitte keine blöden Bemerkungen, die Wahrheit könnt ihr mir später sagen. Die Jungs hängen entspannt an der Bar und heben zur Begrüßung entspannt ihre Biere zwei Millimeter in die Höhe. In Ordnung: Das bedeutet, er hat mich als unkomplizierten Kumpeltyp angekündigt, um den man nicht viel Aufheben machen muss. Das passt. Ich habe mich heute ja auch als unkomplizierter Kumpel verkleidet: Khakis, T-Shirt (eng, versteht sich; aber auf unangestrengte Weise eng) und die allerneuesten *Nike Air Metal Max VI* in Groovy Tangerine – in Deutschland noch nicht zu kriegen, wie jeder Kenner weiß. Es funktioniert: Die Jungs kriegen kaum ihre Augen von meinen Füßen. Das T-Shirt ist wohl doch nicht eng genug. »Ein Bier«, sage ich zum Wirt, denn ich bin ja nicht blöd. Auf keinen Fall Wasser, niemals einen Cocktail, bloß keinen Saft. Wein ginge, denn das wird von Frauen erwartet, aber Bier kommt einfach besser. Zum Kumpeltyp-Outfit ist es sogar Pflicht. »Light?«, fragt der Wirt. Das ist ein Test. »Natürlich nicht«, sage ich, »doch nicht diese Pisse.« Hoppla, das war jetzt vielleicht eine Nummer zu hart. Sie sollen nicht denken, ich will mich anbiedern. Die Jungs schweigen. Sie starren mich an, ohne mich anzugucken; sowas kriegen nur Männer im Rudel hin. Der Lange (das muss Olli sein) dreht sein Bierglas in den Händen, der Fettklops (das muss Frank sein) läßt rhythmisch die größte Klinge seines Leathermans auf- und zuschnappen. Ich bin sicher, er meint es nicht persönlich. Eine Stunde später – wir haben uns köstlich über Nockenwellen und Keramikscheibenbremsen unterhalten und ich habe immerhin herausgekriegt, dass sie meinen Liebsten seit der Schulzeit »Petzi« nennen und dass er mal rosa Breitcordhosen getragen hat – fällt den beiden urplötzlich ein, dass sie dringend noch wohin müssen. »War nett gewesen«, knurrt Frank und dreht sich um. Als ich hinter den beiden zur Theke gehe, höre ich noch: »Ganz okay, die Kleine. Aber das muss jetzt doch schon Petzis, warte mal – mindestens siebzehnte Cousine sein, die er uns vorgestellt hat.«

Er Vanessa ist ihre beste Freundin, und nach drei Wochen, in denen sie sie meinetwegen vernachlässigt hatte, fand sie es hoch an der Zeit, mich vorzuführen. Damit Vanessa endlich wusste, wem sie es zu verdanken hatte, dass aus dem gemeinsamen Amerika-Trip nun leider doch nichts wurde. »Das hast du mir aber gar nicht erzählt«, sagte Vanessa, und ihr Blick schlitzte häßliche Wunden in mein Gesicht. Kein schönes Gefühl. Noch unschöner war allerdings das bohrende Gefühl, das Vanessas Begrüßungssatz (nicht an mich gerichtet, versteht sich, ich war eine Schabe, man spricht nicht mit Schaben, und nur in Notfällen über sie) in mir auslöste. WAS hatte sie, die Liebe meines Lebens, Lust meiner Lenden, Vanessa NICHT erzählt? Und WAS hatte sie ihr erzählt? Und worauf genau hatte Vanessa gestarrt, als sie mich angestarrt hatte? Sie konnte doch nicht bemerkt haben, dass ich mir nur deswegen die Haare so modisch kurz schneiden lasse, damit keiner merkt, wie hoch die Geheimratsecken sind? Der Stresspickel vielleicht? Das Hemd? Die Schuhe? »Ist er nicht toll?«, sagte die Lust meiner Lenden zu Vanessa, und ich kam mir vor wie eine besonders fette, frisch im tropischen Regenwald entdeckte Schabenart, die auf einem Kongress lesbischer Insektenkundlerinnen vorgeführt wird. »Das hast du über Otto auch gesagt«, bemerkte Vanessa an mir vorbei, ich war gar nicht da, ich war nur eine Schabe, die sich fragte, wer Otto war und ob das grüne Hemd wirklich gut aussah. Vanessa trug Schwarz. Von oben bis unten. Sie sah phantastisch aus, aber es gibt Momente, in denen man Mauerblümchen bevorzugt, weil sie noch eine Ahnung davon haben, wie wichtig Erbarmen und Mitleid sind.

Es ist dann doch noch ein schöner Abend geworden für die beiden. Ich saß daneben, musste oft aufs Klo und habe nicht weiter gestört. Schließlich hatten sie sich ganze drei Wochen nicht gesehen. Und am Heimweg erzählte die Liebe meines Lebens, Vanessa hätte gemeint, ich hätte sehr aristokratische Gesichtszüge. Und ein viel angenehmeres Benehmen als Otto, weißt du, der war immer so dominant und hat alle zugesabbelt. Und du warst heute abend so still. Merkwürdig, bist du doch sonst überhaupt nicht. Ich dachte schon, die hält dich für den kompletten Langweiler. Und dabei war die total beeindruckt von deiner zurückhaltenden Art.

Jetzt muss ich es bloß noch schaffen, an Vanessas Telefonnummer zu kommen, ohne dass es auffällt.

18 Cool genug?
Warum man nie zu viele Gemeinsamkeiten haben sollte

Sie Cool ist, was er für cool hält und für cool erklärt. Er ganz allein. Und zwar genau jetzt, in diesem Moment. Was schert ihn sein Gerede von heute Morgen: Jetzt ist MC Fatmaster auf einmal das Ding, und DJ Nobrainer ist ein Verräter, weil er mit Dat Wreck auf Tournee geht. Coole Jungs wie er stehen stundenlang am Tresen von wrackigen kleinen Kneipen, halten sich an ihrem Bier fest (natürlich niemals »so 'ne Pisse wie Corona«) und werfen sich unter zustimmendem oder ablehnendem Grunzen Plattentitel zu, wie *Pet Sounds, Andromeda Heights, Conversions* oder *Silent Recoil*, und zwar nur in der japanischen Pressung. Bei solchen Gelegenheiten erzählt er dann gern, dass er die meisten Bands schon damals in diesem kleinen Club in Galway (oder war es Helsinki?) gesehen hat, als sie noch vor zehn Leuten spielten, und nutzt sein nach 18 Semestern abgebrochenes Philosophiestudium zur Untermauerung von jeder Menge Schwachsinn (»Prefab Sprout sind die genaue Verkörperung dessen, was der frühe Hegel geschrieben hat!«).

Die wichtigsten Spielregeln im Cool-Spiel sind Exklusivität und Unvorhersehbarkeit. Potentiell coole Filme wie »Matrix« und »High Fidelity« sind genau in dem Moment, in dem andere sie entdecken, auf der Shitlist; dasselbe gilt für Wiederholungen vom »Kommissar«, sonntags auf 3sat. Martinis? Da haben wir einen Gewissenskonflikt: Einerseits sind Cocktails schwer angesagt (das spräche nach seiner Logik gegen Martinis), andererseits sind sie lecker. Der Sony-Roboter-Hund? Alle wollen jetzt einen (das spräche nach seiner Logik ... genau), andererseits hat er schwer gelitten, als sein Blechköter nach sieben Tagen an plötzlichem Kindstod starb (»Wieso bloß? Am Nachmittag war er noch so glücklich!«).Überhaupt glaube ich, dass ein peinlich warmes kleines Herz unter dem Stüssy-T-Shirt schlägt: Wenn er denkt, ich gucke nicht, steht er vor der Stereoanlage und spielt Luftgitarre. Nicht cool. Aber niedlich. Darauf ein Corona.

Er

Es gibt Themen, bei denen Frauen besser das Maul halten sollten. Zu ihrem eigenen Schutz, damit sie sich nicht blamieren. Es ist sowieso nicht wichtig, dass sie wissen, was cool ist und was nicht. Müssen sie nicht, verlangt niemand von ihnen. Wir wissen es ja. Wir wissen, dass die beste Platte aller Zeiten »Pet Sounds« ist, und wenn dieses Buch nicht von Frauen gelesen würde, nähme ich mir auch die Zeit, das umfassend zu begründen, aber Frauen lesen bekanntlich nicht gerne Argumente, weil die nämlich etwas mit Wahrheit zu tun haben und Frauen lieber aufmunternden Zuspruch haben statt Wahrheit. Wieso würden sie sonst glauben, dass man mit der richtigen

Diät zwölf Kilo in zehn Tagen abnehmen kann und dass der Sommer geil wird, weil man im Sternzeichen des Widders zur Welt kam? Na eben.
Frauen sind uncool. Meine auch. Sie findet Sean Connery toll, weil er im schwarzen Rollkragenpullover so unwiderstehlich aussieht und hört immer noch gern Paul Simon, weil sie damals, als sie noch jung war, in einen Engländer verknallt war, der mit ihr gerne Paul Simon-Songs grölte, statt mit ihr herumzumachen. Kindereien eben. Und natürlich war der Engländer erotisch absolut uninteressiert an ihr, weil schwul. Ich allerdings hätte das wesentlich früher herausgefunden als sie – jemand, der Paul Simon hört … Ganz besonders schlimm ist es, wenn sie sich hin und wieder doch einbildet, cool sein zu müssen. Dann zieht sie los und kauft Prada Sport-Klamotten, die so aussehen, als wären sie von H & M, beziehungsweise umgekehrt, und schleppt mich in Kneipen, von denen die Zeitschriften behaupten, sie wären cool und in denen alle Jungs denselben Rollkragenpullover tragen wie Sean Connery und alle Frauen dasselbe Outfit wie sie. Cool, sagt sie dann. Ja, Liebling, sage ich, wenn du meinst. Ich muss ja nicht immer Recht behalten. Mir genügt es zu wissen, dass ich Recht habe. Deswegen halte ich das Maul. Und bestelle noch ein Corona. Weil es manchmal völlig egal ist, mit welcher Pisse man sich zuschüttet.

19 Was ich dir noch sagen wollte
Frühe Geständnisse

Sie Der Mann ist eine empfindsame Kreatur, das darf man nie vergessen. Deshalb darf man ihn nicht mit verstörenden Wahrheiten behelligen, jedenfalls nicht gleich und niemals mit allen. Gewisse Informationen (Anzahl der Geschlechtspartner vor ihm, genaue Methode der Beinenthaarung, die Antwort auf die Frage »Findest du meinen Schwanz zu klein?«) müssen wir auf ewig in unseren Herzen verschließen. Das ist keine Lüge, sondern reine Fürsorge. Es wäre einfach zu viel für ihn. Umgekehrt sieht ein Mann bedauerlicherweise selten einen Anlass, etwas für sich zu behalten. »Da drüben geht Annette, die jodelt immer im Bett« – will man das wissen? Will Annette, dass man das weiß? Und woher will er das wissen? Wenn man dann doch mal auf ein dunkles Geheimnis stößt, liegt das höchstens daran, dass er völlig verschwitzt hat, dieses unbedeutende Detail aus seinem Leben zu erwähnen. »Ach, das habe ich dir nie gesagt, dass ich drei uneheliche Kinder in München habe?«

Die Geheimnisse eines Mannes entblättern sich eher zufällig und zwiebelartig. Anfangs glänzt er golden, dann fällt die erste Schicht und man bemerkt ungewöhnlich hässliche Füße, leicht durch die löchrigen Socken hindurch zu sehen. Dann entdeckt man, dass er freitags vierstündige Chat-Sessions mit jemandem namens »hot-

lips« durchzieht (kein Anlass zur Sorge, wahrscheinlich nur ein kahler & übergewichtiger Soziopath).
Das wirklich Tückische an Männern ist allerdings, dass einem eines Tages genau die Dinge auf den Wecker gehen, die von Anfang an ganz offensichtlich waren, schlimmer noch: die man oberniedlich fand. Sein falsches Singen unter der Dusche, seine Art, Nutella vom Messer zu schlecken: UN-ER-TRÄG-LICH! So ist sie, die Dialektik der Liebe. Aber das ist wieder ein anderes Thema.

Er

Sie hat keinen Busen. Das wusste ich nicht. Sie mag Whitney Houston. Davon hatte ich keine Ahnung. Sie geht gerne mit Wärmflasche ins Bett. Darauf hat sie mich nicht vorbereitet. Sie war eine Mogelpackung. Jetzt bin ich unsterblich in sie verliebt. Als ich zu ahnen begann, wie sie wirklich ist, war es zu spät. Scritti Politti, sagte sie, als ich sie nach ihrer Lieblingsmusik fragte, und verschränkte lächelnd ihre Arme im Nacken, was den Wonderbra noch wirksamer machte. O mein Gott, dachte ich, das ist die Frau meines Lebens. Sie wisperte, dass sie viel Wärme im Bett brauche, vor allem ihr Hintern sei immer so kalt. Kannst du haben, dachte ich. Es war unser drittes Date. Nach dem dritten Date stellt sich heraus, ob man es tut oder nicht. Wir taten es. Sie fühlte sich zwar anders an, als ich sie mir vorgestellt hatte, aber ich dachte mir nichts dabei.
Beim ersten Mal hat man genug mit sich selbst zu tun, um Fragen zu stellen. Dass sie mitten in der Nacht aufstand, um sich in der Küche eine Wärmflasche zu machen, bekam ich gar nicht mehr mit. Erst am nächsten

Morgen, als ich verschlafen nach ihrem kalten Hintern tastete und stattdessen warmes Gummigewaber zu fassen bekam. Zum Frühstück gab es Müsli und Whitney Houston, was ich beides verabscheue, und dann gingen wir spazieren. Sie sah hübsch aus, mit Brille und ohne Wonderbra, völlig anders als alle, die ich vor ihr gekannt hatte. »Ich muss dir was sagen«, sagte sie, als wir an der Elbe den Schiffen hinterhersahen. Mist, dachte ich, das war´s dann, wahrscheinlich wollte sie bloß Sex. »Ich glaube«, sagte sie, »ich hab mich in dich verliebt. Und außerdem schnarche ich.«

Aber das wusste ich schon.

20 Kosenamen
Vorstudien zu einer Linguistik der Paarbildung

Sie Ich: Liebling?
Er: Joh?
Ich: Nichts. Wollte nur mal testen, ob du auf »Liebling« reagierst.
Er: Äh. Tue ich aber nicht.
Ich: Hast du aber gerade.
Er: Ich meine, das würde ich nie, wenn Leute dabei sind. Du hast doch nicht etwa vor, mich so in aller Öffentlichkeit anzusprechen?
Ich: Wieso, hättest du was dagegen?
Er: Na ja. Das ist so spießig irgendwie, oder? Das klingt

wie ein Doris-Day-Film. Wie eine schlechte Hollywood-Komödie: »Liebling, ich habe die Kinder geschrumpft.« Das klingt so, als ob man knapp vor der Silberhochzeit stünde. Und es kommt sowieso nur vor in Sätzen wie »Liebling, denkst du bitte daran, Janina vom Ballettunterricht abzuholen?« Nee, wirklich nicht. So weit sind wir noch nicht.

Ich: Vielleicht liegt es daran, dass du gar nicht willst, dass wir mal so weit sind?

Er: Was heißt denn das jetzt wieder?

Ich: Wenn es dir nicht ernst ist mit mir.

Er: Um Gottes willen, wird das hier eine Grundsatzdiskussion?

Ich: Schon möglich, wenn du schon Probleme damit hast, von mir nett angeredet zu werden.

Er: Was ist das Problem mit meinem Namen?

Ich: Er ist einfach nicht besonders romantisch. Außerdem finde ich, dass es dazugehört, besondere Namen füreinander zu haben.

Er: Erstens verstehe ich nicht, was so besonders daran ist, einer von rund 27 Millionen Lieblingen zu sein. Zweitens ist mir völlig wurscht, wie du mich anredest. Nur nichts, was auf »i« endet. Mausi. Hasi. Schatzi. Alles, nur das nicht.

Ich: Mausebär?

Er: Nein!

Ich: Schnuckelputz?

Er: Nein!

Ich: Mein Schieterchen?

Er: Bist du jetzt völlig durchgeknallt? Okay, ich sage dir, worauf ich in der Öffentlichkeit reagieren würde: Wie wäre es mit »Gebieter«?

Ich: Sehr komisch. Ist ja überhaupt mal wieder typisch, immer wenn es um uns geht, machst du blöde Witze.
(Langes, erbittertes Schweigen)
Ich: Du, Schatzi?
Er: Joh?
Ich: Siehst du, geht doch.

Er

Wie kann man nur Peter heißen, sagte sie, als wir weit genug waren, um darüber zu reden, wie wir uns fürderhin ansprechen sollten, das ist ja noch schlimmer als Gerd oder Heinzdieter. Darüber könnte man sich ja wenigstens lustig machen. Aber Peter? Peter ist gar nichts. Weder Fisch noch Fleisch. Völlig unoriginell. Du glaubst doch nicht im Ernst, dass ich dich PETER nenne?

Beschwer dich bei meinen Eltern, sagte ich. Peter ist immer noch besser als Kevin. Oder Hinnerk. Oder wie Jungs heute getauft werden. Und nur für den Fall, dass du das vergessen haben solltest: Du heißt Meike. Und ich hatte immerhin schon mal was mit einer Carmen!

Angeber. War sie wenigstens gut im Bett?

Nicht so gut wie du, Meike.

Falls das ein Versuch war, ironisch zu klingen, sagte sie, ist er gescheitert.

Wie sagst du eigentlich untenrum?

Untenrum sag ich gar nicht. Ich hoffe, du auch. Wär ja noch schöner.

Ich meine nur, falls wir mal darüber sprechen müssen. Sagen wir, du hast Pilz oder so was, und du ….

Wieso sollte ICH Pilz haben? Und wieso um alles in der Welt sollte ich über deinen doofen Schwanz reden wollen? Oder bist du das von deiner Carmen gewöhnt, dass ihr über ihren Pilz und deinen Schwanz redet? Muss eine tolle Beziehung gewesen sein ….

Paare reden doch über alles, sagte ich. Und dazu brauchen sie eine gemeinsame Sprache.

Wir sind doch hier nicht in der EU-Kommission und müssen das Protokoll festlegen. Wahrscheinlich heißt du mit zweitem Vornamen Friedbert oder so ähnlich.

Nein. Georg.

GEORG? O Gott, warst du so hässlich als Säugling?

Es ist mir ja selbst peinlich.

Muss es auch. Nichts ist so schlimm wie ein zweiter Vorname.

Na, sag schon, sagte ich, wie ist denn deiner?

Nichts. Ich habe wirklich keinen. Außerdem habe ich gerade beschlossen, dich Georg zu nennen, wenn du mich nervst.

Ach, Liebste …

Doch. Nur für den Peter muss ich mir noch was Schickeres ausdenken.

Wie wäre es, wenn du mich Gott nennst?

Ich glaube, sagte sie, ich werde dich Arschloch nennen.

21 Die Tampon-Regeln

An welchen Indizien man merkt, dass man ein Paar ist

Sie

1. Man meldet sich mit »Ich bin's«, wenn man ihn anruft.
2. Und er fragt nicht mehr »Wer, ich?«
3. Man findet nachts im Dunkeln zum Klo (und das mit dem klebrigen Boden ist einem inzwischen egal).
4. Man hat eine Zahnbürste, eine Packung Tampons und Nivea in seinem Badezimmer deponiert. Das mit der Faltencreme muss er ja noch nicht wissen. Andererseits ist es nicht mehr essentiell, die Wimpern getuscht zu haben, bevor er wach wird.
5. Man weiß, wo bei ihm das Ersatz-Klopapier ist. Nämlich im Supermarkt.
6. Man hat sich mal einen Pullover von ihm geliehen, den er niemals wieder sehen wird.
7. Man geht an sein Telefon, schon um das schockierte Luftschnappen am anderen Ende zu genießen – bestimmt wieder diese kleine Schlampe aus dem Büro.
8. Man sagt Dinge wie »Ach nein, Donnerstag geht ja nicht, da triffst du ja immer die Jungs«.
9. Man denkt ernsthaft darüber nach, wie einem kurze Haare stehen würden, weil er mal gesagt hat, dass er das süß findet an Frauen. Selbstverständlich verwirft man die Idee sofort wieder.
10. Er hält einem immer noch die Restauranttür auf.
11. Aber macht jetzt die Beifahrertür lieber von innen auf.

12. Sein Bruder heißt Bernhard und hört sich ganz nett an am Telefon.

13. Man stellt nicht mehr jedes Mal Kerzen auf den Tisch, wenn man für ihn kocht.

14. Miracoli-Spaghetti reichen doch eigentlich auch, wenn man hungrig ist.

15. »Ach, bring uns doch einfach zwei Big-Mäc-Menüs von McDonald's mit.«

16. Man guckt Kataloge für romantische Reisen im nächsten Frühjahr an.

17. Man beginnt, seine Vorliebe für löchrige Levis nicht mehr ganz so niedlich zu finden.

18. Man sagt bei Gelegenheit (zum Beispiel nach gelungenem Sex) aus heiterem Himmel Dinge wie »Ich glaube, dir würden graue Anzüge unheimlich toll stehen«.

19. Mit anderen Worten, man hat die Umstrukturierungsmaßnahmen aufgenommen.

20. Und der Cord-Fernsehsessel wird als allererstes verschwinden, wenn man hier einzieht.

Er

1. Man weiß, dass sie nur einen Slip aus transparenter Spitze besitzt und ansonsten wie Männer ausgeleierte verwaschene Baumwollunterhosen trägt.

2. Man hat zwei Zahnbürsten, eine davon bei ihr.

3. Man muss doppelt so häufig *Mach3*-Klingen kaufen, weil sie sich an ihnen bedient, um ihre Beine zu rasieren.

4. Man könnte die Handy-Kurzwahltaste wieder löschen, weil man ihre Telefonnummer auswendig kennt.

5. Man hat alle anderen Kurzwahltasten auf dem Handy,

auf denen die Nummern von Frauen gespeichert waren, in einem Anfall von Paranoia gelöscht.

6. Man hat schon lange keine Ravioli mehr gegessen.

7. Man verzichtet schon mal wieder darauf, sich die Fingernägel zu schneiden.

8. Man hat schon wieder einmal masturbiert, nur so, um nicht zu vergessen, wie das geht.

9. Man hat sich schon mindestens einmal gefragt, ob es wirklich eine gute Idee ist, den Rest seines Lebens mit jemandem zu verbringen, der den Unterschied zwischen einem Fallrückzieher und einem FTP-Server nicht kennt.

10. Man denkt wieder Sätze wie: »Naomi Campbell würde ich ganz sicher nicht von der Bettkante stoßen«.

11. Man hat schon mindestens einmal darüber gesprochen, wie eifersüchtig sie ist, völlig grundlos natürlich.

12. Man hat die bescheuerte Dauerwelle auf ihrem Führerscheinfoto gesehen.

13. Man hat einen Schlüssel zu ihrer Wohnung.

14. Man hat ihr schon mindestens einmal erklärt, wie man das deutsche Steuersystem, die deutsche Straßenverkehrsordnung oder den Deutschen Fußballbund reformieren würde, wenn man etwas zu sagen hätte.

15. Sonntagsfrühstück macht jetzt wieder sie.

16. Man beginnt die Zeitungslektüre wieder mit dem Sportteil.

17. Man geht nicht mehr auf jeden Flohmarkt mit.

18. Man hat schon einmal bei ihr das Telefon abgehoben, und ihre Mutti war dran.

19. Man sagt öfter vollautomatisch, dass man sie liebt.

20. Man weiß, welche Größe ihre Tampons haben.

V.
Tisch und Bett

22 Guten Morgen
**Warum man auf das gemeinsame Frühstück
vielleicht doch verzichten sollte**

Sie Man wacht auf, und neben einem liegt einer. Er ist derselbe wie gestern Abend und sogar noch derselbe wie letztes Jahr, man hat also irgendeine Art von Beziehung zu ihm. Theoretisch. Denn es ist acht Uhr morgens, und um diese Zeit findet keine Beziehung statt. Er dreht sich noch mal um, und man ist dankbar. Besser, wenn er jetzt in die andere Richtung atmet. Besser, man hat sich schon unter die Dusche gerettet, bevor er das Bewusstsein erlangt. Besser, man hat schon die Stadt verlassen, noch besser das Universum, bevor er sich grunzend an den Frühstückstisch setzt. Er gießt sich Tee ein und setzt wie jeden Morgen den Tisch unter Wasser, er streicht sich ein Brötchen, wie immer neben dem Teller. Vorsichtig löffle ich seine Zigarettenasche aus der Marmelade, während er mit feinsinnigen Argumentationsketten (»Diese Idioten!«) die Weltlage und den Bundeshaushalt ordnet, Kriege beendet, andere beginnt, deutsche Außenminister und amerikanische Präsidenten absetzt und Daimler Chrysler der Steuerhinterziehung überführt.

Wie jeden Morgen denke ich, dass ihm sicher eines Tages eine Lederweste wachsen wird und er dann einen phantastischen Taxifahrer abgäbe. (Ist es nicht übrigens ein Jammer, dass alle Leute, die dieses Land retten könnten, ihre Zeit mit Taxifahren verschwenden?)

Es gäbe wichtige Dinge zu klären, Termine zu besprechen, Sachen zu organisieren: Abends kommen zwölf Leute, die Hunger haben. Es hat alles keinen Sinn. Nicht, wenn man irgendeine brauchbare Antwort will. Nicht, wenn man an seinem Leben hängt. Ich schaue auf die Uhr: kurz vor neun. Noch drei Stunden, dann haben wir wieder eine Beziehung. Noch drei Stunden, dann lässt sich dieser Mensch wieder lieben. Seufzend sehe ich zu, wie sich die Brötchenkrumen ganz, ganz langsam in den Teepfützen auflösen.

Er Guten Morgen, flötet sie. Halts Maul, denke ich. Was soll an meinem Morgen schon gut sein? Dass es nun schon den siebzehnten Tag hintereinander regnet? Dass Schröder immer noch schrödert, Fischer fischert und die Welt ist, wie sie ist, überbevölkert mit Irren und von Idioten beschrieben, die nie hätten schreiben lernen dürfen? Dass ich um weitere 24 Stunden älter geworden bin? Und dass du immer noch da bist? Tut mir leid, das sagen zu müssen: Ohne dich ginge es mir morgens besser. Ohne deine penetrante Jetzt-packen-wir's-an-Fröhlichkeit, ohne dieses krankenschwesterliche Na-wie-geht's-uns-denn-heute-Gesülze, ohne diese Muntermacherlieder aus dem Küchenradio, ohne das Verlesen deines Horoskops, ohne dieses aufgeweckte Mal-sehen-was-der-Tag-so-bringt-Geplapper. Ich könnte dir jeden Morgen sagen, was der Tag so bringt: Nichts Nennenswertes. Acht bis zehn Stunden Arbeit, viel Dummschwätzerei, viel zu viel Kalorien und ein bisschen Sex am Abend, wenn's hochkommt. Und morgen dasselbe. Übermorgen auch. Dafür lohnt es sich wirklich nicht, aufzustehen. Ein

Wunder, wie ich das schaffe tagaus, tagein. Dich pfeifen zu hören, während du dich wachduschst, dir zuzusehen, wie du dein Nussmüsli löffelst, und nie durchzudrehen, wenn du mich fragst, ob deine neuen Schuhe nicht scharf sind. Ist mir doch scheißegal, wie deine Schuhe sind. Ist mir doch scheißegal, wer du bist, wie du heißt, was du denkst und wen du liebst. Ob ich schlecht geschlafen habe? Nein, wie immer. Worauf ich Lust hätte heute bei diesem tollen Wetter? Du willst es wirklich wissen? Ich hätte unbändige Lust, dir die Teekanne über den Schädel zu ziehen. Jetzt gleich. Ganz spontan. Aber ich liebe dich. Und deswegen sage ich: Guten Morgen.

23 Sag´s doch mit Blumen
Warum Frauen sich ihre Sträuße lieber selbst kaufen sollten

Sie War eine Woche weg. Komme heim. Mann sitzt gemütlich auf dem Sofa, beschattet von einem komplett verwelkten Blumenstrauß in einer mit bräunlichem Schleim gefüllten, infernalisch stinkenden Vase. Warum er denn die Blumen nicht einfach weggeschmissen habe, frage ich (ich war jung, ich war dumm, ich verstand noch nichts von Kerlen). Wieso sollte ich, sagt er, die Stängel sind doch noch grün. Wahre Geschichte.

Männer und Blumen: zwei Welten. Zwar haben sie inzwischen registriert, dass Frauen Blumen mögen und dass man diese skurrile Marotte strategisch nutzen kann (statt, wie es ihrem Instinkt eigentlich entspräche, handfeste Liebesbeweise zu liefern à la »Ich habe den Müll runtergetragen, wie wär's jetzt mit Sex?«). Doch nach wie vor halten sie Nelken für Blumen und Schleierkraut auch und die Kombination von Nelken und Schleierkraut, die ihnen eine skrupellose Blumenhändlerin aufschwatzt, kurz bevor sie das Zeug auf den Kompost geschmissen hätte, für einen Blumenstrauß. Überhaupt Schleierkraut, ich darf gar nicht erst anfangen von Schleierkraut, Schleierkraut ist garantiert von der holländischen Blumenzüchtermafia speziell für Männer konstruiert worden, die ihre Sträuße mehrheitlich nach dem Hauptsache-es-sieht-nach-ordentlich-viel-aus-Prinzip kaufen. Ich sage euch: Lasst es. Auf die Nummer ist noch keine Frau reingefallen. Hinter dem Problem Männern/Blumen steckt aber noch ein größeres: Männer und Natur. Natur ist für sie etwas, wovon Kühe satt werden, damit es Steaks zum Abendessen gibt. Bäume sind lästig, weil man mit dem Auto dagegenfahren kann, Rasen muss gemäht werden, im Wald muss spaziert werden. Hau wech die Scheiße, ordentlich zubetonieren das Ganze, Parkhaus drauf, und gut is'. Okay: bis auf Hopfen natürlich. Über Hopfen ließe sich reden.

Er Sag mir, wo die Blumen sind, wo sind sie geblieben? »Wieso, da stehen sie doch. Sind ein bisschen braun geworden, während du weg warst. Wahrscheinlich haben sie die Hitze nicht vertra-

gen.« – »Ich habe dir doch extra eingeschärft, dass die viel Wasser brauchen.« – »Wer kann denn ahnen, dass die schon nach fünf Tagen schlappmachen? Höllisch, wie das Zeug stinkt. So viel kann ich gar nicht rauchen, dass man das nicht mehr riecht. Ist ja eklig.«
Sie beißt sich auf die Unterlippe. Sie will nicht sagen, was ihr durch den Kopf geht. Muss sie auch nicht. Ich weiß genau, was sie jetzt denkt: Zuerst stirbt der Farn, dann stirbt der Mensch. Falls es Farn ist, was da verwest. Es könnte auch eine Orchidee sein, aber wie soll ich das wissen, ich habe nicht Biologie studiert. Und da sie der einzige Mensch in der Nähe ist, vermutet sie das Schlimmste. Irgendwann, denkt sie, werde ich sie neben mir verwelken lassen und ungerührt dabei zusehen. Aber das ist ein Missverständnis, ehrlich. Es ist nur so, dass Blumen im männlichen Gefühlshaushalt keinerlei Rolle spielen. Wir wissen, dass sie da sind, aber wir nehmen sie nicht wahr. Wir wissen, dass ihr öfter rote Rosen braucht, so wie Kerzen, Katzen, Kuscheln, aber das vergessen wir schon mal. Ihr vergesst ja auch gerne, was wir brauchen, tierisches Fett und animalische Lust. Deswegen lieben wir euch ja. Und nur, wenn wir gerne wieder einmal animalische Lust hätten, lassen wir auch rote Rosen auf euch regnen. Gießen müsst ihr sie selbst. Wenn euch das nicht genügt, bleibt euch nichts anderes übrig, als Prince Charles zu heiraten. Der spricht mit seinem Grünzeug. Ganz liebevoll. Und lässt seine Frauen verwelken. Ganz lieblos. Bis sie vom Fleisch fallen und in einem Tunnel sterben müssen. So ist das nämlich mit Männern. Entweder-oder. Frauen oder Blumen.

24 Auto fahren
**Sprechen Sie nicht mit dem Fahrer.
Mit dem Beifahrer auch nicht.**

Sie Er hat keinen Führerschein und ist auch sonst nicht weiter ernst zu nehmen. Aber dieser Umstand hält unsere Beziehung intakt, weil er sich immer hübsch brav auf den Beifahrersitz setzen, die Klappe halten und die Hände falten muss. Männer und Autos, wir wissen es längst, sind eine ebenso unglückselige Kombination wie Männer und Frauen: libidinöse, verhängnisvolle Affären. Anfangs sind sie noch mit jedem Wagen glücklich, in den sie ihre Zündschlüssel stecken dürfen, später müssen es heißere Geschosse sein, aus denen sie mal so richtig was rauskitzeln können. Wenn sie alt sind, kaufen sie sich olle MGs, die alle fünf Minuten in die Werkstatt müssen, und wenn sie mal heil sind, fängt es an zu regnen. Wenn das auch eine sexuelle Metapher ist, verstehe ich sie allerdings nicht. Aber der Sex darf für sie auf keinen Fall *safe* sein. Auf der Autobahn sterben dreimal so viel Männer wie Frauen, und alles, was am Auto sicher ist – Airbags, Seitenaufprallschutz, Zentralverriegelung –, ist nur entwickelt worden, weil Frauen für so was Geld ausgeben. Für Männer wurden lediglich der Spoiler, der Rallyestreifen zum Selberaufkleben und das Spray mit dem Neuwagen-Duft (*Eau de Porsche* oder *Mercedes brut*) erfunden. Und das Gaspedal. Für sie sind Beulen wie Knutschflecken und Totalschaden der Orgasmus.
Und er? Wohin mit seinem Ego, so ganz ohne Auto? Für

ihn gibt es immer noch die Formel 1. Da kann er am Sonntag auf dem Sofa liegen, davon räsonieren, wie es Jochen Rindt damals in Monza aus der Kurve gehauen hat, und dass es seit Ayrton Senna keine Persönlichkeiten in der Formel 1 mehr gibt: Kein Typ ist mehr bereit, sich für ihn umzubringen.

Er Für die Führerscheinprüfung war ich zu faul. Deswegen habe ich mich immer chauffieren lassen. Ein Umstand, für den ich mittlerweile dankbar bin, weil er dazu führt, dass ich im selben Auto wie sie sitze – und nie im Auto vor ihr. Davor hätte ich Angst, jene Todesangst, die David Coulthart empfunden haben muss, als Schumi auf ihn losstürmte. Meine Liebste ist, am Steuer jedenfalls, eine entfesselte Frau, eine, die weiß, worum es geht: um die Direttissima, um die Pole-Position, und vor allem darum, den Pulk der Loser deutlich abzuhängen. Es kann nur einen Sieger geben, und das ist sie. Mit ihr unterwegs zu sein ersetzt jede Talkshow. Nirgendwo werden so viele Menschen so übel beleidigt, nirgendwo sonst ist der Sexismus noch so unverfroren wie am Steuer ihres ollen Golfs. Denn das Arschloch vor ihr, das bei Gelb langsamer wird, ist verlässlich eine Frau, blond, die ganz sicher ihre Tage hat. Sagt meine Liebste. Die zwar selbst Frau und blond ist und bisweilen auch menstruiert, aber nur, wenn sie zu Fuß geht. Nicht, wenn sie im Auto sitzt. Das Weiblichste an ihrer Karre ist, wie sie innen aussieht: eine rollende Handtasche. Auf der Rückbank Beute vom Sommerschlussverkauf, im Handschuhfach vertrocknete Lippenstifte ohne Verschlusskappen, in der Tür überfällige Strafmandate und ein paar Münzen für den unwahrscheinlichen Fall, dass sie legal parken sollte, unter dem Sitz verwest ein Foto des Mannes vor mir.

Das Einzige, was stört, bin ich. Ich, der Beifahrer. Der dort sitzt, wo sie lieber ihren Schminkkram deponieren würde. Der sie hindert, den Kassettenrecorder bis zum Anschlag hochzudrehen und mitzuröhren. Für den sie ihren Gasfuß lupft, statt alles aus der Maschine rauszuholen auf ihren täglich zweimal fünf Minuten zwischen Zuhause und Büro. Aber zum Gehen bin ich einfach zu faul. Vermutlich typisch männlich.

25 TV total
Über geschlechtsspezifische Unterschiede beim Medienkonsum

Sie Nichts auf der Welt lässt mich so sehr an den Fortbestand der Menschheit glauben wie der Anblick eines zappenden Mannes. Ganz klein und andächtig wird man da, die Augen kann man nicht mehr wenden von diesem phantastischen Naturschauspiel. Da ist die Kraft, die Herrlichkeit, die Entscheidungsfreudigkeit, die man sonst gelegentlich vermisst (»Was wollen wir heute Abend essen?« – »Irgendwas halt.«), da wird mit schier übermenschlicher Auge-Hand-Koordination in Sekundenbruchteilen über Tod und Leben bestimmt. Der Ablauf ist immer derselbe: Die entsicherte Fernbedienung locker in der Rechten werden – *bam bam bam* – 24 Kanäle in 18 Sekunden im ersten, dem sogenannten »Erstmagucken«-Durchgang erledigt. Die zweite und entscheidende »Jetzmarichtig«-Runde braucht dagegen rund 40 Sekunden für eine vollinhaltliche Auseinandersetzung mit dem Programm. Die Kriterien sind nicht immer klar. Nach langjährigen Beobachtungen kann ich nur mutmaßen: Ball ist gut, Ballern ist besser. Meist murmelt er bei jedem Weiterschalten rhythmisch »Schaaß, Schaaß, Schaaß« (zur Erinnerung: der Mann ist Österreicher, also schon aus nationalen Gründen prinzipiell missgelaunt). Für den unwahrscheinlichen Fall, dass er sich für einen Sender entschieden hat, wird er nach etwa zehn Minuten einen dritten Sicherheits-Durchlauf einlegen, kann ja sein, dass inzwischen was Sensationelles auf tm3 begonnen hat. Ab dann ist Ruhe. Bis auf die Werbepausen natürlich, wo das ganze Spiel wieder von vorne losgeht. Werbepausen-Surfen ist allerdings gleichzeitig die Königsdisziplin, der dreifache Rittberger des Zappens: Nur die Besten schaffen es, haargenau zum Ende der Spots wieder beim Ausgangsprogramm zu landen, und er ist natürlich der Allerbeste. Wer das mal mit angesehen hat, fasst nie wieder eine Fernbedienung an. Atemberaubend. Soll man gar nicht erst versuchen als Laie.

Er Dass Frauen zwar möglicherweise ganz nett anzufassen sind, sonst aber zu wenig taugen, merkt man alleine schon daran, wie sie fernsehen. Das können sie nämlich auch nicht. Für Frauen ist ein Abend vor der Glotze nur eine weitere Gelegenheit, sich in süßlichen Gefühlen und schlechtem Geschmack zu suhlen. Wärmflasche auf dem Bauch, angeblich fettarme Pringles in Reichweite und im Kopf das unbezähmbare Bedürfnis, verblödet zu werden: Von Ärzten, unter deren Händen unschuldige Menschen sterben, von Rechtsanwältinnen mit permanentem menstruellen Syndrom oder von Talkshow-Moderatorinnen, die nichts auf die Reihe kriegen. Frauen sind süchtig nach Geschichten, die noch übler sind als das Leben, damit sie endlich Ausreden haben, warum auch sie nichts auf die Reihe kriegen.

Man kann ihnen noch so oft sagen, dass gerade auf WDR der Computerclub läuft, auf tm3 das Spiel in seine entscheidende Phase getreten ist oder auf SAT.1 ein Film mit drei Erotik-Punkten auf dem Programm steht, sie rücken die Fernbedienung nicht raus. Sie MÜSSEN Ally, Anke, *E.R.* sehen, obwohl sie doch wissen sollten, dass wieder keiner mit Ally und Anke ins Bett gehen wird und auch die Elektro-Wiederbelebung wie immer versagt. Wissen sie aber nicht. Weil sie nur Scheiß gucken. Männer brauchen nur einen Blick, um sicher zu sein, dass mit Anke und Ally niemals einer in die Kiste springen wird. Wieso sollte man Sex mit Neurotikerinnen haben? Und dass Starkstrom in der Regel zum unmittelbaren Herzstillstand führt, haben wir spätestens im Telekolleg gelernt. Das jetzt gerade begonnen hat. Und ich auch diesmal versäumen werde, weil sie ganz die Echo-Preisverleihung gucken muss, um zu erfahren, in welchen Worten Sabrina Setlur und Blümchen sich bei ihren Großeltern bedanken und welche Kleider sie dazu tragen. Einen Videorecorder haben wir übrigens auch. Der nimmt gerade die *Dornenvögel*-Wiederholung auf.

26 Das nächste Spiel ist immer das schwerste
Fußball und Liebe

Sie Ja gut, ich sag mal ... Laut einer italienischen Studie – und die haben nun echt keinen Grund, in dieser Frage zu lügen – haben Männer, die viel Fußball spielen und viel Fußball gucken, kleinere Schwänze. Querlatten sozusagen. Ich erfinde das nicht. Auch wenn es zu wahr ist, um schön zu sein. Denn es ist doch so: Früher haben sich die Kerle in der 91. Minute die verschwitzten Trikots von ihren strammen Leibern gerissen, weshalb ich immer in der 89. Minute im Strafraum (Wohnzimmer) eingelaufen bin. Heute haben sie so blöde wollene Leibchen drunter, damit sie sich nicht den Nabel verkühlen, die verdammten Weicheier. Früher haben Trainer in Stein gemeißelte Sätze gesprochen wie »Der Ball ist rund« (Sepp Herberger) oder »Wenn der Ball nicht rund wäre, wäre er ein Würfel« (Gyula Lorant), heute schwafeln sie von Hölderlin (Rehhagel) oder Eigenverantwortung (Christoph Daum) und nesteln an ihren Hemdkragen, auf denen »reusch« steht (was ist das eigentlich, verflucht noch mal?). Früher gab es Männer namens Icke und Katsche, heute platinblonde Ohrringträger. Früher ist man nach einem vergurkten Spiel zwei Stunden lang duschen gegangen, heute pisst man vor zehn Kameras die Medien/den Trainer/den Platzwart an. Früher gab es Wasserträger wie Hacki Wimmer und Flankengötter wie Abramczyk und Spielmacher wie Netzer, heute gibt es Joghurtesser und Haarspülungsbenutzer, die das auch noch öffentlich und für Geld zugeben.

Was ist schuld an dieser Misere? Ist es das Östrogen im Trinkwasser, ist es die »ran«-Datenbank, die den Fußball so grässlich statistisch enteiert (»der zwölfte Fallrückzieher von Carsten Janker in dieser Saison, drei davon verwandelt, fünf vor heimischem Publikum«), ist es das »Lebbä« (Dragoslav Stepanovic) als solches? Die Lösung liegt jedenfalls auf der Hand: Wenn eh' nur Waschweiber auf dem Platz stehen, warum nicht gleich echte Frauen? Wir haben die optische Überlegenheit, Trikottausch brächte Spitzenquoten, blöde Sprüche haben wir auch drauf und die besseren Ohrringe allemal. Vamos, Mädels. Lasst uns die Typen fair vom Ball trennen. Das könnte die Vorentscheidung sein – psychologisch natürlich unheimlich wichtig.

Er Was ist das Beste an Fußball? Wenn Bayern München durch ein Eigentor von Jeremies gegen Unterhaching verliert. Wenn Albanien Deutschland mit 6:0 nach Hause schickt. Wenn Basler 89 Minuten doof rumsteht, während alle anderen sich abrackern wie die Programmkommission der Grünen, und dann einen Freistoß aus 57 Metern exakt in der Kreuzecke versenkt. Wenn Zizou sich neunmal klonen lässt, und im Tor Toldo steht. Versteht ihr nicht? Kann ich verstehen. Ihr seid Frauen. Was noch gut an Fußball ist? Dass Frauen ihn nie verstehen, lieben und verehren werden können. Dass Fußball eines der letzten Paralleluniversen ist, in denen Migräne, guter Geschmack und böse

Mädchen nicht vorkommen. Dass Fußball so ist, wie die Welt sein müsste, um sie lieben zu können: ergebnisorientiert, aber ein ästhetischer Genuss. Kampfbetont, aber herzlich. Mit simplen Regeln, aber mehr Stellungs-Spielen als im Kamasutra. Und mit wenigen, aber massiven Gefühlen.

Manchmal stelle ich mir vor, wie es wäre, wenn Frauen den Fußball erfunden hätten. Alle hätten entzückende Trikots an mit hohen Beinausschnitten. Kopfbälle wären verboten, weil dann ja die freche Trendfrisur aus dem »40 freche Trendfrisuren«-Special von »Maxi« unwiderruflich im Arsch wäre. Es gäbe keine Regen-, Schnee-, Ozonloch-Spiele mehr. Alle wären im Mittelfeld, weil keine einsähe, zurückbleiben zu müssen, andererseits sich auch niemand in den Sturm vordrängen wollte. Statt einer ordentlichen Torschützenstatistik gäbe es im Sport-Teil Geschichten darüber, wie Vanessa Bierhoff ihre Beine enthaart und Verona Möller trotz des harten Geschäfts immer noch Frau genug geblieben ist, um ihren Tränen freien Lauf zu lassen. Und an den Banden gäbe es Werbung für die neuen Seiten-Flügel von »Always Alldays«. Also versucht es erst gar nicht. Guckt die »Vorher-Nachher-Show« mit Beiträgen über die tapfere Helga, Größe 56, legt euch eine Gurkenmaske aufs Hirn, cremt euch mit Cellulite-Creme ein und denkt über sommerliche Tisch-Dekos, Body-Mass-Indices, die Chippendales und zärtliche Shiatsu-Massagen nach. Und lasst uns den Fußball. Es ist das einzige, was wir noch haben.

27 Hausarbeit
Was von partnerschaftlicher Rollenverteilung zu halten ist

Sie Männer sind in Sachen Hausarbeit ein Muster an Sorgfalt, Beharrlichkeit und Aufopferung. Geduldig fitzeln sie das allerallerletzte Papierrestchen von der Klorolle ab, bloß um auf gar keinen Fall eine neue einspannen zu müssen. Gewissenhaft stapeln sie im Flur Zeitung auf Zeitung auf Zeitung, um wirklich nur einmal im Jahr zum Altpapiercontainer fahren zu müssen und so die Umwelt zu schonen. Unendlich ihr Langmut, mit dem sie verdurstenden Pflanzen, verkalkten Kesseln, verstaubten Fernsehern, verschimmelndem Käse, verwesenden Bananen, verqualmten Zimmern, verhedderten Telefonkabeln, versifften Bettlaken, verschmierten Badewannen, verfärbten Socken, verbogenen Korkenziehern, verblichenen Handtüchern, verschwitzten Socken, verstümmelten Möbeln, vergammelnden Teppichen und verzweifelnden Frauen beim Verschimmeln, Verkalken, Vergammeln, Verzweifeln et cetera zuschauen können. Darin liegt eine zutiefst meditative Kraft, eine Hingabe an das So-sein der Welt, eine übermenschliche Versöhntheit mit dem Hier und Jetzt, und wenn wir keine Putzfrau hätten, läge er jetzt mit einer Kugel im Kopf in einem tiefen kalten Grab.

Die Putzfrau ist das einzige Geheimnis einer dauerhaft glücklichen Beziehung. Sie ist der wichtigste Mensch im Leben eines Paares. Der Pfeiler des Liebes-Universums.

Verzeihung, ich vergesse mich. Scheißegal, dass sie nur zwei Stunden putzt, wenn man ihr sechs bezahlt, scheißegal, wenn in drei Monaten siebzehn Gläser zu Bruch gegangen sind. Ausgesprochen schöne Gläser übrigens, außerdem noch ziemlich teure Gläser, aber das ist ein anderes Thema. Auch scheißegal, dass sie schon seit Wochen nicht mehr das Klo geputzt hat. Ich würde jeden Preis der Welt für diese ... na gut, Schlampe wäre vielleicht zu hart, aber ... Selber putzen, sagen Sie? Ich? ICH? Beim besten Willen nicht. Es würde mir wirklich was fehlen, wenn ich mich nicht mehr über Männer und Putzfrauen aufregen könnte.

Er Niemand sollte tun müssen, was er nicht kann. Alles andere ist Überforderung, und wie jeder Psychologe weiß, führt Überforderung nur zu Bettnässen, Amokläufen und permanenten Versagensängsten. Frauen haben keine Probleme damit, diesem erzieherischen Grundprinzip zuzustimmen, solange es um fahrradkettenschwingende, springmesserbewaffnete Zehntklässler geht. Ab in die Waldorf-Schule mit ihnen, wo sie zwar das Alphabet auch nicht lernen, aber Fahrradkettenpantomimen aufführen und ihre geschundenen Seelen hätscheln lassen dürfen. Bei Männern dagegen hört das weibliche pädagogische Ethos auf. Wir müssen spuren. Und deswegen erwarten sie von uns, zuerst mehr, später weniger stillschweigend, dass wir ihnen beim Kloputzen, Geschirrspülen und Müllruntertragen helfen. Was Männer eindeutig überfordert, sonst wären wir geschichtlich sicher öfter als Kloputzer oder Tellerwäscher auffällig geworden. Liegt uns einfach nicht, und darum werden wir Millionäre. Um Millionär zu werden, muss man bloß Geld zählen können. Um das Klo putzen zu können (und zwar so perfekt, wie Frauen es schaffen), muss man erstens ein Auge für Handlungsbedarf besitzen, zweitens in seinem Gedächtnis das Wort »Kloreinigungsmittel« abspeichern können, drittens im Supermarkt kaltblütig riskieren, in der Regalschlucht mit den Kloreinigungsmitteln eventuell von Bekannten ertappt zu werden, viertens genügend Erfahrung haben, um aus hundert Kloreinigungsmitteln das einzig Richtige herauszupicken, fünftens es über sich bringen, der jungen bildhübschen Kassiererin etwas so Vulgäres wie ein Kloreinigungsmittel auf das Fließband zu packen, sechstens sich überwinden können, sein Gesicht dem Klobecken näher als 1 Meter 50 zu nähern, und siebentens sollte man auch ein wenig Talent zum Schrubben mitbringen. Und? Trauen Sie das alles einem Mann zu? Ich nicht. Deswegen lasse ich es lieber. Ich kenne meine Grenzen.

28 In der Küche
Warum es keine gute Idee ist, gemeinsam zu kochen

Sie Er liegt auf dem Sofa und grunzt wollüstig. Jetzt kommen die Grunzer in kürzeren Abständen und lauter. O Gott. Das kann nur eins bedeuten: Ich muss mal wieder ran. Er ist ein begnadeter Koch, und das, liebe Freunde, ist das Entwürdigendste, was einer Frau passieren kann. Wenn er sich in namenloser Ekstase mit Kochbüchern auf dem Sofa wälzt (»Vietnamesische Küche für Fortgeschrittene«, »100 neue Seegurken-Rezepte«), weiß ich, dass das nur das Vorspiel zu einer weiteren Orgie ist, bei der ich bestenfalls die Töpfe spülen darf und schlimmstenfalls das Ergebnis essen muss. Ansonsten bin ich überflüssig. Erniedrigt. Entehrt. Als ob er meine Dessous tragen würde.

Während Frauen beim Kochen wie auch überall sonst ziemlich pragmatisch sind (Wie komme ich von »Hunger« auf »satt« möglichst schnell, möglichst lecker und möglichst kalorienfrei? Und wie kriege ich den welken halben Blumenkohl von letzter Woche raffiniert weggebraten?), ist es bei Männern eine Extremsportart. Höher, weiter, schärfer, komplizierter, abgefahrener. Gestern habe ich sechzehn verschiedene Currypasten in der Speisekammer gezählt, vier Sorten Sesamöl, Reispapier für Frühlingsrollen in fünf Größen, nicht nur frischen Ingwer, sondern auch Galgant (praktisch dasselbe, nur schwieriger zu kriegen) und daneben drei chinesische Hackebeilchen.

Basics, knurrt er knapp. Dabei ist er tatsächlich keiner dieser feinsinnigen Schalotten-Männer, die samstags mit mundgeflochtenen Henkelkörbchen am Arm über den Wochenmarkt gehen und durch endlose Pröbchen am Käsestand (»Haben Sie den noch einen Tick reifer?«) die Frauen hinter ihm in den Wahnsinn treiben. Nein, er treibt nur mich in den Wahnsinn. Mischt den Glasnudelsalat mit beiden Händen, ascht ins Thaicurry und schlägt jede Mengenangabe in den Wind, besonders bei Knoblauch und Chili. Nächste Woche ist er auf Dienstreise.

Dann darf ich endlich mal wieder selber ran. Wie hieß noch mal dieser Raum mit dem Kühlschrank drin? Küche?

Er Wie in jeder Beziehung gibt es auch bei uns ein paar Tabus. Ich mische mich nicht in die Auswahl ihrer Dessous ein (»Ich hol mir doch deinetwegen keine Blasenentzündung«), sie hält sich von der Küche fern. Weil sie dort bloß nervt. Und sowieso nicht kochen kann. Abgesehen von Fünf-Minuten-Terrinen und Ruccola-Salat zwischendurch. Frauen am Herd sind so untalentiert wie der Rentenausschuss des Bundestags. Lauter Halbheiten, und am Ende steht Verwässerung. Manche Hühner brauchen eben 40 Knoblauchzehen. Aber das könnte ja drei Tage später die Kosmetikerin verwirren – also wandeln sie das Rezept ab und nehmen nur eine. Oder diese Panik vor dem Neuen, nie Gedachten. Grüne Papayas? «Du spinnst wohl«, legt sie muttimäßig los, »die ist doch unreif, die kann man nicht essen!« – »Doch, Schätzelchen. Alle Thais tun es. Und es schmeckt phänomenal. Nicht wie deine Öko-Müslis.«

Warum Frauen nicht kochen können? Ganz einfach: Kochen ist wie Sex, wie jeder weiß, der gut kochen kann. Ich sage nur: Fleisch! Hitze! Glut! Leckereien! Und mit dem Sex haben Frauen ja häufiger Probleme. Weil sie zum Beispiel daran denken müssen, ob die Nachbarn auch nichts merken (keine verräterischen Gerüche …). Oder ob auch nichts passieren kann – deswegen nehmen sie Magerjoghurt statt Sahne, als Verhütungsmittel gegen dicke Bäuche. Ob das jetzt auch wirklich so ist, wie alle sagen, dass es sein muss – deswegen halten sie sich so pedantisch an die Mengenangaben in den Brigitte-Diät-Rezepten. Und ob der andere das eigentlich auch gut finden würde, wozu man gerade Lust hätte, oder einen für eine perverse Schlampe halten müsste – aus diesem Grund lieber doch kuschelige Trost-Pasta statt verwegen rohem Saugarm-Carpaccio. Männer dagegen machen einfach drauf los, wie es ihnen passt, ohne viel Vorspiel und ohne viel Umstände. Noch ein Chili, noch eine Kelle Zucker, immer nur rein damit. Außerordentlich befriedigend. Wie es sein soll. Und jetzt raus aus meiner Küche!

29 Essen und Liebe
Was alles durch den Magen geht

Sie Ärgerlich an Beziehungen ist, dass man sich ständig benehmen muss. Das heißt zum einen, dass man sich all die idiotischen Dinge verkneifen muss, die man so macht, wenn man allein ist, all die wonnevollen Unentschlossenheiten, die sinnlos vertrödelten Momente. Nach Hause kommen und die Post aufmachen, ohne sie zu lesen. Den Fernseher anschalten, durch alle Programme zappen und ausschalten, ohne überhaupt hingesehen zu haben. In den Kühlschrank gucken, an der Milch riechen, feststellen, dass sie schlecht ist, und trotzdem wieder rein-

stellen. Käse auswickeln, angucken und wieder einwickeln. Den Kühlschrank zumachen, einfach nur mitten in der Küche stehen und eine Viertelstunde aus dem Fenster gucken.
In einer Beziehung hat das Leben wieder einen Sinn. Leider. Denn so einen Scheiß kann man sich nicht leisten, wenn man unter Beobachtung steht. Das Schlimmste aber ist, dass man sich beim Essen zusammenreißen muss. Wenn man allein ist, kann man vier Tage hintereinander Kartoffelpüree von Pfanni essen, und keiner mault, wenn es klumpt oder wenn man ein halbes Paket Butter reinhaut. Man kann es mit einem Rührlöffel direkt aus dem Topf essen, am besten über die Spüle gebeugt – guckt ja keiner. Man kann Reis im unabgewaschenen Nudeltopf von gestern kochen, man kann sich Sachen machen, die man nur selbst runterbringt (Sardinen-Omeletts, Käsebrot mit Senf), man kann auf dem Sofa liegen und zum Abendbrot eine Fünferpackung Mars oder eine Geschenkbox After-Eight essen. Man muss noch nicht mal jemandem was abgeben. Langzeitsingles erkennt man daran, dass sie selbst im Restaurant automatisch nach der Fernbedienung tasten, wenn ein Teller vor ihnen steht, und dass sie genau wissen, dass die Spaghetti, kurz vor »Gute Zeiten, schlechte Zeiten« aufgestellt, beim ersten Werbeblock al dente sind. Paar-Insassen erkennt man dran, dass sie dem Liebsten immer seinen Lieblingskäse mitbringt und der ihn dankbar isst, auch wenn er ihm längst aus den Ohren rauskommt. Wer glücklicher ist? Tja, Essen oder Liebe, für eines muss man sich entscheiden.

Er Seit ich mit ihr Tisch, Bett und Kühlschrank teile, hat sich in meinem Leben vieles verändert. Der Kühlschrank vor allem. Dort lagern jetzt Bohnensprossen, Tofu-Eis (gibt es tatsächlich, schmeckt nach Tofu statt nach Eis, aber macht nicht dick) und ein paar Kilo Sellerie, weil sie irgendwann gelesen hat, dass man beim Kauen von Sellerie mehr Kalorien verbrennt als er dem Körper zuführt. Ich habe ihr akribisch vorgerechnet, dass sie zwölf Stunden ununterbrochen Sellerie zernagen müsste, um ein zehntel Pfund abzunehmen, aber es hat wie erwartet nicht das Geringste genützt.

Immer noch kein Platz für Fleisch in unserer Küche. Männer brauchen Fleisch, möglichst groß, möglichst blutig, möglichst Steak. So, als hätte man es nach langem und existenziellem Kampf selbst geschossen. Muss an den Genen liegen, und Gene kann man sich, anders als das Stehpinkeln, bekanntlich nicht abgewöhnen. Sie kann das nicht wirklich verstehen. BSE, sagt sie, wenn wir über den Speiseplan diskutieren, Massentierhaltung, Cholesterin. Es hilft nicht, wenn ich sie süffisant frage, ob denn Pflanzen keine Seele hätten (immerhin spricht sie mit ihren Topfpflanzen), und der Hinweis auf das Scheitern der dritten Ehe Herrrn Schröders aufgrund fehlenden Currywurstnachschubs hat mir nur ein peinigendes Verhör eingebracht, ob ich denn irgendwo eine Doris hätte. Das sind die Augenblicke, in denen ich mich nach den Zeiten zurücksehne, in denen ich noch Single war, einsam und ungeküsst, aber satt. Damals gab es Zwiebelmett viertelmeterweise, jeden Abend Wurst vom Papier und Salami-Pizza zum Nachtisch, und dennoch war ich schlanker als jetzt. Manchmal versuche ich auszubrechen und hole mir bei McDonald´s einen Viertelpfünder mit großen Pommes. Nützt nichts. Sie futtert ihn mir weg. Einfach so. Und ich kann nichts sagen, weil ich sie liebe. Mir bleibt nur der Sellerie. Mal sehen, wie lange das noch gut geht.

30 Abnehmen
Die Doppelpack-Diät

Sie Er ist zu dick. Er sieht es ein. Er will abnehmen. An dieser Stelle beginnt der Ärger. Nämlich meiner: Wenn Männer abnehmen wollen, schaffen sie das leider auch, und zwar jedes Mal. Sie trinken ein Bier weniger (fünf statt sechs), sie essen eine Scheibe Brot weniger (drei statt vier), sie packen sich nur noch fünf Scheiben Salami aufs Brötchen, und sie nehmen davon pro Tag zwei Kilo ab. Einfach so. Dann gehen sie mittags mal ein bisschen spazieren und zack, ist noch mal ein Kilo runter. Er hat diese Diät noch weiter verfeinert. Er geht nie zum Zahnarzt – aus rein strategischen Gründen natürlich, nicht etwa, weil er Angst hätte –, kriegt einmal pro Monat wahnsinnige Zahnschmerzen und kann dann nur Hühnerbrühe trinken. Noch mal drei Kilo weniger. »Ist alles nur Wasser«, sage ich dann immer, vor Neid gelblich glühend (Fastenfrust), dafür mit prächtig blauen Lippen (Fastenfrost).
Wie alles andere kriegen die Kerle auch Diäten viel lo-

ckerer gestemmt, nach dem gottverdammten alten Männergesetz: Kleinere Anstrengung, größerer Effekt. Unsereins quält sich durch Aerobicstunden – *Low-Impact* wegen der besseren Fettverbrennung, zumindest falle ich immer noch darauf rein – und strampelt sich am Stairmaster ab, jener sublimen Metapher weiblichen Diätenwollens: Verzweifelt geschuftet, drei Hochhäuser à 200 Stockwerke bestiegen, und nicht einen Meter vorangekommen. Existenzialistisch irgendwie, Sartre und Camus und so weiter. Nichts jedoch übersteigt die Verzweiflung, die einen angesichts eines glücklich auf dem Sofa vegetierenden Mannes befällt, der sich soeben ein kleines Sandwich von Größe und Gewicht eines durchschnittlichen Wackersteins zubereitet hat. Das er anmutig mit beiden Händen in sich hineinschiebt. Was ihm überhaupt nicht schadet. Nicht ein Gramm mehr am nächsten Morgen. »Ich bin halt«, bringt er in solchen Fällen mühsam mit vollem Mund hervor, »ein guter Futterverwerter.« Ich überlege, wie ich es anstellen müsste, damit es wie ein Unfall aussieht.

Er

Wie jeder vernünftige Mensch entscheide ich mich, wenn ich die Wahl habe, für die Schokoladentorte und nicht für den Metabolismus. Sie nicht. Sie ist nicht vernünftig. Sie ist eine Frau. Sie hat keine Wahl. Es muss der Metabolismus sein. Metabolismus, das ist ein erhaben wissenschaftlicher Ausdruck, den ich erst durch sie kennengelernt habe und der irgendetwas mit der Biochemie des Abnehmens zu tun hat. Die Faustregel lautet: Je mehr Metabolismus, desto dünner. Sie ist nämlich, wie jede Frau, eindeutig zu fett, und berechnet, wie jede Frau, ihre Gewichtszunahmen in Kilo und die Abnahmen in Pfund. Und weil das Denken den Metabolismus anregen soll, denkt sie die ganze Zeit nach: Über ihr Fettsein und darüber, dass sie endlich mal wieder etwas tun muss dagegen. Wenn sie Ernst macht damit, nimmt sie große Dosen Glaubersalz zu sich. Das reinigt das Gedärm ganz außerordentlich gründlich, weswegen sie zwei Tage zu Hause in der Nähe des Klos bleiben muss. Danach ist sie innerlich ganz rein, aber der Metabolismus ist immer noch schlecht, sie hat sich ja kaum bewegt, und davon nimmt man wieder nicht ab. Nach der Glaubersalz-Überdosis nimmt sie ungefähr zwei Wochen gar nichts zu sich. Das ist, sagt sie, eine spirituelle Erfahrung, die nicht nur dem Körper, sondern auch der Seele gut tut. Ach ja. Vielleicht sollte ich das bei der nächsten Welthunger-Konferenz vortragen.

Nach vierzehn Tagen hat sie glücklich acht Kilo Untergewicht statt sieben wie zu Beginn ihrer Diät. Das finde auch ich unglaublich beeindruckend: endlich kann ich an Kate Moss herumfummeln statt immer nur an der Rubens-Frau Pam Anderson. Nach einigen Tagen verträgt ihr Magen wieder feste Nahrung. Dann backe ich ihr zur Feier ihrer neuen Silhouette meine Lieblingstorte mit dem verheißungsvollen Namen »Schoko-Nemesis«. Zutaten: anderthalb Pfund Schokolade, je ein Pfund Zucker und Butter, zehn Eier. Schmeckt göttlich. Ihr auch. Vielleicht ist sie doch noch zu retten.

31 Gemeinsames Konto
Warum man sich für doppelte Buchführung entscheiden sollte

Sie Mit zwei Dingen kann man Männer ernsthaft um den Verstand bringen, und, seien wir ehrlich, zu nichts Geringerem sind wir überhaupt auf der Welt. Erstens: den Arm auf die Sitzlehne im Flugzeug oder im Kino legen und einfach nicht wieder wegnehmen. Macht sie rasend. Aber sie können nichts sagen. Zweitens: mehr verdienen als sie. Macht sie noch rasender. Und sie können erst recht nichts sagen, weil sie dann ja über ihr eigenes Gehalt reden müssten, und da würden sie sich lieber gleich erhängen. Dabei wissen Männer nicht mal etwas Anständiges anzufangen mit der Kohle. Kreatives Geldausgeben ist ihnen einfach genetisch nicht gegeben. Nie werden sie die erlösende Macht eines Shopping-Anfalls erleben, die Ärmsten, nie die Unsterblichkeit, die einen durchrauscht, wenn man ganz hinten am Ende der Kleiderstange den perfekten grauen Armani-Anzug für ein Spottgeld entdeckt, und sogar in der richtigen Größe. Obwohl man ihn auch gekauft hätte, wenn er zu klein wäre, irgendwann wird man schon abnehmen und reinpassen (von wegen, Frauen können keine zukunftsorientierten Geldanlagekonzepte planen!). Nie wird in ihr kleines Hirn passen, wie man für lebenswichtige Dinge – frische Blumen, frische Schuhe und diesen geilen neuen Lippenstift in nie zuvor gesehenem Pink – auch nur einen Pfennig hinlegen kann.

Eigentlich geben Männer nur für drei Dinge Geld aus: mein Haus, mein Auto, mein Boot. Halt: und meine Stereoanlage, meine Armbanduhr, mein Handy. Repräsentativer Schrott, alles nach dem Glaubenssatz »Size matters«. Je größer, desto teurer, desto besser. Nie werden sie kapieren, dass alle wahrhaft begehrenswerten Dinge in eine Hosentasche passen, aus der sie jederzeit gezogen und uns aufgedrängt werden können: Diamanten, Tickets nach Rio, Augencremetiegel. Na gut, die kaufen wir uns dann schon selbst.

Er

Eines werden Frauen nie lernen: auseinanderzuhalten, was nicht zusammengehört. Sex und Liebe zum Beispiel. Oder Liebe und Geld. Dabei ist es doch ganz einfach. Sex ist das, was man tut, wenn man scharf ist. Liebe ist so ein merkwürdiges Gefühl. Und Geld braucht man, um sich Dinge zu kaufen, von denen man auch etwas hat. CDs zum Beispiel oder einen warmen Wintermantel oder einen Computer mit schnellerem Prozessor, damit man die Fascho-Schweine in der Weltkrieg-II-Simulation besser abknallen kann.

Frauen sehen das anders. Sie behaupten, dass sie Sex nur mit Menschen haben, die sie lieben. Und verlangen dann, dass man sich aus Liebe zu ihnen in Unkosten stürzt. Irgendwann genügen eben heiße Küsse, romantische Spaziergänge und multiple Orgasmen nicht mehr. Dann müssen richtige Liebesbeweise rüberwachsen, je sauteurer und unnützer, desto willkommener. Ein kleiner Brilli. Sechzig Rosen (obwohl eine es auch täte). Gucci-Stilettos für ein paar tausend Mark, die dann in ihrer Schuhkommode verrotten, weil sie sich nicht die Knö-

chel brechen will. Oder Schlampenwäsche, die sie ebenfalls nicht trägt – weil sie erstens keine Schlampe, zweitens dafür nun wirklich zu alt und drittens so etwas in einer funktionierenden Beziehung nicht nötig ist. Aber geschenkt bekommen will sie die Schlampenwäsche schon. Damit sie etwas Sündteures und Sündiges im Schrank hat, als Liebesbeweis eben. Oder für den Fall, dass sie fremdgeht, was sie aber nie tun wird, es sei denn, sie vergisst, dass bei ihr Sex nur mit Liebe geht, und das wollen wir ihr nicht unterstellen, denn sonst wird ein Versöhnungsessen fällig. Mindestens.
Ich hätte da einen Vorschlag, Liebling. Lass es uns mal andersrum versuchen mit dem Geld und mit der Liebe. Ich habe da neulich im Schaufenster diesen Armani-Anzug gesehen. Müsste doch eigentlich drin sein bei deinem Gehalt.

32 Einkaufsliste
Damit es beiden an nichts mangelt

Sie Einkaufsliste für Samstag:
1 Blumenstrauß, den einem der Mann nie schenkt
50-ml-Döschen Gesichtscreme »La Mer« (350 Mark)
1 Paar Bourgeois-Chic-Prada-Schuhe in Lila
2 Kaschmir-Tanktops in Pink und Mauve (Das sind Basics, Liebling, die werde ich ewig tragen!)

2 Lippenstifte in Pink und Mauve
1 Aerobic-Trikot mit Stringtanga-Unterteil
1 Paar XL-Sweatpants zum Drüberziehen, damit man den Arsch im Stringtanga nicht so sieht
Ein paar entzückende neue Sofakissen in der neuen Trendfarbe grasgrün/olivgrün gestreift
Die Andreas-Johnson-CD (Er ist so süß!)
Das Andreas-Johnson-Poster (Er ist so obersüß!)
Die *Bravo* mit Andreas Johnson drauf (Dass so süße Typen überhaupt noch rumrennen!)
1 Kilo gemischte Frauenzeitschriften, um die *Bravo* dazwischen zur Kasse zu schmuggeln
500 Gramm Leysieffer-Trüffel »Die Himmlischen«
2 Diät-Joghurt und 1 Pfund Möhren, um die Trüffel wieder runterzuhungern
1 Flasche Champagner, weil man ja nie weiß, was passiert
1 Packung fettreduzierte Pringle-Chips Sour Cream and Onion zum Tatort-Gucken, weil ja doch wieder nichts passiert ist

Er

Einkaufsliste für Samstag:
1 Sixpack Astra, weil sie das ja doch wieder vergisst
1 Dose Rasierschaum (6 Mark 99)
Endlich ein zweites Paar Schuhe
Ein T-Shirt in Schwarz (Das ist ein Basic, Süße, das werde ich ewig tragen!)
1 Päckchen Marlboro
1 Stringtanga, damit sie endlich geile Dessous hat
1 richtig großen Blumenstrauß, damit ich wegen des Stringtangas keinen Stress mit ihr bekomme

Eine Packung Müllbeutel, damit wir endlich diese doofen Kuschelkissen entsorgen können
Den Sony-Videoprojektor (So groß!)
Das Nokia-WAP-Handy (So klein!)
Den Palm V Organizer (Speicher für tausende Telefonnummern!)
1 Kilo gemischter Aufschnitt, um nicht zu verhungern
Das *Arena* mit der 16-Seiten-Fotostrecke über die himmlische Gisele Bündchen
1 Tiefkühlpizza, damit ich endlich wieder einmal etwas Warmes in den Magen bekomme und nicht dauernd gedämpfte Möhren essen muss
Diese fellbezogenen Handschellen, weil man ja nie weiß, was passiert
1 Flasche Bombay Sapphire Gin zum *ran*-Gucken, weil ja doch wieder nichts passiert ist

33 Schnäppchenjagd
Über Beuteschemen

Sie *Schnäppchen*, das (umgangssprachl.): 1. günstige Gelegenheit, Sonderangebot, insbesondere Preisnachlass von mindestens 30, im Idealfall 70 Prozent auf ein sog. → »Wahnsinnsteil«, das in Farbe, Schnitt u. Material »genau das ist, was ich schon immer gesucht habe« u. darüber hinaus »ein absoluter Klassiker, das werde ich noch Jahre

tragen«. Siehe auch → Heiliger Gral, → Sinn des Lebens, → Hauptgewinn (weibl. Sprachgebrauch).
2. komplett überflüssige Geldausgabe (männl. Sprachgebrauch). Männer machen keine Schnäppchen, sondern Deals. Ein guter Deal ist zum Beispiel, das neue *Apple iBook* für 3600 statt für 3650 Mark nachgeschmissen gekriegt zu haben und dank der Ersparnis gleich noch einen Flachbettscanner für 500 Mark und eine drahtlose Internetverbindung für 900 Mark zu kaufen. 900 Mark dafür, dass es ein Kabel weniger in der Wohnung gibt! (Oder auch nicht, wenn man das Flachbettscanner-Kabel mitrechnet.) Ein guter Deal sind auch die 299 Mark für die Rolle von drei Zentimeter dickem reingoldenem Lautsprecherkabel, das Wunder wirkt auf den Sound, man hört jetzt sogar die Haare in den Ohren von Van Morrison wachsen, kommt voll gut, hör doch mal richtig hin. Auffällig ist, dass Männer-Deals entweder lächerlich billig sind (der Dreierpack Unterhosen für 9,99 Mark, mit dem man nach der ersten Wäsche ja immer noch den *iBook*-Bildschirm abwischen kann) oder lächerlich teuer. Aber was heißt schon teuer, schließlich sind das ja alles keine Lust- und Spaßkäufe, mitnichten also Schnäppchen, sondern wohlüberlegte Investitionen: »Ich brauche das Dreiband-Handy/die Digitalkamera/die Sony-Playstation für den Job.« Und wenn es nicht der Job ist, dann ist es die Zukunft. Irgendwann wird er ganz bestimmt den Akku-Bohrschrauber brauchen (»Unglaublich! Mit Drehmoment-Vorwahl!«) und die Pendelhub-Stichsäge und die Oberfräse. Man weiß ja nie, wann man mal oben fräsen muss, und dann ist man bestens ausgerüstet. Und das zu dem Preis.

Er Solange sie noch klein sind und keinen größeren Schaden anrichten können, spielen Frauen gerne Kaufmannsladen. Eine kauft ein, die andere verkauft. Natürlich ist die, die verkauft, besser dran. Sie hat ja diese süßen Waschmittel-Winzpackungen und diese süßen Instantsuppen-Minitütchen, und dafür bekommt sie das ganze süße Fast-wie-echt-Spielgeld, das sie in ihre superpinke süße Barbie-Registrierkasse tut. Die andere hat nichts. Nur viele, viele Wünsche, die sie sich nicht erfüllen kann, weil sie nie genügend Barbie-Geld hat. So lernen Frauen den Kapitalismus kennen, und es ist psychologisch nur verständlich, dass das ihren weiteren Lebensweg prägt.

Sobald sie nämlich groß sind und großen Schaden anrichten können, wollen sie es der Frau hinter der Barbie-Kasse heimzahlen. Und das geht am besten, indem sie ihr all ihr Geld in die Kasse stopfen und den ganzen Laden leerkaufen. Her mit dem ganzen Zeug, her mit den Caprihosen, den Reiterhosen, den heißen Höschen und auch den Angora-Unterhosen, her mit den roten Schuhen, den schwarzen Schuhen, und die Skischuhe gehören auch mir, nur damit du das weißt, hier hast du mein ganzes Geld, du kannst noch mehr davon haben. Und dann verlassen sie den Laden und tragen alles nach Hause und stellen sich mit ihrer Beute vor den Spiegel und glauben, dass sie gewonnen haben. Weil sie alles haben. Und die blöde arrogante Schnepfe im Kaufmannsladen nur das blöde langweilige Geld. Und dann lachen sie. Weil sie ihr Kindheitstrauma endlich besiegt haben. Noch mehr allerdings lachen wir Männer. Wir haben nämlich erstens den Kapitalismus erfunden, und zweitens haben wir damals den Mädchen ganz genau beim

Kaufmannsladenspielen zugeguckt. Und dann haben wir an den ganzen Schrott, den sie haben wollen (süße pinke Barbieklamotten und so), Schilder geklebt, auf denen »minus 20 Prozent« steht oder »Sonderangebot« – natürlich erst, nachdem wir die Durchschnittspreise um 245 Prozent erhöht haben. Und am Abend, wenn der Kaufmannsladen geschlossen hat, holen wir uns das Geld aus der Registrierkasse ab und laden die Kassiererin ganz toll zum Essen ein.

34 Leben mit einem Besserwisser
Warum man in Beziehungen ungemein weitergebildet wird

Sie Aus irgendeinem Grund fühlt der Mann sich verpflichtet, über Dinge Bescheid zu wissen, von denen er nicht die geringste Ahnung hat. Er blufft sich durchs Leben, sicher in dem Glauben: Egal wie wenig ich weiß, Frauen wissen noch viel weniger, und Recht habe ich sowieso. Beim Frühstück rhabarbert er über die Zerschlagung von Microsoft und den Stand der Genomforschung. »Und wusstest du, dass das Croissant von österreichischen Bäckern erfunden wurde, als Symbol für den Wiener Widerstand gegen die Türken, deshalb die Halbmondform?« Nein, wusste ich nicht, rasend spannend, Liebling.

Frauen betrachten Reden als soziales Gleitmittel. Scheißegal, worum es geht, Hauptsache, man ist einer Meinung. Ideen werden zur Probe gedacht, Meinungen mal kurz übergezogen in der Umkleidekabine des Lebens. Aber beharren auf etwas? Wozu? Ein Mann dagegen ist ungefähr so dialogbereit wie ein durchschnittlicher Bundespolitiker, denn er identifiziert sich mit seiner Meinung, der arme Liebling. Wird die angegriffen, muss gekämpft werden. Jeder Satz eine Waffe, jedes Gespräch ein Gefecht, und nur einer kann gewinnen: Er. Widerstand ist zwecklos, er verlängert die Qual nur unnötig. Einziges Mittel ist die Technik des faszinierten Gemurmels per Autopilot: Wie jede anständige Frau kann ich, ohne hinzuhören, an den richtigen Stellen »Echt?« und »Wow« sagen. Nur ein einziges Mal – als er mir beizubringen versuchte, wie ich mir die Beine rasieren sollte (»Mit der Wuchsrichtung, nicht dagegen!«) – bin ich ausgerastet: »Wenn du alles so genau weißt, warum weißt du dann nie, wann du die SCHNAUZE HALTEN SOLLST?« Er guckte mich an und schwieg. O Fehler, großer Fehler, Riesenfehler. Und da kam es auch schon: »Interessant in diesem Zusammenhang ist, was Freud zum Thema der weiblichen Hysterie zu sagen hat. Moment, ich such's dir gleich raus.«

Er

Ich bin der Besserkocher, der Besserküsser, der Besserwisser. Letzteres stört sie. Sie mag es, dass ich gut kochen, sie liebt es, dass ich gut küssen kann. Aber dass ich Ahnung habe, was Hegel dachte, Marx meinte und Adorno wollte, dass ich richtige Bücher lese statt »New York Interiors«, »Paris Interiors« und »Superstylishe Skandinavische Skihütten«, dass ich das hohle Moralgerede Scharpings, die stupiden Gewinnerwartungen von Kleinanlegern und das hirnlose Gejammere über den Zerfall der Kleinfamilie in »American Beauty« nach zwei Hundertstelsekunden durchschaue, macht sie gefühlskalt, lustlos und hasserfüllt. Gegen mich, der ich ihr Kompass in einer dummen Welt sein könnte.

Alle dürfen alles sagen in dieser Welt, nur ich muss die Schnauze halten. Darf nicht sagen, dass Ally McBeal einfach nur zu blöd zum Geknalltwerden ist, dass die Kinder von Hera Lind froh sein sollten, ihre Mami losgeworden zu sein, dass Modezeitschriften nur deswegen gut gehen, weil die Bilder riesig und die Texte mickrig sind, und dass Pop-Literatur nichts anderes ist als miserabel geschriebene CD-Versandhandels-Kataloge. Nervt sie alles nur. Obwohl ich Recht habe damit. Und wie ich Recht habe damit. Sie streitet nicht einmal ab, dass ich Recht habe. Würdest du die Schnauze halten, sagt sie, damit ich Ally gucken, die *Vogue* lesen und über den Hera-Lind-Hassartikel in der *Bunten* lachen kann. Außerdem möchte ich die Pop-Literatur selber verachten. Geht das nicht in deinen Besserwisserschädel? Aber ich habe die besseren Gründe, sage ich, und außerdem bist du genauso wie Ally McBeal, harmoniesüchtig, diskussionsscheu, dauerfreundlich und dauerverwirrt. Du kriegst gar nicht mit, dass der Idealmann, den du suchst, ganz in deiner Nähe ist. Sie schweigt. Zu doof zum Geknalltwerden. Dumme Kuh.

35 Wie war dein Tag, Liebling?
Wie man sich füreinander interessiert

Sie Er kommt nach Hause und lässt sich schwer atmend aufs Sofa fallen. Er starrt minutenlang ins Leere. In eine besonders gewaltige, überaus leere Leere. Er seufzt. Er ist zu aufgewühlt, um auch nur die Fernsehzeitschrift anzusehen. Mit anderen Worten: Es ist irgendeine mittelschwere Katastrophe passiert. »Was ist los?«, frage ich. »Nichts«, sagt er. »Komm schon«, sage ich. »Ich sagte: nichts«, sagt er. An dieser Stelle bricht die Frau von Welt das Gespräch ab. Ich bin doch nicht bekloppt und frage ihn nach Dingen, die mich ernsthaft interessieren. Denn die würde er mir nie erzählen, ist doch klar. Männer wollen nichts erzählen müssen. Sie wollen was erzählen können – MKG (Männerkommunikationsgesetz) § 1. Und zwar, wann *sie* wollen (MKG § 2). Das bedeutet: In neun von zehn Fällen besteht keinerlei zeitlicher Zusammenhang zwischen Ereignis und Erzählung, und manchmal dauert es Jahre, bis man erfährt, was eigentlich los war an jenem fernen Frühlingsabend, den man längst erfolgreich verdrängt hat.

Mit Männern zu reden – wenn sie denn mal reden – erfordert vor allem ein elefantöses Gedächtnis: »Ähm. Übrigens. Was ich dir noch sagen wollte. Weißt du noch, letzte Woche, als ich so seltsam drauf war?« – »Wann meinst du? Dienstag, Mittwoch, Freitag früh oder Freitag abends?« – »Sehr witzig.« Flüssig und unaufgefordert allerdings sprechen sie gern und stundenlang über Mannschaftsaufstellungen von 1974, über die geile neue Golf-Simulationssoftware, die fundamentale Bedeutung der dritten Venture Capital-Runde für die dot.com-Ökonomie und über dynamisches HTML. Bei solchen Gelegenheiten empfiehlt sich die Methodik der englischen Königinmutter, die seit 100 Jahren 99 Prozent ihrer Konversationen höchst erfolgreich mit den beiden Sätzen »Oh, wirklich?« und »Wie interessant« bestreitet. Ansonsten: Keine Fragen! Niemals! Nur dann werden Männer wirklich zutraulich, die kleinen Lieblinge.

Er Die Kämmerling ist übrigens gefeuert worden, sagt sie, während sich in der Tagesschau ein finnisches Bombengeschwader auf den Weg nach Berlin macht, wegen Unterschlagungen, sagt sie. Und die Poschardt gleich mit, die haben offensichtlich jahrelang in großem Stil gemeinsam getürkt. Auf dem Bildschirm verkündet gerade der Verteidigungsminister einen Evakuierungsplan, die Berliner sollen sich in die Luftschutzbunker begeben, aber genau kann ich es nicht verstehen, weil sie lauter als der Verteidigungsminister ist. Die haben ein riesiges Lager mit Prada-Schuhen angelegt, die sie dann an ihre Freundinnen tageweise verleast haben, für Bewerbungsgespräche und Partys und so, und das hat alles dieser neue Controller aus Stuttgart herausgefunden, der allen so gemütlich vorgekommen ist, weil er immer von Geschmäckle gesprochen hat.
Auf dem Bildschirm ist jetzt eine Landkarte zu sehen, auf der der Flug der Finnen plötzlich einen Knick macht, es

scheint, als hätten sie ihre Richtung geändert. Kannst du mich nicht angucken, wenn ich mit dir rede, sagt sie, mach doch endlich die Glotze aus. Übrigens haben wir in der Agentur jetzt beschlossen, gemeinsam die Magic-Soup-Diät zu machen, zehn Tage lang, morgen geht's los, würde dir übrigens auch nicht schaden. In der Tagesschau sieht man leere Supermarktregale und verzweifelte Rentner, die sich um die letzten Zwiebackpackungen prügeln, über den Bildschirm läuft ein Ticker mit einer Hotline-Nummer, die mit der Hamburger Vorwahl beginnt, draußen gehen plötzlich Alarmsirenen los. Was ist das denn für ein Krach heute, sagt sie, man versteht ja sein eigenes Wort nicht mehr, wenn alles gut geht, bekomme ich jetzt den Job von der Poschardt und dann können wir uns endlich ein neues Auto leisten, oder vielleicht bekomme ich sogar einen Dienstwagen, sag mal, hörst du mir überhaupt zu? Natürlich, sage ich. Aber das kann sie im Detonationslärm nicht hören.

36 Abendgestaltung
Wie man Entscheidungsprobleme löst

Sie »Wir müssen echt mal wieder unter die Leute. Dieses Rumgehänge vor dem Fernseher geht mir langsam auf die Nerven«, sage ich. »Okay. Wenn's sein muss. Was willst du denn machen?« sagt er. »Weiß nicht. Irgendwas halt. Alles, nur nicht fernsehen. Wir könnten doch mal wieder ins Kino.« – »Du wolltest doch mit mir nie wieder ins Kino, seit ich bei der Liebesszene in diesem bescheuerten Meg-Ryan-Film vor Lachen meine Chips der Frau vor uns in den Nacken gespuckt habe.« – »Hm. Stimmt. Wie konnte ich das vergessen? Aber wir könnten doch essen gehen.« – »Super! Aber nicht zu Paolo, da hängt jetzt immer der kleine K. rum. Und nicht zu Phan Thai, das ist jetzt immer so knallvoll, seit Sasha da mal gegessen hat. Und nicht zu Dexter, die Pommes sind so labbrig geworden, seit sie den neuen Koch haben. Und nicht zu …« – »Schon gut. Ich habe plötzlich gar keinen Hunger mehr. Außerdem kriegen wir für heute sowieso keinen Tisch mehr. Wie wäre es mit morgen?« – »Kann nicht. Meeting. Dauert bestimmt wieder bis in die Nacht, weil Brinkmann mal wieder seine kleinen Machtspielchen abziehen muss. Übermorgen muss ich nach Köln für den Rest der Woche.« – »Super, dass ich das auch mal erfahre.« – »Ach, habe ich dir das noch nicht gesagt? Komisch, dabei dachte ich, ich hätte längst …« – »Also nächste Woche.« – »Klar! Allerdings war das die Woche, in der ich mit Frank die Motorräder für den Sommer tunen wollte. Da müssen wir jeden Abend ran. Geht nicht anders, ich hab's versprochen. Außerdem soll es gutes Wetter geben, und dann können wir die Maschinen gleich ausfahren …« – »Darf ich zusammenfassen: Du gehst mit mir in zwei Wochen aus, vorausgesetzt es regnet und Frank ist krank. Ich könnte schneller eine Audienz beim Papst kriegen.« – »Jetzt wirst du zynisch.« – »Gut erkannt.« – »Schön. Okay. Dann lass uns eben in Dreigottesnamen heute abend ausgehen.« – »Auf einmal.« – »Sonst habe ich ja doch keine Ruhe. Also: Essen, Kino, Oper?« –

»Ähm. Scheiße. Mir ist gerade was eingefallen. Heute ist ja Dienstag. Ally McBeal.«

Er »Lass uns mal wieder ausgehen«, sage ich, »wie früher. Zuerst nett essen, dann noch ein wenig tanzen. Komm, zieh dich an, ich lade dich ein.« – »Was?« – »Was WAS?« – »Was ich anziehen soll?« – »Ist doch egal. Irgendwas. Irgendwas, in dem du gut aussiehst.« – »Willst du damit sagen, dass ich nur noch gut aussehe, wenn ich bestimmte Klamotten anhabe?« – »Du siehst hinreißend aus. Und am hinreißendsten, wenn du gar nichts anhast. Weißt du doch. Wieso ist das eigentlich ein Problem? Früher haben doch auch Jeans und ein T-Shirt genügt.« – »Früher war früher, jetzt ist jetzt. Ich geh doch nicht in Jeans und T-Shirt ins Restaurant.« – »Dann gehen wir eben in eine Kneipe.« – »Ich will aber in ein Restaurant, wenn du mich schon mal zum Essen einlädst. So selten, wie das in letzter Zeit vorkommt.« – »Dann zieh eben eines von deinen schwarzen Kleidern an.« – »Ich dachte, du willst danach tanzen gehen.« – »Dann eben einen von deinen schwarzen kurzen Röcken.« – »Wann hast du eigentlich das letzte Mal einen Blick auf meine Oberschenkel riskiert?« – »Wieso?« – »Dann wüsstest du nämlich, dass das mit dem kurzen Rock eine beschissene Idee ist. Kein Wunder. Wir hängen ja abends nur noch zu Hause rum.« – »In der Disco sieht das doch sowieso keiner.« – »WAS soll keiner sehen? Willst du damit sagen, dass man bei Tageslicht bei mir irgendwas sehen könnte, für das du dich schämen müsstest?« – »Nein. Deswegen kannst du doch ruhig kurze Röcke tragen.« – »Damit ich mich dann blamiere.

Sind doch sowieso nur Zwanzigjährige in der Disco.« – »Wir müssen ja nicht tanzen gehen, wenn du nicht willst. Wir können auch ins Kino.« – »Läuft nichts. Hab ich schon geguckt.« – »Oder spazierengehen.« – »Ja, genau. Wie ältere Paare, denen abends nichts Besseres einfällt als ein gemeinsamer Verdauungsspaziergang. Fehlt nur noch ein Pudel, mit dem wir Gassi gehen können. Nein danke.« – »Na gut, dann nur essen. Und anschließend in eine Bar.« – »Ehrlich gesagt, hab ich gar keinen Hunger. Aber ich kann ja einen kleinen Salat ...« – »Nee nee, muss nicht sein.« – »Wieso, ich dachte, du wolltest essen gehen?« – »Aber nicht, wenn ich dir zusehen soll, wie du Salatblätter auf dem Teller sortierst.« – »Kann es sein, dass du zynisch bist?« – »Nein. Wieso?« – »Weißt du, worauf ich jetzt Lust habe? Wir könnten doch gleich in die Bar gehen und uns um den Verstand trinken.«

VI.
Illusionen und Desillusionierungen

37 Zusammenziehen
Eine Gewissenserforschung

Sie Willst du wirklich eine vier Jahre alte Zahnbürste, bei der sich die Borsten biegen, neben deiner dulden? Willst du, dass dein Kühlschrank voll Jever, Erdnussbutter und Kraft-Scheibletten ist? Willst du schon unten vor der Haustür hören, dass er vier Stock höher mal wieder seine Lieblings-CD von Metallica hört? Und willst du an den Nachbarn aus dem ersten, zweiten und dritten Stock vorbeigehen müssen, die sich mit Baseballschlägern bei den Briefkästen versammelt haben? Willst du hilflos zusehen müssen, wie sich in der Waschmaschine stinkende Tennissocken mit deiner Seidenunterwäsche im Kochwaschgang drehen, weil er irgendwie doch herausgefunden hat, wie man eine Waschmaschine bedient und er dir eine Freude machen wollte? Und soll dir erst in dem Moment, wo du die schicksalhaften Worte »Wehe, du fasst jemals wieder die Waschmaschine an« brüllst, sein stilles kleines Grinsen und seine geballte Boris-Becker-Faust auffallen? Willst du ihn dabei beobachten, wie er mit dem Küchenmesser seine Zehennägel absäbelt? Willst du dir sagen lassen, dass Apfelsinenkisten und Bretter auf Backsteinen »sowieso cooler sind als dieser affige Design-Scheiß«? Und dass es gesund ist, auf einer Matratze auf dem Boden zu schlafen, er kann es bezeugen, er hat diese Matratze seit seiner Einschulung? Und dass dieser grün-braun-lila gestreifte Sessel zwar schon ein kleines bisschen fadenscheinig ist, aber ein unersetzliches Erbstück, auf dem schon sein Opa das Wunder von Bern vor dem Volksempfänger miterlebt hat? Willst du deine Lieblings-CD von Whitney Houston unter dem Tischbein links außen wiederfinden, das früher immer so wackelte? Willst du ihn loben müssen, wenn er mal eine Spaghetti-Sauce kocht, und hinterher die vier Töpfe und zwei Pfannen abwaschen, die er dazu gebraucht hat? Willst du dich im Bad einschließen müssen, wenn du die neue *Astonishing Super Moisturizing & Nourishing Face Mask* ausprobierst? Willst du dir sagen lassen müssen, dass man Telefonate auch unter einer Stunde führen kann?

Er

Willst du wirklich irgendwo wohnen, wo es Blumen gibt? Willst du tatsächlich immer von Tellern und mit Messer und Gabel essen? Willst du, dass das Poster von Pamela Anderson in 666 kleine Stücke zerrissen wird? Willst du das Klo putzen? Willst du CDs nur noch leise hören? Willst du, dass es Ostereier und Adventskränze in deiner Wohnung gibt? Willst du jedes Mal das alte Geschirr abräumen, ehe du isst? Willst du, dass in deinem Kühlschrank Sojasprossen, Sellerie und blaue Migräne-Kühlpacks gelagert werden? Willst du Fleisch nur noch bei Naturkostläden für sieben Mark fuffzich pro Gramm einkaufen? Willst du vor jeder Party Zettel im Treppenhaus verteilen, auf denen steht, dass es möglicherweise laut werden wird? Willst du jeden Morgen 30 Minuten warten, bis du ins Bad kannst? Willst du wirklich nie wieder daneben pinkeln? Willst du dich jeden Abend duschen, ehe du ins Bett darfst? Willst du nie wieder masturbieren, sondern immer nur dann Orgasmen haben, wenn sie nicht Nein sagt? Willst du, dass dich jemand in deinen eigenen vier Wänden danach fragen kann, was du gerade denkst? Willst du, dass dein Fernseher die Oscar-Preisverleihung überträgt? Willst du, dass dir jemand sagt, dass du ruhig mal wieder etwas für deinen Körper tun könntest, während du gerade die Frühstückszeitung liest? Willst du nie wieder in Unterhosen, Bier trinkend und kettenrauchend vor deinem Computer sitzen? Willst du wirklich nur noch dann Luftgitarre vor dem Spiegel spielen, wenn die Luft gerade rein ist? Willst du vor den Wochenenden Angst haben? Willst du einmal pro Woche vertrieben werden, weil Mädchenabend ist, bei dem Männer nur stören? Willst du, dass dir jemand sagt, er hätte deinen Kleiderschrank endlich ausgemistet und dabei auch gleich dein peinliches Ronaldo-Trikot weggeworfen? Willst du um acht Uhr morgens auf das Loch in deinem rechten Socken aufmerksam gemacht werden, das sowieso niemand sieht, weil du nicht vorhast, die Schuhe auszuziehen?

38 Aberglauben
Moderne Mythen & Bauernregeln, nach Geschlechtern geordnet

Sie

Rothaarige sind besonders scharf. Frauen mit kleinen Brüsten sind intelligent, aber verklemmt. Wer sich so kurze Röcke anzieht, legt es einfach darauf an, angemacht zu werden. Bei der tickt doch schon die biologische Uhr. Die hat sich bestimmt hochgeschlafen. Die hat garantiert keinen Sex, bei der Karriere. Holsten knallt am dollsten. Der *Playboy* hat einfach die besten Interviews. Wenn ich Golf spielen würde wie der blöde kleine K., wäre ich längst befördert worden. Kloputzen macht impotent. Schuhputzen schadet nur dem Leder. Das muss noch nicht gewaschen werden. Wenn ich meine Haare von links nach rechts über meine Glatze kämme, denkt jede Frau, ich hätte noch einen vollen Schopf. Große Autos sind einfach sicherer. Die neue Handy-Generation ist einfach leistungsstärker. Frauen verstehen nichts von Computern. Frauen verstehen nichts von Fußball. Frauen verstehen nichts von Autos. Meine Frau versteht mich nicht. Es war doch nur Sex. Mir könnte keine Frau einen Orgasmus vorspielen. Das sieht man doch gleich, dass ein Typ wie Brad Pitt nicht bis zehn zählen könnte. Wenn Frauen fremd gehen, ist immer Gefühl im Spiel. Natürlich hat jede Frau Vergewaltigungsphantasien. Auf dieses Bier kommt es jetzt auch nicht mehr an. Von Wodka kriegt man keinen Kater. Bei Männern ist es nicht so peinlich, wenn sie betrunken sind. Natürlich kann ich noch fahren. Es ist viel schädlicher für die Umwelt, wenn man so über die Autobahn schleicht. Wahrscheinlich ist nur die Batterie leer. Wenn ich Vollgas gebe an der Ampel, halten mich alle für einen tollen Hecht. Ich muss mein blaues T-Shirt anziehen, sonst verlieren wir das Spiel heute Abend. Den Ball hätte sogar ich noch ins Tor gekriegt. Man hat nur tausend Schuss im Leben. Es kommt nicht auf die Größe an.

Er

Wenn eine Frau zu häufig Sex mit ihrem Kerl hat, ist sie irgendwann nicht mehr interessant für ihn. Wenn eine Frau zu selten Sex mit ihrem Kerl hat, ist nur er daran schuld. Natürlich glaube ich nicht an Horoskope, aber ich lese sie zur Unterhaltung. Dass du so zynisch bist, ist typisch für Skorpione. Wenn man nach acht Uhr abends noch etwas isst, nimmt man davon zu. Wenn man von blauen Tellern isst, nimmt man davon ab. Der Schlaf vor Mitternacht hält jung und schön. Wenn Männer sagen, dass sie am Morgen früh rausmüssen, ist das doch nur eine ganz billige Ausrede. Wenn ich mir dieses Paar Schlangenlederschuhe kaufe, findet mich jeder sexy, und dadurch strahle ich mehr Selbstbewusstsein aus, werde befördert und bekomme eine Gehaltserhöhung. Dass die Gillmann mehr verdient als ich, liegt nur daran, dass sie immer in Minis und Pumps ins Büro kommt und sich sowieso hochgeschlafen hat. Wenn ich jeden Tag meine Brüste mit einer Bürste massiere, bleibt das Bindegewebe so kräftig, dass sie nie hängen werden. Wenn du meine Brüste weiterhin so grob anfasst, leiern sie noch irgendwann aus. Kein Wunder, dass er Kommunikationsprobleme hat, er ist doch das typische Einzelkind. Mit meiner Mutter hat das gar nichts zu tun. Wenn ich noch zwei Kilo schaffe, fühle ich mich wieder wohl in meiner Haut. Auf die eine Packung Dickmann's kommt es jetzt auch nicht mehr an. Wenn Madonna es in ihrem Alter geschafft hat, werde ich das ja wohl auch noch schaffen. Wenn du denkst, ich würde so auf die Straße gehen, hast du mich einfach nicht verstanden. Wenn ich so verklemmt wäre wie Ulrike, hätte ich auch noch nie einen Freund gehabt. Wenn Männer nicht dauernd alles mit

Sex in Verbindung bringen würden, ginge es uns allen viel besser. Wenn du dauernd so lange vor dem Computer sitzt, wirst du irgendwann von dem ganzen Elektrosmog Krebs kriegen. Wenn ich mein Handy nicht anhabe, kann mich Vanessa nicht erreichen. Wenn der Sommer endlich käme, wäre ich sicher sofort besser drauf. Wenn diese verdammte Hitze endlich vorbei ist, werde ich natürlich wieder mehr Lust auf dich haben.

39 Haare
Warum es in Beziehungen manchmal um ziemlich nebensächliche Dinge geht

Sie Er steht rückwärts vor dem Spiegel, nackt, die Knie leicht gebeugt, den Körper leicht verrenkt, und versucht, mit Hilfe meines Puderdosenspiegels seinen Hinterkopf zu sehen. Dies ist die Position, in der der Mann am verletzlichsten ist, denn es ist die Position, in der er sich gerade fragt, ob ihm die Haare ausgehen. Hier heißt es innezuhalten und eines der großen Dramen der männlichen Existenz zu betrachten. Ein nackter Mann steht rückwärts vor dem Spiegel, an solchen Bildern haben sich die größten Künstler des Abendlandes versucht, an solchen Metaphern haben sich die besten Dichter die Finger wund geschrieben, an solchen Paradoxa haben sich die scharfsinnigsten Denker das Hirn zermartert. Man sollte also als Frau etwas Anstand haben und nicht kichern. Nicht gleich. Er kann nicht anders, er stellt DIE FRAGE. So schwach ist er, so verletzlich. Er fragt tatsächlich: »Findest du, dass meine Haare dünner werden?« Darauf gibt es drei Antworten.

Die schnelle gelogene: »Quatsch, keine Spur.« Falls man an dem Tag noch was von ihm will.

Die wahrheitsgetreue: »Dünner? Nein. Sie fallen dir einfach aus.« (Variante: »Haare? Welche Haare?«) Falls man noch eine Rechnung offen hatte.

Die weitgehend wahrheitsgetreue, aber unendlich viel tröstlichere: »Ja. Das kommt von deinem überdurchschnittlich hohen Testosteronspiegel. Also ich finde das ja wahnsinnig männlich. In zehn Jahren wirst du aussehen wie Sean Connery.«

Während man also Antwort 3 in möglichst erregtem Tonfall von sich gibt und er langsam den Puderdosenspiegel sinken lässt, fährt man ihm leicht durch den Pelz auf seinem Rücken, der im Lauf der Jahre gewachsen ist und inzwischen kurz davor steht, sich auf der Schulter mit dem Brusthaar zu vereinen. Und man denkt kurz an eine Efeuhecke, die zu beiden Seiten einer Schlossmauer emporwächst. Oder an King-Kong. Oder an einen Flokati. Aber das sagt man dann besser doch nicht. Das hebt man sich für einen anderen Zeitpunkt auf.

Er

Es gibt nicht viele Gesetze in dieser gesetzlosen Welt, aber eines gibt es: Wenn es um ihre eigenen Haare geht, werden Frauen irre. Frauen finden ihre Haare immer zu dünn, zu dick, zu glatt, zu lockig, zu wenig blond oder viel zu blond, zu lang, zu kurz und sowieso völlig indiskutabel. Frauen hätten immer gerne die Haare anderer Frauen, die ihrerseits gerne anderer Frauen Haare hätten. Frauen geben in ihrem Leben mehrere tausend Mark aus, um endlich andere Haare zu haben und bleiben doch immer nur Frauen, die gerne andere Haare hätten. Das ist ungefähr so, als würde man dauernd lieber andere Beine haben als die eigenen, einen anderen Arsch als den, auf dem man sitzt, oder ein anderes Gesicht als jenes, mit dem man vom Genetik-Roulette bedacht wurde. Ach, das wollen sie auch? Stimmt, es sind ja Frauen. Wen sollen eure Haare eigentlich interessieren? Andere Frauen schon deswegen nicht, weil sie mit ihren eigenen Haaren beschäftigt sind. Und was Männer betrifft, weiß man doch längst, dass sie für Frisuren kein besonders entwickeltes Sensorium besitzen. Männer gucken vielleicht ins Gesicht, hin und wieder auf den Hintern oder in den Ausschnitt, aber eure Haare sind uns egal. Die hängen da so am Kopf runter, warum sollten wir uns darüber den Kopf zerbrechen? Dafür macht ja ihr euch umso mehr Gedanken. Steht vor dem Spiegel und beschließt, dringend zum Friseur zu müssen. Geht zum Friseur und foltert den armen Mann mit eurer Zickigkeit. Geht nach Hause, guckt wieder in den Spiegel und seid verzweifelt, weil ihr noch immer ausseht wie ihr selbst. Dann föhnt ihr euch die Frisur raus, für die ihr gerade hundertfünfzig Mark gelöhnt habt (20 für die Arbeit, 130 Schleimerzulage für die Ullis und Gerds, die euch den Kopf gewaschen und dabei »ganz doll« genäselt haben) und seid immer noch genauso weit wie vorher. Wie wäre es denn mit einer formschönen Glatze? Haare ab, Probleme weg. Wir Männer wissen das schon lange.

40 Ganz unten
Was über Schuhe zu sagen ist

Sie Männer haben in der Mehrheit hässliche, stinkende Füße, und deshalb ist es schon fast egal, was für Schuhe sie tragen – Hauptsache, sie tragen überhaupt welche. Selbst für schmuddelige Tennissocken in Mallorca-Sandalen sollte man als Frau dem Herrgott auf Knien danken, denn Barfußsandalenträger lieben die Natur mit allen Konsequenzen und haben deshalb prinzipiell die längsten Fußnägel und die elefantöseste Hornhaut.

Singen wir also das Hohelied des Männerschuhs in all seiner prächtigen Vielfalt.

Preisen wir den hochhackigen Cowboystiefel, der kleine Männer noch kleiner macht und schnauzbärtige noch schnauzbärtiger. Ehren wir den Mount-Everest-Erstbesteigungsstiefel mit Eisennägeln und LKW-Profilsohle, gern von Männern getragen, die täglich ihren Range-Rover (mit Seilwinde und Kuhfanggitter) ins Parkhaus fahren. Rümpfen wir nicht die Nase über die fünf identischen Paare »Bin ich nicht ein süßer Junge?«-Converse-Hightops in verschiedenen Stadien der Verwesung. Verspotten wir auch nicht die multifunktionalen schwarzen Hochzeits- und/oder Beerdigungsschuhe, fünf Jahre alt und dreimal getragen, die kleinen Jurastudentenschuhe mit Bommeln dran oder die Bootsschuhe, bevorzugt von völlig yachtlosen Gestalten in Münchner Bars getragen. Loben wir aus voller Brust die abgelatschten Absätze, die gerissenen und notdürftig zusammengeknoteten Schuhbänder, das matte, nie geputzte Leder.

Denn wahrlich, ich sage euch, es wird kommen der Tag, da der Mann die Schuhe auszieht, und dann wird ein Keuchen und Wehklagen über dem Land liegen, die Vögel werden vom Himmel fallen, die Blumen welken und die Frauen röchelnd zu Boden gehen.

Er

Okay, hier ist es. Das Geheimnis, warum wir Männer (jawohl, wir unschönen, wichtigtuerischen, zu tiefen Empfindungen unfähigen Unfälle der Evolution) die Welt beherrschen. Warum wir für halb so viel Arbeit doppelt so viel Geld bekommen, warum wir die Karriereleiter schneller hochklettern, warum wir (und nicht ihr) Bundeskanzler, Außenminister oder Modezar werden, warum wir mehr Bücher schreiben, effektivere Massenvernichtungswaffen erfinden und noch für die peinlichsten Leistungen (ich sage nur: mit dem Auto im Kreis fahren …) berühmt werden können: Weil wir nie, niemals, unter gar keinen Umständen über unsere Schuhe nachdenken. Weil wir uns nie den Kopf darüber zerbrechen, ob wir heute mit den Fickmich-Pumps oder den Jil-Sander-Pumas oder den coolen Prada-Sport-Teilen ins Büro sollen. Weil wir nämlich schon unsere Netzwerke gesponnen haben, während ihr noch ratlos vor eurem Schuhsortiment steht und denkt, dass ja jetzt schon alle Prada-Sport tragen und dass ihr für die Pumps doch wieder nur blöd angeglotzt werden würdet und dass ihr dringend mal wieder los müsst, um noch zehn weitere Paar Schuhe zu kaufen. Wenn ihr dann endlich ins Büro kommt, haben wir uns schon gegenseitig befördert, einander Gehaltserhöhungen spendiert – und die Gehaltserhöhungen refinanziert, indem wir das Kindergeld für alleinerziehende Mütter gekürzt haben (die es sowieso nur für Schuhe ausgeben würden). Natürlich ist das unfair. Aber ihr wart ja nicht da, als es um die Beförderungen und die Gehaltserhöhungen ging. Und außerdem scheint es euch ja wichtiger zu sein, wie ihr zehn Zentimeter über Bodenhöhe ausseht, als nach den Sternen zu streben. Das ist alles, was ich sagen wollte. Ach ja, noch was: die roten Stilettos sind wirklich scharf. Und wenn ihr in ihnen zum Kopierer stöckelt, dann denken wir, dass ihr Sexgöttinnen seid.

41 Stil muss man haben
Warum es auf ein gefälliges Aussehen ankommt

Sie Nachdem auch die letzte Frau begriffen hat, dass es nicht mehr um Mode geht, sondern um Stil, und dass Stil darin besteht, für jeden Aggregatzustand (normalfett, halbfett, tierisch fett) so viele schwarze Hosen wie möglich im Schrank zu haben (enge für manchmal, weite für meistens, stretchige für immer), hat sich die Mode neue Opfer gesucht. Leichte Opfer. Männer. Nun ist die Mode bekanntlich eine etwas gehässige Dame und hat deshalb beschlossen, für Männer die mit Abstand grässlichsten Klamotten zu erfinden. Bundfaltenhosen, Krawatten (insbesondere solche mit Mickymaus-Motiv), Socken (insbesondere solche mit Donald-Duck-Motiv), geflochtene Gürtel, Schuhe mit Lochmuster, Cowboystiefel, braune Ledersandalen, die Ekelfarben Aubergine und Senf, kleine grüne Karos, Ballonseidenblousons, Westen mit Paisley-Rücken, Einstecktücher, doppelreihige Jacketts, die jeden zwanzig Kilo schwerer machen … ich habe gerade erst angefangen. Und verdammt noch mal: es hat funktioniert. Die Mode hat gesiegt. Verlorene Seelen in grünkarierten Jacketts warten seitdem auf das Ergebnis der Wahl zum Schlipsaffen des Jahres. Und die Mode wälzt sich vor Lachen am Boden. Natürlich gibt es da noch die letzten Aufrechten wie meinen Liebsten. Der bedient sich morgens aus dem großen Kleiderhaufen neben dem Bett und wählt verlässlich das Unterste, weil er das schon länger nicht getragen hat. Der kauft seit Jahren dieselbe Hose, die schwarze Diesel mit Knopfverschluss, obwohl der ihn so überfordert, dass immer zwei Knöpfe offen stehen. Der trägt seit Jahren dieselben Schuhe, und zwar jeden Tag, und zwar bis sie auseinander fallen. Der denkt bis heute, dass Aubergine auf den Teller, Cowboystiefel auf die Ranch und Krawatten in den Müll gehören. Der ist auf unerschütterliche, unbelehrbare Weise moderesistent. Glück muss man haben.

Er

Wenn Frauen älter werden, also mit spätestens 28, legen sie sich unweigerlich Stil zu. Stil heißt: Mit 28 so aussehen, als wäre man 40. Mindestens. Nur noch Farben tragen, die von Bestattungsunternehmern empfohlen werden. Und Klamotten besitzen, die nicht nur den Kredit-Sachbearbeiter ruhig stellen, sondern auch mich. Hosenanzüge zum Beispiel. Kaschmirpullover. Power-Suits. Und Gehzelte, die schmeichelnd die Knöchel umspielen. Gähn. Wo sind bloß die scharfen Teile geblieben, mit denen sie sich notdürftig bedeckte, als ich mich in sie verliebte? Der Mini, für den sie in jedem islamischen Staat gesteinigt worden wäre? Dieses T-Shirt, das so genial geschnitten war, dass mir jedes Mal die Augen ausfielen, wenn sie sich ein wenig über den Tisch beugte? Oder dieses Kleid mit komfortablem Fummel-Schlitz? Alles unbarmherzig aussortiert, in einem großen Müllsack begraben und einem Heim für schwer erziehbare Mädchen überlassen. Die könnten es besser gebrauchen, meint sie. Nun gleicht ihr Kleiderschrank einer minimalistischen Galerie, in der es nur ein einziges Bild zu besichtigen gibt – das aber in ein paar Dutzend Variationen, die sich nur unwesentlich voneinander unterscheiden. Mal ist das Grau mehr Taube, mal mehr Elefant. Und mal mehr Maus. Grau in Grau eben. Und alles sauteuer. Obwohl sie von jedem einzelnen ihrer Jacketts behauptet, sie hätte es im Schlussverkauf erbeutet.

Beruhigend, dass ihr die Qual der Wahl immer noch schwer fällt. Jeden Morgen steht sie fluchend vor ihrem Schrank und plagt sich mit der Frage: Jil? Oder Dries? Das ist der Moment, auf den ich gewartet habe. Probier doch Issey, sage ich sadistisch, der macht dich schlanker. Meinst du wirklich, flötet sie und schält sich wieder aus ihrem Power-Suit. Und steht da in ihrer Unterwäsche und sieht aus wie früher, als ich mich in sie verknallt habe, endlich ganz ohne Stil.

42 Für immer schön
Wie man sich in Schuss hält

Sie Es ist noch nicht viel über das bemerkenswerte Phänomen geschrieben worden, dass Männer Angst vor Bürsten haben. Und zwar vor praktisch jeder Bürste auf der ganzen Welt, vor Zahnbürsten, Haarbürsten, Geschirrspülbürsten, Klobürsten, Kleiderbürsten, Schuhbürsten und ganz besonders Nagelbürsten. Instinktiv schrecken sie vor ihnen zurück, scheuen sich, sie anzufassen, meiden sie, wo es nur geht. (Frauen dagegen fürchten sich nur vor den Bürsten in der Waschstraße, und zwar den großen runden, die von oben kommen und jeden Moment das Autodach zerquetschen werden, von den fiesen seitlichen ganz zu schweigen, die eines Tages bestimmt noch mal die Türen eindrücken. Aber das ist eine ganz andere Geschichte.) So groß ist die Furcht der Männer, dass sie sich in ihrer namenlosen Panik sogar weigern, das Wort »Bürsten« in seiner eigentlichen Bedeutung zu verwenden, und es stattdessen ... (Aber das ist noch eine andere Geschichte.)

Was ist es also mit ihnen? Aberglaube? Archaische Urängste, seit jenem traumatischen Kampf gegen die Borstensaurier, an einem sonnigen Spätherbstnachmittag im ausgehenden Paläozoikum? Frühkindliche Schreckenserlebnisse? Sind sie alle kollektiv mit einer Kleiderbürste verprügelt worden? Wir werden es nie erfahren, wir müssen nur mit den bitteren Folgen leben. Wir müssen uns jeden Morgen aufs Neue wappnen vor dem Gang ans Waschbecken, weil dort der Anblick von abrasierten Bartstoppelhaaren in festgebackten Zahnpastaresten auf uns wartet (= Zahnbürste nur schnell und widerwillig benutzt, Scheuerbürste gar nicht). Doch über Kranke darf man nicht spotten. Unterstützen wir sie in ihrem Ringen gegen ihre Phobien, zeigen wir ihnen, dass sie nichts zu befürchten haben, loben wir sie, sowie sie was Borstiges anfassen. Schon ein zehnsekündiges Zähneputzen muss als Durchbruch gelten. Das mit der Klobürste kriegen wir dann ganz am Schluss.

Er Was ist das denn, frage ich, als sie endlich aus dem Bad kommt. Sieht man doch, sagt sie, ein Nasenpflaster. Gegen unreine Haut. Du hast doch gar keine unreine Haut, sage ich. Natürlich hat sie unreine Haut, sagt sie, und wenn mir das bisher noch nicht aufgefallen ist, liegt das nur daran, dass mir nie etwas auffällt. Ausnahmslos jeder Mensch hat unreine Haut. Und vor allem auf der Nase. Merkwürdig, sage ich, dass man das nicht sehen kann. Typisch, sagt sie. Männer wollen immer alles sehen, sonst ist es für sie nicht da. Natürlich ist die Nasenhaut unrein. Der Dreck zieht doch sofort ein. Das ist ja das Fiese an unreiner Haut. Man denkt, alles wäre in Ordnung, und in Wahrheit sind alle Zellen mit Dreck verstopft. Deine Nase ist also innerlich unrein, frage ich. Richtig, sagt sie. Aber nicht mehr lange. Weil dieses geniale Nasenpflaster mir nichts, dir nichts den Dreck aus meiner Haut saugt. Dauert bloß eine Viertelstunde. Wenn man es länger trägt, ist es gefährlich, steht auf der Packung. Wahrscheinlich geht dann die Nasenhaut mit ab, oder der Knorpel löst sich auf, und dann war die ganze Mühe vergebens. Lach nicht so blöd, sagt sie, ich weiß selbst, dass ich bescheuert aussehe. Aber dafür habe ich in einer Viertelstunde eine saubere Nase und du nicht. Ganz zu schweigen vom Rest. Ich möchte wirklich nicht wissen, wie viel Dreck du mit dir herumschleppst. Und was hast du davon, frage ich, wenn du den ganzen Schmutz los bist? So dämlich kann nur ein Mann fragen, sagt sie. Ich jedenfalls bin nicht gern schmutzig. Auch nicht auf der Nase. Egal, ob man den Schmutz sieht oder nicht. Und wenn der Schmutz gar nicht da ist, frage ich. Wenn du jetzt dieses dämliche Pflaster abziehst, und es ist genauso blütenweiß wie vorher? Dann weiß ich wenigstens, dass ich sauber bin. Das kannst du von dir nicht sagen.

43 Du lässt dich gehen
Wie man Verwahrlosung in der Partnerschaft bekämpft

Sie Phase 1: Er behandelt dich wie eine Frau. Blumen, zurechtgerückte Stühle, nachgeschenkter Wein, sehnsüchtige Anrufe, kaum dass ihr euch getrennt habt, Wochenendtrips nach Paris, saubere Fingernägel, die ganze Oper. Genieße es, denn es wird nicht lange dauern.

Phase 2: Er behandelt dich wie seine Frau. Er rasiert sich nur noch, wenn er Lust hat und verbringt den kompletten Samstag und Sonntag in einer Schlafanzughose von 1985,

von der das Oberteil seit den frühen Neunzigern verschwunden ist, und einem Promo-T-Shirt für Netscape 1.0.
Phase 3: Er behandelt dich wie seine Mutter. Er geht davon aus, dass du seine Sachen schon irgendwann aus reiner Verzweiflung aufsammeln wirst, irgendwas gegen die Löcher in seinen Socken tust, ihn sicher nach Hause fährst nach der Party, ihn tagelang an den Zahnarzttermin erinnerst und dann für ihn beim Zahnarzt anrufst und den Termin unter einem fadenscheinigen Grund absagst. Er hat also keinerlei Bedenken, dass du ihn für einen Schlampsack und eine Memme halten könntest.
Phase 4: Er behandelt dich wie einen Mann. Er rülpst. Er furzt. Er lacht darüber, irgendwie stolz. Stolz auf das prächtige Rülpsen und stolz, dass er dich so weit hat, dass du nicht schreiend davonläufst. Er labert dich voll mit seinem Scheiß, seinem Fußballscheiß, seinem Computerscheiß, seinem Jobscheiß. Wenn du was von ihm wissen willst, grunzt er etwas Multifunktionales, das je nach Betonung »ja«, »nein«, »vielleicht« und »Ich höre sowieso nicht zu, also warum lässt du mich nicht gleich in Ruhe« heißen kann. Er bringt dir ungefragt ein Bier mit aus dem Kühlschrank und lässt die Klotür immer offen, egal wie lange es auch dauert.
Phase 5: Er behandelt dich wie seinen Hund. Du bist glücklich, denn das ist das Beste, was dir seit langem passiert ist.

Er

Sie pupst. Sie stopft Chips in sich hinein. Sie trägt am liebsten graue Jogginghosen. Wollte ich je mit so jemandem Tisch und Bett und den Rest meines Lebens teilen? Natürlich nicht. Wie kommt es also, dass ich es mit jemandem verbringe, dessen Waden genauso haarig sind wie meine, der am Morgen muffig ist und der keine Lust mehr hat, auszugehen? Weil ich noch immer nicht verstanden habe, dass Frauen nichts besser beherrschen als die Kunst des Marketings, man könnte auch sagen: das Lügen. Bevor man sich für sie entscheidet, tun sie alles, um einem die Entscheidung leicht zu machen: nette Bedieneroberfläche, tolle Performance, viele Sonderfunktionen. Nachdem man sich dann für sie entschieden hat, tun sie alles, um einen die Entscheidung bereuen zu lassen: Inkompatibilitäten, Systemabstürze und sonstige Zicken. Also doch wieder nur eine von den langsamen alten Mühlen, mit denen man es nie wieder zu tun haben wollte.

Mit mir ins Bett gehen? Ja klar, aber zuerst musst du mich erst mal eine Stunde lang konfigurieren. Du willst, dass ich etwas mache, was ich noch nie gemacht habe? Erst, wenn du das Upgrade bezahlst. Und übrigens mache ich nicht einmal mehr das, was ich bisher gemacht habe. Speicher voll. Keine Halterlosen mehr. Nur noch Jogginghosen. Und diese komischen Geräusche, die du da hörst, sind völlig normal bei einer Maschine, die man schon etwas länger hat. Was stört dich dran, dass meine Beine struppig sind? Haare wachsen eben, ist doch normal, oder? Du hast mich eben zufällig kennengelernt, als sie gerade rasiert waren. Wie im Computerladen. Dort funktioniert das ja auch immer, wenn man es sich vorführen lässt. Vorführroutine, alles automatisiert und geschult. Dumm gelaufen. Läuft immer so. Noch dümmer ist, dass es keine Hotline gibt, an die ich mich wenden könnte.

44 Ehrlich sein
Eine kleine Lektion über Liebe, Wahrheit und Wahrheitsliebe

Sie Er: Wolltest du nicht gestern Abend länger arbeiten? Ich habe dich im Job angerufen, und keiner ist rangegangen.
Ich: Da war ich wohl gerade auf dem Klo.
Er: Ich habe es dreimal probiert. Durchfall?
Ich: Ähm. Ich war länger im Büro von dem Neuen. Kleine Einführung in die Geheimnisse der Abteilung. Wer mit wem und dass der Boss nicht vor dem Mittagessen angesprochen zu werden wünscht. Und so.
Er: Und das hat bis nachts um zwei gedauert?
Ich: Natürlich nicht. Ich war dann noch mit Vanessa unterwegs. Die hatte heulend angerufen und brauchte mal wieder eine Beichtmutter. Die Sache mit Jürgen geht gerade in die Brüche.
Er: Ach, Vanessa hat dich dann im Gegensatz zu mir doch erreicht?
Ich: Handy. Sie hat mich auf dem Handy erwischt. Das hatte ich zufällig gerade in der Hosentasche.
Er: Hmm. Komisch, dabei habe ich Jürgen gestern Nachmittag getroffen, und der hatte was von einem romantischen Dinner mit Vanessa gesagt. Gestern Abend. Und dass er ihr jetzt endlich den Brilli gekauft hat.
Ich: Männer! Nie checken sie, wenn etwas vorbei ist.
Er: Und heute Morgen hat er mich angerufen und gefragt, ob wir ihre Trauzeugen werden wollen.
Ich: Echt? Warum hat mir Vanessa gestern nichts gesagt?

Er: Vielleicht, weil sie den ganzen Abend mit Jürgen rumgeknutscht hat?
Ich: Ach, gestern Abend. Du redest von gestern Abend. Ich meinte natürlich vorgestern Abend. Da habe ich sie getroffen. Ich arbeite einfach zu viel, ich bringe schon alles durcheinander.
Er: Vorgestern Abend waren wir im Kino.
Ich: Richtig. Davor. Davor habe ich sie getroffen.
Er: Ich habe dich doch direkt vom Job abgeholt.
Ich: Sag mal, was soll das hier eigentlich? Was ist das für ein blödes Verhör? Ich komme mir allmählich vor wie im Untersuchungsausschuss. Das ist doch das Letzte, wie du mich hier ausquetschst. Was willst du mir eigentlich unterstellen? Dass ich lüge? Dass ich dir was verschweige? Willst du etwa behaupten, dass ich mit dem Neuen noch einen Wein trinken war? Willst du mir etwa unterstellen, ich hätte mich mit einem fremden Mann amüsiert? WILLST DU DAS? UNFASSBAR! Ich meine, SO gut sieht er nun auch wieder nicht aus, auch wenn die Schneider noch so oft von George Clooney brabbelt, und …
Er: Liebling?
Ich: WAS?
Er: Du bist wirklich die raffinierteste Lügnerin, die ich je gekannt habe.

Er (sich an das Gespräch erinnernd, nach dem er beschloss, nur noch in Ausnahmefällen ehrlich zu sein):
Was findest du denn an ihr, fragt sie. Wieso kommst du auf die Idee, dass ich was an ihr finde, frage ich. Sonst würdest du dich wohl kaum so oft mit ihr treffen, sagt

sie. Oft kann man das wirklich nicht nennen, sage ich. Ich finde einmal pro Woche ziemlich oft für einen Mann, der schon vergeben ist, sagt sie. Also, was findest du an ihr, fragt sie. Nichts, sage ich. Und deswegen triffst du dich mit ihr, fragt sie. Na ja, sie braucht mich gerade, sage ich. Du weißt doch, dass ihr Freund sie verlassen hat. Und jetzt braucht sie jemanden, mit dem sie darüber reden kann, sagt sie. Genau, sage ich. Worüber redet ihr denn dann, sagt sie. Na ja, über Männer und so, sage ich. Ein wenig genauer geht´s nicht, sagt sie. Sie hat mich halt gefragt, ob ich es schlecht fände, wenn sie hin und wieder One-Night-Stands hätte, wo ihr das doch fehlt, sage ich. Und darüber redet sie mit dir, sagt sie. Weil Männer doch mehr Erfahrungen mit One-Night-Stands haben, sage ich. Männer wie du, sagt sie. Genau, sage ich. Und was rätst du ihr, fragt sie. Dass ich es nicht schlimm fände, wenn sie manchmal One-Night-Stands hätte. Für den Übergang, sage ich. Nicht schlimm, sagt sie. Was soll daran schlimm sein, frage ich. Wo habt ihr euch eigentlich getroffen, sagt sie. Eigentlich wollten wir ja ins Dolly's Diner gehen, sage ich. Aber da war es voll, sagt sie. Wir sind gar nicht erst hingegangen, sage ich. Wieso das denn, fragt sie. Weil sie Migräne hatte und sich hinlegen musste, sage ich. Wo hat Madame sich denn hingelegt, fragt sie. Na, ins Bett natürlich, wohin denn sonst, sage ich. Und du, fragt sie. Ich hab mich zu ihr gesetzt, sage ich. Gelegt, sagt sie. Wieso gelegt? Ich hatte doch keine Migräne, sage ich. Und, fragt sie. Was und, frage ich. Was werde ich schon meinen, fragt sie. Keine Ahnung, sage ich. Hast du mit ihr gevögelt oder nicht, fragt sie. Bist du bescheuert oder was, warum soll ich mit ihr denn vögeln, sage ich. Wenn hier jemand bescheuert ist, dann bist du das, meine Güte, glaubst du wirklich, dass ich so blöd bin und dir deine Lügengeschichten abkaufe, das ist doch wirklich das Allerletzte, ich meine, ich bin ja schon einiges von dir gewöhnt, aber das ist wirklich das Allerallerletzte, sagt sie. Ist irgendwas, frage ich.

45 Gute Vorsätze
Auch in Beziehungen sollte man sich immer Ziele setzen

Sie Der Mann ist vollkommen, wie wir wissen. Ein Meisterwerk der Natur, die Krone der Schöpfung, die S-Klasse des Lebens, das Reich und die Kraft und die Herrlichkeit in Ewigkeit und so weiter und so fort. Da gibt's nichts dran zu rütteln, und da gibt's nichts zu verbessern. Deshalb ist die absonderliche kleine Angewohnheit von guten Vorsätzen fürs neue Jahr ausschließlich Weiberkram, eine Schnapsidee jener kümmerlichen Kreatur, die Tag um Tag, Jahrtausend um Jahrtausend an ihrer Perfektionierung schuftet. Der Mann raucht. Er ist zu dick. Er schnauft beim Aufstieg in den zweiten Stock. Er jammert über Rückenschmerzen. (Dies sind völlig wahllose Beispiele, die nichts mit einer bestimmten Person zu tun haben.)

Willst du nicht endlich mal …?, frage ich, obwohl ich es eigentlich besser wissen sollte. Absurd, sagt er, grotesk.

Warum sollte ich mich ändern? Ich bin fantastisch! Das stimmt, sage ich mild, und du könntest noch fantastischer sein, wenn du nicht mehr rauchst, Rückengymnastik machst und hin und wieder Klopapier kaufst. Nur mal so als Anfang. Herzlich lachend zündet er sich die nächste Zigarette an. Verdammt, schon wieder ein guter Vorsatz dahin. Dabei hatte ich mir so fest vorgenommen, im neuen Jahr weniger Recht zu haben. Weniger unzufrieden zu sein mit mir und der Welt. Jemand zu sein, der fantastisch ist, absolut unverbesserlich, dem jede Kino-Armlehne der Welt gehört, der schon im Flughafenbus ins Handy blökt, dass er jetzt hier ist und gleich da ist, jemand, der von so strahlender Selbstgewissheit ist, dass nichts und niemand ihn je ändern könnte. Aber nächstes Jahr schaffe ich es bestimmt. Nächstes Jahr werde ich ein Mann.

Er Diesmal aber wirklich, sagt sie, diesmal wird sie es schaffen. Sind ja nur drei Kilo, die wegmüssen, damit sie sich wieder wohl fühlt, mit Diät hat das gar nichts zu tun. Wirst sehen, sagt sie, ich werde gleich wieder mehr Lust haben auf dich, geh schon mal in Deckung. Ist doch nicht nötig, sage ich, und die drei Kilo sieht man doch sowieso nicht. Du Idiot verstehst wieder gar nichts, sagt sie, es geht darum, wie ich mich fühle, aber wie ich mich fühle, ist dir ja immer völlig egal, und außerdem habe ich es mir vorgenommen, verstehst du, es geht einfach nicht mehr so willensschwach weiter, und diesmal schaffe ich es. Diesmal hat sie sich von einem befreundeten Fotografen auf der Waage fotografieren lassen, Close-up auf die Skala, ihr

Gewicht liegt im unteren Segment des Normalbereichs, kein Wunder, dass ihr immer so kalt ist im Winter. Diesmal nimmt sie an einer wissenschaftlich überwachten Diät-Studie teil, Ernährungswissenschaftlerinnen werten ihre Diättagebücher aus, sie hat säckeweise Müsli eingekauft und einkaufstaschenweise Orangen, diesmal gibt sie nicht auf. Iss ruhig weiter, sagt sie, wieso hast du nicht gleich das Supermaxisparmenü gekauft, da hättest du heute zwei Big Macs bekommen, morgen gibt es wieder nur diese Hühnerteile. Ich weiß auch nicht, sagt sie, woher ich weiß, wann es was für ein Supermaxisparmenü gibt, aus der Fernsehwerbung wahrscheinlich. Und dann schnappt sie sich meine Pommes und den Rest von meinem Big Mac, kannst ja noch mal losgehen, sagt sie, du kommst sowieso kaum noch raus, und bringst du mir bitte noch einen Schokoshake mit, jetzt ist sowieso schon alles egal. Du musst gar nicht so blöd lachen, sagt sie. Diesmal schaffe ich es.

46 Sommer
Was in der schönsten Zeit des Jahres mit der Liebe geschieht

Sie Es gibt keine gefährlichere Jahreszeit für die fragile Beziehung zwischen Männern und Frauen als den Sommer. Vor den Gefahren des Reisens, insbesondere des ungeheuerlichen Leichtsinns, zusammen in Urlaub zu fahren und gar noch jede Minute gemeinsam zu verbringen, werden wir an anderer Stelle noch ausführlich warnen. (Lebensversicherer verweigern bei diesem verantwortungslosen Verhalten ausdrücklich jede Haftung, lesen Sie sich bitte mal das Kleingedruckte durch!) Verhängnisvoll ist allerdings, dass man auch zu Hause nicht mehr sicher sein kann vor desillusionierenden Einsichten in das wahre Wesen der Männer.

Was für eine prima nervenschonende Erfindung zum Beispiel Krawatten sind (weil sie ungünstig geformte Exemplare bis obenhin zuzurren), kapiert man erst, wenn es warm ist und die Kerle ablegen. Oha, und wie sie ablegen. Bei 20 Grad krempeln sie die Ärmel hoch, was bei behaarten Unterarmen immerhin ganz hübsch sein kann, und klappen die Cabriodächer runter, was weniger hübsch ist. Cabriofahrer nämlich, auch so ein Gesetz des Sommers, hören immer die falsche Musik und haben blöde Mützen auf. Bei 25 Grad sieht man die ersten *Muscle-Shirts*, was nur zumutbar ist, wenn der Kerl nur mäßig massig *muscles* hat. Bei 30 Grad beginnt es hart zu werden. Bermudashorts. Sandalen. Mitten in der Stadt, ungestraft. Hitzepickel auf dem Rücken. T-Shirts vom letzten Pauschalurlaub mit Ortsnamen, die man besser verschweigen sollte. Versagende Deos, ausgeglichen mit einer Extraportion Herrenparfum. Bei 35 Grad ist dann alles vorbei: Gegen Nachmittag wird der erste Kollege plötzlich seine Schuhe ausziehen und seine Hammerzehen wohlig in die graue Auslegeware bohren. Oder auf den Tisch legen. Der Rest der Belegschaft wird genauso plötzlich in den Feierabend aufbrechen und draußen röchelnd zusammenbrechen. Es gibt nur einen Trost: Weil der gemeine Durchschnittsstrottel Sonnenöl zutiefst unmännlich findet, ist der Spuk nach einem heißen Wochenende erst mal wieder vorbei. Bei dem üblen Sonnenbrand müssen sie leider, leider was Langärmeliges überziehen. Gerettet.

Er

Die Beine werden länger, die Gefühle liegen blanker, keine Seele verhüllt sich mehr. Die Bäckerin führt ihr Ying-Yang-Tattoo vor, Samstag nachts kann ich im Hinterhof die Nachbarin Orgasmen röhren hören, und unser Badewannenabfluss ist verstopft mit den Haaren, die sich meine Liebste von der Bikinizone schabt. Es ist Sommer, und das ist gut so. Denn der Sommer nimmt den Menschen die zivilisatorische Unnahbarkeit und erinnert uns daran, dass wir alle nur nackte Affen sind. Nur, dass die Frauen noch nackter sind, so nackt wie nie, so bloßgelegt geheimnislos. Am Strand recken sie ihre Hinterbacken der Wärme entgegen, nur von G-String-Bindfädchen geteilt, meine Güte, wie imposant solche Halbkugeln doch sein können. Manche tragen obenrum lustige Häkelware, so weitmaschig, dass Äderchen durchscheinen, blaue Blutkanäle, sehr royal. Dann gibt es da noch die Rebellinnen mit intaktem Achselhaar, wertkonservative Alt-68erinnen, die noch die Natur schätzen. Aber am liebsten mag ich die Teenies mit ihren Bauchnabelringen, keine Angst vor Bohren und Stechen, das ist eine Jugend, die tapfer jedes Stahlbad erträgt. So viel Küsse bekomme ich nie wie im Sommer, all die schönen Feierabendpicknicks auf rustikalen Korbstühlen, all die heiteren späten Mädchen in hauchdünnen Fähnchen, es gibt Cocktails und Ruccola und ganz ganz viele Bussis. Manchmal fühlt es sich ein wenig so an wie Spießrutenküssen, aber im Sommer bin selbst ich versöhnlich. Selbst meine Liebste ist wagemutig, trägt verwegen geschlitzte Röcke und kecke Silbersandalen, und in ihren Augen funkelt Kühnheit. Lass uns ausgehen, sagt sie, und schon finden wir uns wieder auf einem Open Air, zuckende Leiber, so nahe kommen wir anderen nie, es ist fast eine Orgie. Ich mag das, wirklich. Es dämpft meine Lust. Es erledigt die Libido. Bis zum Herbst muss ich keinen Sex mehr haben. Dann haben die Frauen wieder Geheimnisse.

47 Tabus
Dinge, die man in Beziehungen besser doch nicht tun sollte

Sie Fragen Sie nicht in der 89. Minute des WM-Finales, ob Sie mal eben kurz auf die *Fashion News* von MTV umschalten dürfen. Behaupten Sie nicht, Sie hätten das Foul auch genau gesehen und dass der Schiedsrichter völlig Recht hatte. Sie KÖNNEN das Foul gar nicht gesehen haben, denn es hat nie ein Foul gegeben, und der Schiedsrichter ist eine korrupte Sau, das ist doch wohl sonnenklar. Sagen Sie ihm nie, dass Sie problemlos in die Lücke hätten einparken können, die er gerade als unmöglich verworfen hat. Verwenden Sie unter keinen Umständen den Satz: »Das kann doch jedem mal passieren.« Selbst nicht dann, wenn er dann doch versucht hat, in die Lücke zu kommen, und den 7er BMW hinter sich demoliert hat.

Dessen Fahrer gerade aus dem Luxusrestaurant geschossen kommt. Beginnen Sie niemals einen Satz mit »Wegen so einer lächerlichen kleinen Erkältung wirst du doch wohl nicht ...«

Schweigen Sie, wenn er auf der Party von seiner letzten Auseinandersetzung mit seinem Chef erzählt. Dies ist nicht die Zeit und nicht der Ort für die Wahrheit. Vergessen Sie unbedingt zu erzählen, dass Ihr neuer Kollege Sie irgendwie an Cary Grant erinnert. Unterdrücken Sie Ihren Lachreiz, wenn er Sie seinen Bizeps fühlen lässt. Überfordern Sie ihn nicht mit anspruchsvollen Aufgaben wie dem Antworten in vollständigen Sätzen, während er gerade Zeitung liest. Erwarten Sie keine komplexen Bewegungsabläufe wie das korrekte Abstellen einer Kaffeetasse vor vier Uhr nachmittags. Langweilen Sie ihn nicht mit Nebensächlichkeiten wie Ihrer gemeinsamen Zukunft. Nicht die kleinste Kritik an seiner Putzmethode, mit einem fettigen Lappen den Dreck großflächig über die ganze Wohnung zu verteilen. Denken Sie pädagogisch: Man darf so zarte Pflänzchen nicht im Keim ersticken. Egal wie viele Liebhaber Sie hatten in Ihrem Leben: Sie hatten nicht mehr als sieben, okay? Ich sagte: Okay?

ErZweifeln Sie nie an ihrer Vernunft, wenn sie Ihnen zu erklären versucht, dass drei Kleidungsstücke für 250, 300 und 600 Mark, die jeweils um 20 Prozent herabgesetzt wurden, ein günstigeres Angebot gewesen sind als das eine T-Shirt, das sie eigentlich haben wollte, zum vollen Preis. Fragen Sie sie nie, ob ihr Friseur rauschgiftsüchtig ist. Essen Sie nie in ihrer Nähe Gummibärchen, Hamburger oder Mascarpone-Creme, wenn sie gerade 500 Gramm abzunehmen versucht. Widersprechen Sie ihr nicht, wenn sie ihre beste Freundin, ihre Mutter und ihre Arbeitskolleginnen als blöde Kühe, entsetzliche Zicken oder grässliche Weibchen beschimpft. Beschimpfen Sie nie ihre beste Freundin, ihre Mutter und ihre Arbeitskolleginnen als blöde Kühe, entsetzliche Zicken oder grässliche Weibchen. Sagen Sie ihr nie die Wahrheit, wenn sie wissen will, was Sie gerade denken. Sagen Sie nie »Nichts«, wenn sie wissen will, was Sie gerade denken. Verwenden Sie nie Sätze, in denen die Wendung »Für dein Alter« vorkommt – etwa »Für dein Alter siehst du eigentlich noch einigermaßen passabel aus« oder »Andere Frauen in deinem Alter haben aber viel mehr Sex«. Fragen Sie sie nie, ob sie ihre Tage hat, selbst wenn sie neben Ihnen verblutet, ihre Augen zugequollen sind und in ihrem Gesicht Pickel sprießen. Brechen Sie nicht in Tränen aus, wenn sie Ihnen mit halterlosen Strümpfen eine Freude machen will. Brechen Sie nicht in Lachen aus, wenn Sie Ihnen die Muskeln vorführt, die sie sich in den letzten sechs Monaten im Fitnessstudio antrainiert hat. Sagen Sie nie, dass es doch völlig scheißegal ist, ob der Teppich admiralblau oder nachtblau oder sonst irgendwie blau ist, Hauptsache, sie entscheidet sich jetzt endlich für einen, und zwar schnell, damit wir aus diesem blöden Laden endlich herauskommen und der Samstagvormittag nicht ganz verloren ist. Kein Zögern, wenn sie wissen will, ob Sie sie noch lieben. Betrügen Sie sie nicht. Falls Sie sie betrügen, betrügen Sie sie nie mit einer jüngeren, blonderen, durchtrainierteren, volllippigeren und großbrüstigeren Frau.

48 Ein perfekter Tag
Wie das Leben auch spielen könnte, wenn es uns nicht immer so übel mitspielen würde

Sie 9.30 Auf der Waage drei Pfund weniger als gestern, trotz Familienbecher *I Cestelli Waldfrucht* kurz vor Mitternacht.
10.00 Zur Belohnung drei Croissants mit echter Butter drauf, »Reich und schön« auf RTL, im schlampigen Frotteemantel mit Ziehfäden.
10.30 Ein Bote mit Blumenstrauß. Auf der Karte: »Ich verehre Sie schon lange. Ab sofort bekommen Sie jeden Tag 50 rote Rosen – so lange, bis Sie zusagen, das Drehbuch zu meinem nächsten Film zu schreiben. Herzlichst, Ihr John Malkovich.«
11.00 Shopping. Beute: ein einzelner Yohji Yamamoto-Rock, wadenlang, mitternachtsblau, passt genau, 70 Prozent herabgesetzt. Wegen Staubfleck noch mal um 50 Mark runtergehandelt. Draußen vor dem Geschäft Staubfleck problemlos rausgebürstet.
12.00 Auf der anderen Straßenseite Ex-Freundin von P. gesehen. Sieht fürchterlich aus, die Ärmste. Und die Tigerleggings ...
12.30 Lunch mit bester Freundin im Gartenrestaurant. Ein knackiger Salat, zwei herbe Glas Veltliner, fünf knackige, herbe Gerüchte.
14.30 Massage. Der neue Masseur sagt: »Ich habe noch nie eine 35-Jährige ohne Cellulite gesehen. Wie machen Sie das nur?« Klingt, als ob er es wirklich meint.
18.30 Badewanne. Trockener Sherry. Presseschau. In der

britischen *Elle Deco* wird die Lampe als »Design des Monats« gefeiert, die ich schon vor sechs Wochen gekauft habe.

20.00 Es klingelt. Vor der Tür steht H., die Ratte. »Ich gehe in die Fremdenlegion. Meine letzte Nacht will ich mit der Frau verbringen, die ich am meisten geliebt habe. Danach siehst du mich nie wieder. Hier ist der Champagner.«

20.03 Unsere Klamotten liegen am Boden. Unglaublich: Die neue Wolford-Strumpfhose hat noch immer keine einzige Laufmasche.

23.00 H. hat dazugelernt: drei Stunden multipel orgasmische erste Sahne. Und dann hat er sogar noch die leere Champagnerflasche zum Altglascontainer mitgenommen.

4.00 P. kommt nach Hause, Gott weiß woher. Ich tue so, als ob ich gerade aufwache, und wir haben wunderbaren perfekt eingespielten ehelichen Sex.

Er

10.30 Träume davon, dass Gisele Bündchen mir den perfekten Blowjob verpasst.

10.50 Leichtes Frühstück – Omelette aus fünf Eiern, ein Dutzend Austern, eine Kanne Kaffee. Ausgedehnte Lektüre von »Wired«, »Mojo«, »Net« und »Baller«.

13.00 Waschen.

13.01 Anziehen.

13.05 Fahre in meinem rostigen Golf in die Stadt, überhole auf dem Weg zu *Groove Records* einen Ferrari Testarossa, schnappe ihm den letzten Parkplatz weg und zeige einem verzweifelten Michael Schumacher den Stinkefinger.

17.30 Nach vier Stunden Wühlen endlich eine Platte, die ich noch nicht kenne – »Peace Pussy Prosperity & Perversion« von Prefab Sprout, eine *limited edition* aus extradickem Vinyl für den südkoreanischen Markt.
18.00 Während ich bei McDonald's den neuen *Triple Burger Booster* teste und für zu leicht befinde, spricht mich ein Mädchen aus London an. Sie heißt Kristen, sieht umwerfend aus und sagt, sie bräuchte einen Escort Service durch Hamburg. Als Gegenleistung lädt sie mich zum Reunion-Konzert von Hüsker Dü ein. Sie hat einen Backstage-Pass ...
22.00 Hüsker Dü besser als je zuvor. Spielen eine krasse Tribut-Version von »Dark Star«.
24.00 Mit Kristen im Funky Pussy Club. Habe noch nie jemanden wie sie kennengelernt. Trinkt Wodka aus Wassergläsern, erzählt unaufgefordert, ihre bevorzugte sexuelle Praxis sei Fellatio, und war lange mit Paddy McAloon von Prefab Sprout befreundet.
2.00 Sex mit Kristen in der Präsidentinnen-Suite des Atlantic-Hotels, nachdem wir uns die Mini-Bar über den Kopf gekippt haben. *Wham, bam, thank you ma'am,* kein quälendes Vorspiel und die perfekte Dosierung von Kiefermuskel-Druck. Das Einzige, was nervt, ist das laute Schnarchen von Xavier Naidoo in der Suite nebenan. Morgen in aller Früh fliegt Kristen für ein Jahr nach Trinidad – keine Gefahr, dass M. irgendwas davon mitbekommt.
4.00 Komme nach Hause und krieche zu M. ins Bett. Sie wacht auf, ist trotz meiner Fahne überraschend nett, und wir haben noch wunderbaren, perfekt eingespielten ehelichen Sex.

49 Das wäre doch nicht nötig gewesen!
Warum man sich mit Geschenken viel Mühe geben sollte

Sie Sich gegenseitig etwas zu schenken gehört zu den gefährlichsten Dingen, die sich ein Paar antun kann. Ein Geschenk bedeutet meistens irgendwas, aber hier bedeutet es alles, nämlich die Antwort auf sämtliche wirklich fundamentalen Fragen. Scheiß drauf, ob er mich liebt, aber: Kennt er mich überhaupt? Was hält er von mir? Wer, denkt er, bin ich eigentlich? Ganz ehrlich: in neun von zehn Fällen will man das besser nicht so genau wissen. Die Antworten sind manchmal zu erschütternd.

Was soll man davon halten, wenn man ein elektrisches Mundspülgerät geschenkt bekommt? (Er findet, ich habe Mundgeruch.) Einen Staubsauger? (Er findet mich schlampig.) Das Guinness-Buch der Rekorde? (Er findet mich langweilig.) Eine Großpackung »After Eight« in der festlichen Geschenkbox mit aufgedruckter roter Schleife? (Er schert sich einen verdammten Dreck um mich.) Einen Toaster von Philippe Starck? (Keine Ahnung, was das heißt.)

Allerdings: So einfach ist es nicht immer. Geschenke sind die Barometer der Beziehungs-Großwetterlage, und je nach Hoch oder Tief kann scharfe Unterwäsche alles Mögliche bedeuten. Dass er mich sexy findet. Oder nicht sexy genug. Oder für eins dieser dämlichen Mäuschen, mit denen seine blöden Freunde immer rumziehen. Oder dass er gern hätte, dass ich so ein Mäuschen wäre. Oder ... Männer in ihrer Verzweiflung gehen dann immer gern in eine Geschenkboutique, die mit tödlicher Sicherheit nur grauenvolles Zeug führt, und zwar in den Kategorien »witzig« (Zahnbürsten in Form von nackten Frauen) oder »praktisch« (Teflon-Pizzaformen) oder »witzig und praktisch« (Badewannenstöpsel mit Quietsche-Entchen drauf). Oder sie schenken einen Gutschein für ein romantisches Wochenende in Paris, das dann aber aus tausend guten Gründen (Stress, Fußball-EM, Frankreich-Boykott wg. Gänsemast etc.) immer wieder verschoben wird. Dabei ist es doch so einfach: Wir freuen uns über jede noch so kleine Aufmerksamkeit. Solange sie in einem samtbezogenen Kästchen verpackt ist.

Er Jedes Mal dasselbe: Wenn Weihnachten, ihr Geburtstag oder der schleswig-holsteinische Landesfeiertag nahen, flötet sie tapfer: »Liebling, lass uns diesmal nichts schenken, über das Alter sind wir doch längst hinaus.« Dann weiß ich, dass ich ein Problem habe. Wieder einmal werde ich nächtelang nicht schlafen können und mir das Hirn zermartern – darüber, womit ich sie diesmal enttäuschen werde. Blumen? Viel zu gewöhnlich. Schmuck? Trägt sie zwar nie, aber falls, müsste es schon das fünfreihige Audrey-Hepburn-Gedächtniskollier sein. Bücher? In den Buchladen gehen kann jeder Depp, und mit einem Deppen würde sie nicht leben wollen. Klamotten? Geht nicht, da ist sie nämlich sehr eigen, obwohl sie nur Schwarz und

Schlicht trägt, und ein Mann ahnt ja nicht, wie viele indiskutable Varianten von Schwarz und Schlicht existieren.

Das mit dem Nicht-Schenken habe ich auch schon versucht. Einmal. Danach gab es drei Wochen Kommunikationssperre. Dass es die Liebe ist, die zählt, bringen Mütter nur den Söhnen bei. Töchtern erzählen sie: Ein Mann taugt nur etwas, wenn er dir zeigt, wie viel du ihm wert bist. Und das muss mindestens ein Bankrott sein. Das Problem ist nur: von Bankrotteuren würden sie sich unverzüglich trennen, man mag sein Leben ja nicht mit Versagern teilen.

Einer wie ich, ein Mann also, ist äußerst leicht zufriedenzustellen. Hauptsache, es wächst etwas rüber. Warum sollte ich von einer Frau erwarten, dass sie weiß, welche CDs gut sind? Wesen, die Simply Red und Seal hören, haben nun einmal keinen Geschmack. Warum sollte ich davon ausgehen, dass sie Ahnung von Digitalkameras, Surfboards und Elektro-Tretrollern hat? Soll sie mir doch ruhig Pullover stricken. Lauf ich eben herum damit. Und wenn nicht, kann ich ihn immer noch in den Nächten anziehen, in denen sie verreist ist und ich etwas brauche, was mich an sie erinnert. Es kommt von ihr. Der Frau, die mich erstaunlicherweise für beschenkenswert hält. Obwohl mir nie etwas für sie einfällt. Auch diesmal nicht.

50 Du bist das Größte!
Zwischendurch eine Runde gegenseitiger Bewunderung

Sie »Muss das sein?«, frage ich. »Das ist doch ein selten dämliches Thema: Was wir aneinander bewundern. Ich gebe ja zu, dass es eine Abwechslung vom dauernden Rumzicken ist, aber es interessiert eh' niemanden, geht keinen was an, ist peinlich, und außerdem fällt mir nichts ein.« »Ist doch ganz einfach«, sagt er, »schreib halt, wie es ist. Dass ich Gott bin.« Jawoll. Das ist es, was ich an ihm bewundere, wie auch an allen anderen Männern: dass so ein Spruch nur halb witzig gemeint ist. Ohne Scheiß jetzt: Ich bewundere ihn neidvoll dafür, dass er sich prinzipiell wunderbar findet, mit Abstrichen und je nach Tagesform natürlich. Ich (wie Frauen überhaupt, fürchte ich) finde mich insgeheim eher bescheuert und vergeude eindeutig zu viel Energie darauf, der Welt Nebelkerzen ins Gesicht zu schleudern, um sie von dieser Tatsache abzulenken.

Liebe ist eigentlich Kinderkram, denn da kann man sich prima auch mal auf die Schwächen des anderen konzentrieren und hoch befriedigende Überlegenheitsillusionen genießen. Verblüffend, wie häufig Frauen, wenn sie von ihren Männern reden (sofern sie überhaupt gut von ihnen sprechen), Dinge sagen wie »Ich liebe seine Glatze« oder »Süß, wie er immer vorm Fernseher einschläft«. Bewunderung ist dagegen harte Arbeit, weil man dabei automatisch im Katalog des eigenen Versagens blättert.

Okay. Was ich an ihm bewundere: Er erwartet einfach, dass man ihm zuhört. Was immer er tut, er macht es so lange, bis es klappt. Er ist loyal. Er ist auf komplett unberechenbare Weise neugierig. Er liest nächtelang Bücher über Wetterkunde oder Hegel oder Sushi-Zubereitung, weil es ihn halt gerade brennend interessiert, und kann nach Monaten immer noch flüssig daraus zitieren. Er kämpft für das, woran er glaubt, ohne sich im Mindesten darum zu scheren, wem er damit alles auf die Nerven geht. Bewundernswert. Mit anderen Worten: kann ich nicht, bin ich nicht, werde ich nie sein. Wie ich mir schon dachte: ein hochnotpeinliches Thema.

Er Frauen zu lieben ist leicht. Sie bewundern? Darin sind wir Männer Totalversager, vermutlich, weil wir uns selbst am meisten bewundern. Selbst den erlauchtesten Herrschaften der Republik fallen auf diesbezügliche Fragebogen-Frage immer nur dieselben Mutti-Qualitäten ein: Verlässlichkeit. Treue. Aufopferungsbereitschaft. Der ganze verdammte Strauß weiblicher Untertanentugenden eben. Widerlich. Und nun zur Ausnahme von der Regel, also zu mir (merkt ihr, wie das unheimliche Erbe noch in mir arbeitet, das Gockel-Gen, das Kotzbrocken-Chromosom? Aber ich schwöre, ich will es besiegen!).

Ich nämlich bewundere meine Liebste für ganz andere, absolut ehrenhafte Vorzüge (tut euch übrigens keinen Zwang an, wenn ihr meiner Originalität applaudieren wollt ...).

Sie kann trinken wie ein ausgebrannter Film-Noir-Detektiv (kann ich auch) und am Morgen danach hinreißend aussehen (gelingt mir nie). Sie kann Menschen mit ihrer Intelligenz amüsieren, statt sie (wie ich) damit zu nerven. Sie hat ein unglaubliches Lästermaul (wenn ich das versuche, wirkt es immer entsetzlich platt). Sie hat die Gabe, andere sich in ihrer Gegenwart wohl fühlen zu lassen, stellt ermunternde Fragen, sorgt für freundlichen small talk (während ich Leute entweder abtropfen lasse oder mit Ernst behellige). Sie verzeiht Dummheiten (weil es in dieser Welt nun mal leider nicht um Schlausein und Wahrheit geht), aber niemals schlechte Manieren (weil uns in dieser Welt nicht viel anderes zu tun bleibt, als höflich miteinander umzugehen). Bei mir ist das genau umgekehrt – obwohl ich weiß, dass sie Recht hat. Sie zweifelt eher an sich als an anderen, weil sie Letzteres für unfair und vermessen hielte – was ihr zwar jede Menge Leiden an der eigenen Seele einbrockt, sie aber zu einer bewundernswert milden Person macht. Aber das Imponierendste an ihr ist dieser erlesene, unbeirrbar treffsichere Geschmack: Sie hat sich für ihr Leben den einzig Richtigen ausgeguckt. Mich.

51 Du bist das Letzte!
Warum in einer Beziehung die Ekelschwellen nicht allzu hoch sein sollten

Sie Es kommt der Tag, an dem jede Liebe auf eine harte Probe gestellt wird. Das ist der Tag, an dem man herausfindet, dass der andere einen Körper hat. Und zwar einen, der nicht etwa nur, wie man in anfänglicher Verblendung glaubt, aus schönen Augen, männlich behaarten Unterarmen und dem nachweislich schönsten Hintern unter der Sonne besteht, sondern (Magenkranke und Kreislaufschwache beenden die Lektüre vorsichtshalber gleich hier) aus Bartstoppeln im Waschbecken, Fußnägelabschnitten auf dem Küchenfußboden und gelblichen Spritzern vor der Kloschüssel.
Sie sagen jetzt »Iiih«? Nein, ich sage »Iiih«. Aber darf man »Iiih« sagen zu dem Mann, den man liebt? Muss man ihn nicht vielmehr preisen und ehren trotz der Pickel auf dem Rücken, trotz fettiger Haare und Popel im Nasenloch? Und wie kommt es, dass man einerseits nachts unaussprechliche Dinge miteinander treibt, dass einen andererseits morgens Brechreiz befällt bei der Erkenntnis, dass er sich schon wieder in der Zahnbürste vergriffen hat?
Überhaupt hat sein entspannter Umgang mit der Körperpflege im Allgemeinen und meinem Arsenal im Besonderen schon zu schönen Effekten geführt. Etwa wenn er wieder mal versucht, sich die Haare mit meiner Schaumtönung zu waschen (»Da stand schließlich ›Revitalizing Hair Treatment‹ drauf«) oder seine empfindlicheren Teile

mit Meersalz-Peeling abzurubbeln. Nur als er meine Gesichtsseife für die ausgiebige Fußmassage verwendete und anschließend friedlich darüber meditierte, wie sie sich in der Badewanne auflöste, habe ich nicht so laut gelacht. Rachemöglichkeiten sind naturgemäß begrenzt. Wobei – die Bikinizone mit seinem neuen *Gillette Mach 3* rasieren? Der Abend ist gerettet.

Er Männer sind Schweine, Frauen sind keine. So habe ich auch mal gedacht. Früher, als mir das Idealisieren noch nicht so schwer fiel. Das hat sich aber gelegt. Spätestens, als ich zum siebenten Mal das Rohr unter dem Waschbecken ausbauen musste, um die Verstopfung zu beheben, die ihre Haare verursacht hatten (meine können es nicht gut gewesen sein, ich habe ja kaum noch welche). Richtig nett sah er aus, der zusammengepresste Kopffilz meiner Liebsten. Wollte sie aber nicht sehen. Hatte nur Augen für mich. O Gott, bist du dreckig, sagte sie, und wie du stinkst, ab unter die Dusche. Sie hätte sicher auch gestunken, wenn sie die Waschbeckenverstopfung weggemacht hätte. Hat sie aber nicht, Madame hatte keine Zeit, musste ein Peeling machen. Soviel ich weiß, besteht ein Peeling darin, dass man sich alte verbrauchte Haut vom jungen Leib schabt. Manchmal frage ich mich, wo die ganze alte Haut eigentlich hinkommt. Ach ja, in die Kanalisation. Genauso wie die Wadenhaare, die Achselhaare und die Schamhaare. Von allen Frauen, die sich pflegen. Jeden Tag. Geht alles ins Grundwasser. Und ich muss es dann trinken. Habe ich schon Schlammbäder erwähnt? Das Salz aus dem Toten Meer? Die Feuchtigkeitscreme-Gelatine aus den

Knochen von Millionen toter Rinder? Die Teebaumessenzen? Die Abschminkcreme, die Schminkcreme, der Puder, den Lippenstift, Lippengloss, Lippenbalsam, den Fingernagellack, Zehennagellack, und (jetzt wird es wirklich ekelig, aber wir können hier über alles reden) die gebrauchten Tampons? Das alles geht nämlich auch irgendwohin. Zuerst in das Knie irgendeines Abflusses und dann ins Grundwasser. Und ich trinke es dann. Wir Männer sind eben Schweine.

52 Geheim
Warum man in einer Beziehung einander alles sagen sollte (oder doch besser nicht)

Sie Soll man Heimlichkeiten haben vor dem Liebsten? Hahaha. Soll man atmen? Die Frage ist also höchstens, worauf man seine Energien konzentrieren sollte (denn Lügen erfordern Arbeit, Zeit und einen gewissen sportlichen Ehrgeiz). Ganz einfach:
1. Dinge, die er nicht verkraftet (die bevorzugte Methode der Bikinizonenenthaarung beispielsweise),
2. Dinge, die ihn nicht das Geringste angehen (dass man auf der letzten Dienstreise mit dem Ehemaligen essen war – aber nicht doch, Liebling, das ist hier nur ein ganz allgemeines Beispiel),
3. Dinge, die einfach zu verdammt peinlich sind (dass man mit 13 einen David-Cassidy-Starschnitt hatte, dass

man trotz ihres zweifelhaften Männergeschmacks eine Schwäche für Caroline von Monaco hegt, dass man »Die Brüder Karamasov« nie gelesen hat, sondern nur die Kniffe in den Buchrücken gebrochen hat, dass man ...).
So viel zur Theorie. Die Praxis ist, dass er den ganzen Quatsch natürlich trotzdem mitkriegt, wenn er nicht völlig blind ist (und das ist er nicht, sonst hätte man ihn ja längst verlassen), und dass man sich wirklich anstrengen muss, um noch was für sich zu behalten. Da bleibt nicht mehr viel: Ich stopfe schon in meiner Verzweiflung das Papier der Ritter-Sport Vollmilch-Nuss im Mülleimer unter die gebrauchten Filtertüten. Keine Ahnung, warum, denn es ist ihm wunderbarerweise völlig egal, wenn ich mich mäste. (Wahrscheinlich tue ich's, damit er nicht mault, weil ich ihm nichts abgegeben habe. Männer werden nie verstehen, dass man manchmal eine Tafel Schokolade ganz allein aufessen muss.) Knapp unterhalb des Schokoladenpapiers liegen selbstverständlich auch die Preisschilder von frischgekauften Klamotten. Unfasslich, wie er immer noch glauben kann, dass ich alles im Schlussverkauf bei H&M kriege. Im Gegensatz zu mir hat er natürlich nicht die geringsten Heimlichkeiten. Ist physisch unfähig dazu, mir auch nur zu verheimlichen, was er mir zu Weihnachten schenken will. Wobei – wenn ich bedenke, wie er immer blitzartig von der Waage springt, wenn ich das Bad betrete ...

Er Sag mal, sagt sie, in diesem Ton, der mir sagt, dass es gleich unsäglich peinigend wird. Sag mal, sagt sie, hast du mir je irgendetwas verheimlicht? Wieso, frage ich, in diesem Ton, der ihr sagt, dass das eine lange schlaflose Nacht werden wird, wieso, frage ich, du weißt doch, ich bin ein offenes Buch. Ich bin mir da nicht so sicher, sagt sie, in diesem Ton, der mir sagt, dass sie mich nicht so leicht davonkommen lassen wird, ich glaube, sagt sie, du machst mir was vor. Ich weiß gar nicht, wie du darauf kommst, sage ich, in diesem Ton, der ihr sagt, dass sie auf der richtigen Spur ist. Wann, sage ich, hätte ich denn überhaupt Zeit, mir ein Geheimnis anzuschaffen? Die Dienstreise neulich, sagt sie, in diesem Ton, der mir sagt, dass ich sie doch bitte nicht für so naiv halten soll, da hattest du wohl Gelegenheit genug. Wenn du meinst, sage ich, in diesem Ton, der ihr sagt, dass sie jetzt aber zu weit geht, und was soll ich deiner Meinung nach während der Dienstreise gemacht haben können? Na was schon, sagt sie, in diesem Ton, der mir sagt, dass ich mich nicht blöder stellen soll als ich bin, du kannst es ruhig zugeben, sagt sie, ich meine, wir haben uns doch geschworen, immer einander alles zu sagen. Es gibt aber nichts zu sagen, sage ich, in diesem Ton, der ihr sagt, dass es sehr wohl etwas zu sagen gäbe, ich meine, soll ich dir jetzt was vorlügen, sage ich, damit du dir dann sagen kannst, dass du Recht hattest. Und wenn ich dir jetzt sagen würde, sagt sie, in diesem Ton, der mir sagt, dass sie einfach Bescheid weiß über mich, dass du bloß zu feig bist, mit der Wahrheit herauszurücken, was sagst du dann? Nichts, sage ich, in diesem Ton, der ihr sagt, dass ich gleich gar nichts mehr sagen werde, wie oft, sage ich, soll ich noch sagen, dass es nichts zu sagen gibt? Ha!, sagt sie, in diesem Ton, der mir sagt, dass ich jetzt besser nichts mehr sage, ich sage dir, sagt sie, du wirst dich noch wundern, und dann, wirst schon sehen, sagst du gar nichts mehr. Ich kann dir nur sagen, sage ich, in diesem Ton, der ihr sagt, dass es nichts mehr zu sagen gibt, ich kann dir nur sagen, sage ich also, wenn du wüsstest, wie sehr ich mich danach sehne, dass es endlich wieder etwas gibt, was ich dir lieber nicht sagen würde, dann würdest du Mitleid haben mit mir.

53 Bodycheck
Zeig mir deins, dann zeig ich dir meins

Sie »Habe ich nicht den perfekten Hintern?«, fragt er, und leider, er hat Recht, er hat den perfekten Hintern.
»Und meine Oberschenkel, hast du schon mal solche Oberschenkel gesehen?«
Nein, habe ich nicht.
»Und meine Waden …!«
Sensationell, sage ich.
»Nein, fass doch mal an.«
Stahlhart, sage ich.
»Soll ich mal anspannen?«, fragt er.
Nein, sollst du nicht. Du sollst endlich deine Klappe halten.
Dieser Mann hat Übergewicht. Ein wenig, sagt er. Eine Menge, sagen andere. Dieser Mann hat wenig Haare. So wenig nun auch wieder nicht, sagt er, immer noch mehr als Kojak. Dieser Mann sieht in Designeranzügen wie ein Penner aus (was er zugibt) und hat hässliche Füße (was

er bestreitet) – es schert ihn alles nicht, denn er hat einen perfekten Hintern, und was will man mehr?

»Nicht zu vergessen meine feinmechanisch hoch begnadeten Chirurgenhände!«, sagt er grinsend und schüttelt die Finger wie ein Pianist. Nicht einen Gedanken verschwendet er ansonsten auf seinen Körper. Eine Hose passt oder passt nicht, und wenn sie mal nicht passt, liegt das an der Hose, nicht an ihm, und er zieht einfach eine andere an. Wenn er eine neue braucht, muss er erst hinten in die Hose gucken, weil er seine Größe nicht kennt. Er kennt seine Größe nicht! Er guckt also rein und geht dann los und kauft sich genau dieselbe Hose. Bis zum Laden kann er sich die Größe nämlich merken. Dann steht er da in seiner neuen alten Hose und sieht großartig aus, weil er gar keine andere Möglichkeit kennt. Es ist schließlich eine neue Hose! Selbstverständlich sieht er toll aus!

Gestern kam wieder diese superblöde Reklame für Damen-Rasiergeräte, in der eine Frau einem nackten Kerl auf den Hintern haut. »Guck mal, wie der Hintern wabbelt von dem Typ«, sagt er.

Deiner wabbelt auch, sage ich tückisch.

Nein, tut er nicht, sagt er ganz sachlich und völlig gelassen. Stimmt. Tut er nicht. Es ist zum Wahnsinnigwerden.

Er

Du gehörst zu den paar Menschen, die ohne Klamotten besser aussehen als mit. Warum hasst du dich so?

Weil ich eine Frau bin, sagt sie, und das Schicksal der Frau ist die Anatomie. Ich bin zu fett, die Waage zeigt schon wieder 200 Gramm mehr.

Nur weil du vergessen hast, deine Brille abzunehmen, sage ich.

Mein Bauch, sagt sie, ist zu schlaff, mein Hintern hängt, meine Augenbrauen sind ekelerregend dünn. Und das Gesicht erst: eindeutig zu flächig.

Hat je ein Mann ein Gesicht als »flächig« wahrgenommen? Über die Dimensionen seiner Augenbrauen meditiert? Nicht mal Theo Waigel. Hat je ein Mann eine Frau so gnadenlos gemustert wie du dich? Warum sollten wir? Wir, sage ich, wir lieben euch doch.

Eben, sagt sie, Liebe macht blind.

Ihr glaubt nie, dass wir uns in euch verknallen, weil ihr so aussieht, wie ihr nun mal aussieht, sondern immer nur, obwohl. Aber es ist nun mal so: Ich bete dich an. Deine Beine!

Schwein, sagt sie, warum nicht mein Gesicht? Außerdem habe ich Cellulite.

Deine Cellulite, sage ich, war bloß der Schatten des Baumes vor dem Schlafzimmerfenster, der sich letzte Woche ungünstig bewegt hat. Warum bin ich nicht schwul geboren? Dann dürfte ich Lebewesen lieben, die sich selbst leiden können.

Wenn du schwul wärst, sagt sie, hättest du dieselben Probleme wie ich – und einen flachen Bauch dazu.

Dann bleibe ich lieber doch Hete, sage ich.

Was sagst du zu meiner neuen Brille, sagt sie, endlich eine, die meinem flächigen Gesicht ein wenig Struktur gibt!

Du hörst dich an wie einer dieser Architekten, die Berlin verschandelt haben, sage ich. Und, um deine Frage zu beantworten: nein, ist mir nicht aufgefallen, die neue Struktur. Siehst du, sagt sie, du guckst mich nicht an.

54 Workout
Auch in einer Beziehung sollte man nicht auf sportliche Betätigung verzichten

Sie

Er packt die Badehose ein und geht zum Schwimmen. Zwei Stunden später kommt er wieder und erzählt mir was von 80 Bahnen, aber sowas von durchgeknüppelt, ach was, 100 Bahnen waren es bestimmt, Butterfly natürlich. Völlig erledigt sei er, aber gut war es schon, ob noch Bier im Kühlschrank sei, er hat jetzt echt eins verdient.

Die Nummer habe ich jahrelang geglaubt. Bis ich eines Tages mit ihm im Urlaub war und am Hotelpool gesehen habe, wie wahre Männer schwimmen: Vier Dickerchen steigen mit einem Sixpack in den Pool, stehen bis zum Bauch im badewannnenwarmen Wasser und füllen von oben eiskaltes Bier nach. Temperaturausgleich und so. Eine Stunde später sind sie irgendwie, vermutlich getrieben vom sachten Strom der Umwälzpumpe, am gegenüberliegenden Beckenrand angekommen und trocknen sich keuchend ab. Dann gehen sie zu ihren Frauen aufs Zimmer und erzählen denen was von 100 Bahnen Butterfly. Nach demselben Muster haben die Typen es geschafft, jeden Kneipenzeitvertreib (Dart-Spielen, Billard, Schach) und jeden Dummejungenstreich (Truckerrennen, Hallen-Mountainbike, Boxen) zur Sportart mit dramatischen nationalen Wettbewerben und Liveübertragungen auf Eurosport hochzustilisieren und mit dem Sumo-Ringen einen Sport erfunden zu haben, der Fressen zur unverzichtbaren Trainingseinheit macht. Aber am allerschönsten ist es ja, neben einem Mann im Aerobic-Kurs zu stehen. Gut, es ist nicht leicht für ihn, das Kommando »Vier Schritte nach vorn« erstens zu dechiffrieren und zweitens auch noch zu befolgen. Zuhören und sich gleichzeitig bewegen klappt ja nicht mal beim Spazierengehen. Hier findet das Ganze aber auch noch unter erschwerten Bedingungen statt. Musik. Rhythmische Musik. Die rhythmische Bewegung nahelegt. Weia. Wie ein einziger Blödmann aus dem Hinterhalt der letzten Reihe einen ganzen Saal voller Frauen aus dem Tritt bringen kann, muss man einfach erlebt haben, um es dann immer noch nicht fassen zu können. Irgendwie steckt da was zutiefst Metaphorisches drin.

ErSie und ich. Das sind nicht nur zwei Feuchtigkeitscremes (sie: Shiseido, ich: Wasser), zwei Problemzonen (sie: Body-Mass-Index, ich: Ego) und zweierlei Aufbaupräparate (sie: Vollmilch-Nuss, ich: Zungenkuss), das sind auch zwei Workouts. Welches härter ist, sollten am besten Sie entscheiden.
Warm-up, ihres: Sie sumpft auf der Couch vor der Glotze und nölt. Dass sie sich nicht mehr wohl fühlt, in letzter Zeit zu viele Super-Dickmanns, Haribo-Weinland-Gummis und Cheese-and-Onion-Pringles gefuttert hat, ihre Oberarme ein schlechter Witz und ihre Oberschenkel eine einzige Katastrophe sind, dass ihr Hintern hängt und ihr Bauchspeck schwabbelt. Dass sie, bei ihrer Trainingsfrequenz, auf ungefähr 350 Mark pro Stunde Fitness-Studio kommt. Dass sie es endgültig satt hat und jetzt sofort damit beginnen wird, endlich etwas für ihren Körper zu tun.

Warm-up, meines: Ich wechsle vom Teppich auf die Couch, zappe von Pro 7 auf Eurosport und wünsche ihr viel Spaß beim *Complete Body Workout*.

Workout, ihres: Heißt *Problemzonen-Fatbuster, Ultimate Killer Cardio Funk, Step Terminator* oder so ähnlich. Rumlaufen, rumhüpfen, rumkeuchen. Danach noch eine Stunde Rudermaschine, Abduktorentraining, zehn Minuten Ohnmacht auf der Sonnenbank und dreißig Minuten Bodycheck in der Umkleide.

Workout, meines: Das Sumo-Turnier auf Eurosport geht in die entscheidende Phase: drei Minuten Werbepause. Ich sprinte in die Küche und mache mir noch eine Mettwurst-Stulle.

Cool-down, ihres: Sie lässt sich röchelnd in die Couch fallen, trinkt eine Flasche Vittel weg und schaltet auf »Kommissar Rex« um. Ihr Kopf ist so langustenrot, dass ich vermute, sie hätte irgendetwas Versautes zu verbergen, beim Versuch, die Fernbedienung zu drücken, schreit sie vor Muskelkaterschmerzen. War´s gut, frage ich. Keine Antwort.

Cool-down, meines: Ich fühle zuerst liebevoll ihren Hintern. Und dann meinen. Meiner ist härter.

55 Extremsport
Die ganz harte Nummer

Sie *Hydrospeeding, Wakeboarding, Trial-Biking, Scad-Diving* – ein Dreck. Für Weicheier. Für Schisser. Der absolute Adrenalin-Flash ist *The Ultimate Love Challenge*, der Fünfkampf der heißesten neuen Extremsportarten!

Snoozing: Nervenkitzel pur. Der Wecker klingelt, und du drückst auf die Snooze-Taste. Beim nächsten Klingeln drückt er. Dann wieder du. Wer zuerst die Nerven verliert und aufsteht, wird mit Hohn überschüttet und muss den Wasserkessel aufsetzen. Achtung: nur für stahlharte Profis.

Washingmachine-Filling: reine Männerdisziplin. Handtücher, Kaschmirpullover, Sportklamotten, Spitzendessous – alles zusammenknüllen und dann volle Power bei 90 Grad. Es gibt nur einen Gegner: deine Angst.

Wer noch einen draufpacken möchte: *Ironman-Ironing* – Seidenbluse auf Einstellung »Leinen« bügeln. Einmal im Leben an die Grenzen gehen …

Power-Zapping: der härteste Zweikampf der Welt – Mann gegen Frau, Zapper gegen Gezappte. Erlaubte Techniken: *Speed-Zapping* (ab 50 cpm/channels per minute) und *Crazy-Zapping* (vor und zurück ohne das geringste Muster oder Motiv). Loser ist der, der als erster bei einer Sendung hängen bleibt.

Fucking: immer noch beliebt, obwohl es den echten Freaks längst zu lau ist, weil es immer mainstreamiger wird. *Ultrafucking* wird jetzt schon von großen Fernsehsendern gesponsert – hier droht der Ausverkauf einer echten Grassroots-Bewegung.

X-Treme-Weekending: das ganze Wochenende mit derselben Person – DER Psycho-Thrill! Erlaubte Techniken: *Freestyle-Muffing* und *To-the-limits-Mauling*. Ein Wahnsinnskick: Du lernst dich ganz neu kennen. Bei Gleichstand am Sonntagabend: Stechen mit *Tellerschmeißing* und *Türenknalling*. Vorsicht: Selbst Profis betreiben *X-Treme-Weekending* nur mit Helm.

Er

Ich brauche kein Workout, ich habe eine persönliche Trainerin, schon am Morgen schindet sie mich.

Los, kommandiert sie, worauf wartest du, beweg deinen Hintern, los los. Zugegeben, ohne Trainerin wäre mein Hintern ein Problemkontinent. Aber andererseits würde ich mich nicht so geschlaucht fühlen. Lass uns ausgehen, ins Kino, lass uns endlich wieder Sex haben, bei dem ich unten liege. Und an manchen Tagen erwartet sie gar, dass ich mir meine Folter gleich selbst ausdenke: Na, fragt sie, was wollen wir am Wochenende tun? Ich antworte besser nicht »auf der Couch liegen, vier Videos reinziehen, später schlafen«. Denn ich habe begriffen: So, wie ich bin, ein faules, aber hochintelligentes Schwein, genüge ich ihr nicht, da könnte sie ja auch ein gutes Buch lesen, sie will eine richtige Beziehung, und in einer richtigen Beziehung ist man hyperaktiv, los einkaufen, los kochen, los noch einen Orgasmus, du machst doch nicht schlapp, zeig mir, dass du mich liebst, oder etwa nicht?

Verglichen mit der Liebe ist die *Tour de France* ein gemütliches Aufwärmen, die Liebe strampelt immer nur über die Pyrenäen und gleitet nie über die Champs-Élysées, und am Ende, wenn man infolge des erwartbaren Leistungsabfalls aus dem Team geflogen ist, bekommt man noch nicht einmal eine Lotto-Annahmestelle, nur olympischen Trost: Hauptsache, du bist dabei gewesen. Du Verlierer. Allerdings ist die Liebe noch viel härter als jeder olympische Marathonlauf. Denn zu allem Geschundenwerden muss ich meine Trainerin auch noch permanent fragen, wie es ihr geht. Völlig irre. Muss Olli Kahn sich nach dem Befinden Ottmar Hitzfelds erkundigen? Aber wenn ich das zwei Wochen versäume, werde ich vom Platz gestellt. Ich muss aufhören jetzt. Meine Trainerin kommt. Nur noch eine Einheit heute Abend, wir beginnen mit dem Aufwärmen.

56 Der Zahn der Zeit
Eine Zwischenbilanz

Sie Eines Tages sind die wichtigsten Fragen in einer Beziehung geklärt: dass er den Anrufbeantworter bespricht, sie das Klopapier kauft, sie Heiligabend zu ihren Eltern fährt, er am ersten Feiertag nachkommt, sie Spaghetti kocht und er alles andere.

Eines Tages sind die wichtigsten Eigenarten des anderen abgespeichert und notgedrungen akzeptiert: dass er zum Brötchenessen nie einen Teller nimmt und es liebt, mit Kellnern und Taxifahrern zu streiten, und auf seiner Pizza immer Tunfisch, Anchovis und – uah! – Gorgonzola haben muss.

Eines Tages hat man sein gemeinsames Leben perfekt durchchoreografiert: Sie duscht, während er sich rasiert, sie sucht einen Parkplatz, während er schon mal die Kinokarten kauft, sie schläft, während er frühmorgens die Wiederholung von »Unter uns« anguckt, der bekloppte Idiot. Und beide haben endlich das perfekte Timing füreinander entwickelt: Jeder weiß genau, wie viel Zeit ihm zwischen Ereignis X und akutem Ärger des anderen über Ereignis X bleibt (zwischen Socken auf dem Fußboden und »Wann räumst du endlich deine verdammten Socken weg?«), was 90 Prozent aller Streitfälle von vornherein vermeidbar macht.

Wenn man diesen Tag erreicht hat – und das kann je nach Temperament und Auffassungsgabe zwischen zwei und 15 Jahren dauern –, ist man ein altes Ehepaar und muss sich auf der Stelle trennen. Denn viel wird ab jetzt nicht mehr passieren, und was passiert – Untreue, Langeweile, dritte Zähne –, ist nicht richtig verlockend: Die Höhepunkte des Lebens sind ab sofort Abendessen mit anderen alten Paaren, bei denen man Dinge sagt wie »Das ist uns damals in Spanien auch passiert, aber uns hat man die Koffer *und* die Pässe geklaut«. Andererseits: Will man wirklich wieder von vorne anfangen? Noch mal die ganze Kennenlern-Plackerei? Mühsam auswendig lernen, dass der Neue sich am liebsten unter der Dusche rasiert und nur Salami-Pizza isst? Dann versucht man doch besser, die Liebe durch kleine Überraschungen zu beleben, dann überlegt man sich mal was Exotisches, dann ... Liebling, du hast doch nicht etwa Klopapier eingekauft?!

Er Noch ist es nicht zu spät für einen geordneten Rückzug, noch gibt es Alternativen zu mir, noch kannst du dir überlegen, ob du mit mir tatsächlich etwas Dauerhaftes haben willst statt eine gemütliche Lebensabschnittspartnerschaft mit beruhigendem Verfallsdatum. Denn eines steht fest, Schätzelchen: Eine Ewigkeit, die meinen Namen trägt, fühlt sich eher nach Verdammnis an als nach Erlösung.

Wirst du es denn, nur so zum Beispiel, wirklich ertragen können, dass meine letzten Haarinseln auf dem Ozean meines Rückens treiben statt auf dem Kopf, wo sie hingehören? Und willst du es dir tatsächlich zumuten, von Gichtkrallen angefasst zu werden und nicht mehr von biegsamen Liebhaberfingern? Ich werde es nämlich nicht schaffen, einer dieser guterhaltenen älteren Herren mit Silberschläfen zu sein, denen man das Alter verzeiht, weil man es ihnen nicht ansieht, und falls du dir eine Zukunft an der Seite eines sportlichen Dynamo-Seniors mit einem Aufschlag härter als Boris ausmalst, bin ich eindeutig der Falsche.

Ehrlich gesagt habe ich vor, ohne Wenn und Aber alt zu sein. Ich freue mich darauf, endlich Hosen tragen zu dürfen, deren Bund Millimeter unter den Brustwarzen sitzt, endlich etwas Bequemes statt dieser kneifenden Designer-Teile. Ich sehne mich danach, ohne Begründung sonderlich sein zu können, und ich habe ein nagendes Bedürfnis nach Alzheimer und Schwerhörigkeit, weil ich dann endlich vergessen könnte, wer Gerhard

Schröder ist, und nie wieder Britney Spears hören müsste. Ich will endlich einen Stock haben, um damit im Supermarkt die Idioten verprügeln zu können, die mir ihre Einkaufswagen vor die Füße schieben, und ich stelle es mir paradiesisch vor, meine Zeit nicht mehr auf Partys verschwenden zu müssen. Tagelang im Bett bleiben! Nicht mehr unter Leute müssen! Nicht mehr nachdenken, ob ich vielleicht doch ein Tattoo brauche! Proust im Großdruck lesen! Und endlich ohne schlechtes Gewissen seufzen und ächzen! Himmlisch! Wenn du das alles willst, überleg's dir. Ich bin dabei.

VII.
Sex, Teil 2

57 Das hundertste Mal
Ein Durchhänger

Sie *Arabella Kiesbauer*: Willkommen zurück. Unser Thema heute, für alle, die jetzt erst zuschalten, heißt: »Arabella, hilf mir. Ich weiß nicht mehr weiter.« Christian hat sich inzwischen wieder beruhigt – wir klären das mit deinem Boss, versprochen. Und hier ist unser nächster Gast. Sie sagt: »Ich bin jung, ich bin schön, ich habe etwas Besseres verdient als Sex mit immer nur demselben Mann.« Hier ist – Meike!
Publikum: Buuuh!
Arabella: Hören wir sie doch erst einmal an. Meike, wie oft hattest du denn schon Sex mit diesem Mann, und was ist das Problem dabei?
Meike: Wie oft? Wer zählt sowas? 100-mal bestimmt, so kommt es mir zumindest vor.
(Verhaltener Applaus.)
Meike: Moment mal. So toll ist das gar nicht. Ich meine, die ersten fünfzig Male waren super, damals, in unserem ersten Monat.
Arabella: Das wäre dann ja eine Frequenz von ...
Meike: Ja. Nur irgendwann hat man eben alles mal gemacht, und es war ja auch ganz schön, aber ab einem gewissen Punkt wiederholt es sich immer nur. Ich meine, es ist ja nicht schlecht, ganz im Gegenteil, aber will man denn bis ans Ende seines Lebens immer nur dasselbe mit demselben machen? (Unruhe im Publikum.)
Erregte Frau im Publikum: Das ist doch wohl das Letzte.

Da hat die Frau anständigen Sex und beschwert sich auch noch. Soll sie doch froh sein, dass sie einen Mann hat, der immer noch mit ihr schläft, so wie sie aussieht. (Zustimmender Applaus. Ein junger Mann nickt heftig.)
Arabella: Meike? Was sagst du dazu?
Meike: Ich bin ja auch froh. Irgendwie. Ich bin sogar glücklich. Irgendwie. Es könnte ewig so weitergehen, und trotzdem habe ich Angst, dass es ewig so weitergeht.
Arabella: Hier vorn sitzt Dr. Schneuer, als Paartherapeutin Spezialistin für Beziehungsprobleme. Frau Doktor, Ihr Kommentar?
Psychologin: Wir können hier eine wunderschöne Bindungsangst dritten Grades beobachten. Der dritte Grad ist der am schwierigsten zu therapierende, weil der Patient sich gar nicht darüber bewusst ist, dass er eigentlich schon viel zu lange gebunden ist, um noch Angst davor zu haben.
Arabella: Interessant.
Psychologin: Typisch für diesen Zustand sind postorgasmische Depressionen, Fluchtphantasien, Aggressionen gegen den Geschlechtspartner. Wir nennen dieses Phänomen – verzeihen Sie den etwas komplizierten wissenschaftlichen Begriff – das »Zu-blöd-für-ihr-eigenes-Glück-Syndrom«.
Arabella: Und was raten Sie Meike nun?
Psychologin: Zähne zusammenbeißen. Weitervögeln.
Meike: Aber ...
Arabella: Danke, Frau Doktor. Und jetzt zu unserem nächsten Gast ...

Er *Gratuliere.*
Danke. Aber wozu?
Sie haben eben zum hundertsten Mal mit derselben Frau Sex gehabt.
O Gott.
Wieso, war doch gut.
Ja schon. Aber ...
Probleme?
Jetzt schon.
Wieso?
Weil Sie mir gesagt haben, dass es das hundertste Mal war.
Wir werden alle nicht jünger.
Eben. Und wahrscheinlich muss ich noch mindestens 999-mal. Oder so. Ich mag mir das gar nicht ausrechnen.
Was dagegen?
Eigentlich nicht. Es ist wirklich gut jedes Mal.
Kommen Sie mal auf den Punkt.
Wenn ich mir vorstelle, dass ich für den Rest meines Lebens mit derselben Frau vögeln soll. Und nie mehr mit einer anderen. Ich meine, damit muss man erst einmal klarkommen.
Wieso? Sie könnten doch mit anderen Frauen.
Ich vögle aber nur mit Frauen, die ich liebe. Und die Frau, mit der ich vögle, liebe ich nun mal.
Warten Sie, was sie nach dem dreihundertsten Mal sagen werden.
Hab ich nicht vor.
Das haben andere Männer auch gesagt.
Nein, wirklich. Ich meine, es ist ja wirklich gut, wenn man es oft tut. Man weiß ganz genau, was man tun kann, damit es schön ist. Man weiß genau, wo man sie berüh-

ren muss, damit sie es schön hat. Manchmal weiß ich schon nach zwei Sekunden, dass sie einen grandiosen Orgasmus haben wird. Während sie noch über ihren Steuerberater nachdenkt. Das geht nur, wenn man hundertmal miteinander gevögelt hat.
Na also.
Konzertpianisten stelle ich mir so vor. Die setzen sich an den Flügel, schlagen eine Taste an und wissen ganz genau, ob es ein gutes Konzert werden wird. Oder ob sie einen schlechten Abend haben. Und deswegen haben sie gelernt, sich auf den ersten Klang zu konzentrieren. Weil der alles Weitere entscheidet.
Und was genau ist jetzt das Problem?
Sagen Sie mal einem Konzertpianisten, dass er diese Beethoven-Sonate in seinem Leben noch 437-mal aufführen wird.
Verstehe.
Oder denken Sie mal an Frank Sinatra. Wie der zum Schluss »My Way« gesungen hat. Ich meine, etwas Traurigeres kann man sich doch gar nicht vorstellen.
Hätte er ja nicht müssen.
Wieso? Wenn das Publikum es verlangt? Was bleibt einem denn anderes übrig?
Das Publikum hat ihn eben geliebt.
Ja.
Niemand hat gesagt, dass Liebe leicht ist.
Danke, dass Sie mich daran erinnern mussten. Und ich war so gut drauf, netter Orgasmus, glückliche Frau. Bis Sie daherkamen. Wer sind Sie überhaupt?
Nur auf der Durchreise. Viel Glück.

58 Vollautomatisch
Das erste Mal mit einem Sextoy

Sie Ich: Boah.
Er: Was?
Ich: Hast du den Dildo da drüben gesehen?
Er: Diesen Halbmeterprügel mit den dicken Adern?
Ich: Was soll man bloß mit so was anfangen? Nudelholz? Türstopper? Hutständer? AhahahaHAH: Hut-Ständer! Tschulligung, ich werde gerade hysterisch. War ein bisschen viel Wein vorhin.
Er: Man könnte Einbrecher damit erschlagen. Bei Derrick lief so was immer unter »stumpfe Waffe«.
Ich: Aber mal ehrlich: Der geht doch in keine normale Frau rein. Hoffe ich doch. Wer denkt sich denn so was aus? Und fühl mal, wie schwer der ist. Den kann man ja kaum heben. Macht bestimmt prima Armmuskeln, wenn man mit dem regelmäßig trainiert. Haahaaahha!
Er: Du bist ja unheimlich fasziniert von dem Teil.
Ich: Was soll das denn jetzt heißen?
Er: Völlig aufgelöst. So kenne ich dich ja gar nicht.
Ich: Ich hab dir doch gesagt: der Wein. Was machen wir eigentlich in diesem Laden?
Er: Wieso, du wolltest doch unbedingt hier rein.
Ich: Ich? Du!
Er: Komm, lass uns so'n Ding mitnehmen.
Ich: Und dann was?
Er: Das sehen wir dann schon. Könnte doch lustig sein.
Ich: Findest du unseren Sex so langweilig?

Er: Aber nein. Natürlich nicht. Aber man kann doch mal ein bisschen rumprobieren.
Ich: Bitte. Wenn du meinst. Also mir reicht das ja, was wir ohne Maschinenpark hinkriegen.
Er: Mir doch auch! Ich dachte nur, das könnte dir vielleicht Spaß machen. Mal so zur Abwechslung. Das ist wie Fremdgehen. Halt bloß mit mir.
Ich: Hm. Okay. Aber dann nicht so einen Riesen-Oschi. Da kriegt man doch Alpträume.
Er: Wie wär's mit dem hier?
Ich: Nein. Der klingt wie ein Krups Variomix auf der höchsten Möhrenraspelstufe.
Er: Der?
Ich: Mir kommt doch nichts Goldenes in die Wohnung.
Er: Der?
Ich: In Delfinform? Bist du irre? Ich bin doch nicht so blöd, die Assoziation mit Fisch noch künstlich weiter zu forcieren!
Er: Okay. Wie ist es mit dem hier? »Modell Dieter«. Sieht normal aus, liegt gut in der Hand, anständige Größe, lebensechte Eichel. Und keine scharfen Kunststoffkanten.
Ich: Sieht aus wie deiner.
Er: Und? Das gefällt dir nicht?
Ich: Nun sei doch nicht gleich eingeschnappt. Ich mein ja nur: Warum zweimal, was man schon hat?
Er: Das stört dich bei deinen acht schwarzen Jacken doch auch nicht.
Ich: Was soll denn das jetzt wieder?
Er: Schon gut. Lass uns hier raus. Wir nehmen Dieter.
Ich: Schön. Aber du bezahlst.

Er Und, frage ich, wie fühlt sich das an? Merkwürdig, sagt sie. Wieso merkwürdig, frage ich. Hart, sagt sie. Härter als sonst, frage ich. Hart eben, sagt sie. Willst du damit sagen, dass ich nicht so hart bin, frage ich. Ich will sagen, dass du endlich den Mund halten sollst, sagt sie. So gut, frage ich. Wie soll ich das herausfinden, sagt sie, wenn du die ganze Zeit laberst. Soll ich schneller, frage ich. Mach mal, sagt sie. So, frage ich. Das ist zu schnell, sagt sie. Und so, frage ich. Ja, so ist es gut, sagt sie. Bei mir willst du nie so schnell, sage ich. Deswegen kauft man sich ja Maschinen, sagt sie, damit die was tun, was man als Mensch nicht kann. Und das ist dir nicht genug, sage ich. Wer hat denn diesen Scheiß-Vibrator gekauft, sagt sie, du oder ich? Schon gut, sage ich. Nicht so tief, sagt sie. Wieso, ich bin doch gar nicht so tief, sage ich. Verdammt, nicht so tief, sagt sie. Dabei hab ich extra einen nicht so großen gekauft, sage ich. Also mir reicht's, sagt sie. Ungefähr meine Größe, sage ich, damit es nicht gar so ungewohnt ist. Träum weiter, sagt sie, wann hast du dich eigentlich das letzte Mal gemessen? Willst du damit sagen, dass ich kleiner bin, frage ich. Ich will, dass du endlich aufhörst, mich zum Lachen zu bringen, sagt sie, wie soll ich so einen Orgasmus haben. Ist es so gut, frage ich. Ja, sagt sie. Und so? Hört sich an wie ein Rasenmäher, sagt sie. Na siehst du, sage ich. Was soll ich sehen, fragt sie. Dass Maschinen doch nicht so gut sind, sage ich. Aaaah, sagt sie. Was, frage ich. AAAAAAAAHHHH!, sagt sie. Soll ich aufhören, frage ich. Bloß nicht, sagt sie, AAAAAAAAAAAAAHHHHHHHHHH!

Und, frage ich. Fantastisch, sagt sie. Wie fantastisch, frage ich. Fantastisch eben, sagt sie. Auf einer Skala von eins bis zehn, frage ich. Acht, sagt sie, zwei Punkte Abzug wegen Laberns. Also zehn, sage ich. Ja, sagt sie, wenn du nicht dauernd gequatscht hättest, ich meine, darum kauft man sich doch eine Maschine, dass man nicht dauernd quatschen muss. Und ich, frage ich. Was du, fragt sie. Auf einer Skala von eins bis zehn, sage ich. Zehn, sagt sie, wenn du den Mund hältst. Dann ist's ja gut, sage ich.

59 Untenrum
Liebe und die Dessous-Frage

Sie Gegen Ende der Pubertät hat jeder Mann halbwegs seine Garderobe beisammen. Von da an wird nur noch ersetzt, was hin ist. Das neue Teil, das ist von existenzieller Bedeutung für Männer, muss identisch sein mit dem alten oder zumindest so nahe wie möglich dran am Original. Das gilt für Jeans genauso wie für Unterhosen, und deshalb müssen Frauen, wenn sie einen Mann neu übernehmen, erst mal das Knäuel verwelkter Beutelslips entsorgen, die so aussehen wie Mutti sie immer gekauft hat (Dreierpack, hellbau, dunkelblaue Paspel). Und die Saturday-Night-Unterhose, die er immer zum Aufreißen angezogen hat (ausgewiesen als wahrer *homme de lettres*, weil immer was zum Lesen draufstand, Calvin Klein oder so), am besten gleich mit.

Nur so erklärt es sich, dass 80 Prozent aller Männerunterhosen von Frauen gekauft werden (»Möchten Sie was Besonderes – oder ist es für Ihren Mann?«). Und nur so erklärt sich der lähmende Stillstand auf dem Männerunterhosenmarkt. Denn egal, wie viele leckere Sixpack-Bodys in Retropants die Werbefritzen auf die Welt loslassen, zu Hause sitzt ein Onepack-Body, und der kriegt kochfestes Doppelripp Modell Walter, mit Eingriff rechts, Farbe egal, Hauptsache weiß. Wozu denn auch die Ausgabe für maskuline Reizwäsche? Frauen sind Realistinnen, und deshalb glaubt eben keine, dass ihr Kerl mit dem richtigen Höschen aussieht wie der Dritte von links bei den Chippendales. Die armen Werber haben schließlich in resigniertem Trotz Doppelripp für hip erklärt und weiß für klassisch, ein schöner Sieg der Realität über die Reklame.

Wir sind also selber schuld an der Langeweile im männlichen Dessous-Bereich – und ihren horriblen Konsequenzen: Laut einer britischen Studie haben 15 Prozent aller Männer schon mal die Unterhosen ihrer Frauen oder Freundinnen angezogen. Und Sie haben sich gewundert, warum der rosa »La-Perla«-Tanga in letzter Zeit immer so leiert.

Er An dieser Stelle will ich die männlichen Leser dieses Buchs (es gibt nicht viele, aber sie sind mir teuer) vor einem katastrophalen Fehler bewahren: Schenkt Euren Liebsten niemals Unterwäsche. Erstens sind Frauen ohne Dessous ohnehin interessanter als mit. Zweitens aber, und nur darum soll es hier gehen, bezahlt man Dessous-Geschenke mit Zerwürfnissen, ge-

gen die die politische Lage auf dem Balkan ein Picknick ist. Wie zum Beispiel will man erklären, dass man sich für einen Wonderbra entschieden hat? Dass man gerne größere Brüste sähe? Dass Eva Herzigova geil aussah, obwohl die es ja auch nicht unbedingt nötig hat? Dann geh doch mit Eva Herzigova ins Bett, wird sie sagen, und danach lange nichts mehr.
Spitzenwäsche geht auch nicht. Spitzenwäsche sagt Frauen nur: Sie sind uns nicht mehr reizvoll genug. Außer sie sehen wie Schlampen aus. Was nicht bedeutet, dass Frauen nicht gerne wie Schlampen aussähen. Aber nur freiwillig. Nicht auf Aufforderung.
Das Allerschlimmste allerdings, was Ihnen einfallen könnte, sind die *Stayhips* von Wolford. Eigentlich die perfekten Dessous für Frau und Mann, sollte man denken: sie wird warm gehalten wie von einer Strumpfhose, und er kann überall ran. Auf den Plakaten, vor denen Sie sich den Hals verrenkt haben, sieht das verboten gut aus. Im wirklichen Leben allerdings wird nur eines passieren: Ihre Liebste wird feststellen, dass ihr verdammter Hintern nicht so gut aussieht wie der verdammte Hintern dieser verdammten Kuh in der verdammten Wolford-Werbung. Und dafür wird sie nicht ihren eigenen Hintern verantwortlich machen, sondern den Arsch, der gerade in der Nähe ist. Und das sind Sie. Sie wird auf absehbare Zeit nicht mehr mit Ihnen schlafen, sondern die Abende im Fitness-Studio verbringen, um ihren Hintern zu trainieren, und dort wird sie einen süßen Typen kennenlernen, dem ihre Wäsche egal ist, sie wird tollen Sex mit ihm haben und sich für ihn sexy Dessous kaufen. Sagen Sie nicht, ich hätte Sie nicht gewarnt.

60 Sexobjekt
Was Sie tun können, damit das Begehren nicht nachlässt

Sie Mein Leben als Sexobjekt. Ein kurzes, überschaubares Leben. Fast möchte ich sagen: ein nie gelebtes Leben. Zwar gibt er sich alle Mühe, mir in regelmäßigen, doch pädagogisch vertretbaren Abständen zu suggerieren, ich sei das Schärfste diesseits von Pamela Anderson, und zwar sind da auch durchaus Momente, in denen ich beinahe bereit bin, ihm zu glauben. Nach der vierten *Frozen Margarita* beispielsweise oder drei Tage vor meiner Regel (oooh, Baby!).

Doch wenn ich bei Sinnen bin, also leider meistens, und wenn ich vor einem Spiegel stehe, also leider häufig, muss ich feststellen, dass keinem Mann bei meinem Anblick je die Pizza aus der Hand fallen wird. Nicht mal ihm, egal was er behauptet. Denn selbst wenn die Zahl der Männer, die bohnenstangenförmige, flachbrüstige, kurzsichtige, hochintelligente Mädchen mögen, aus purer Notwendigkeit zunimmt (denn die Flachbrust in der Hand ist besser als das Pam-Poster an der Wand), so ist und bleibt es doch so, dass auch diese Männer unsereins lediglich interessant finden oder – schlimmer noch – liebenswert, keinesfalls aber sexy.

Geht in Ordnung, meistens jedenfalls. Bis unvermeidbar dieser eine Frühlingstag kommt, dieser linde, sanftlüftene, alles verheißende Frühlingstag, an dem ich plötzlich das dringende Bedürfnis habe, Brüste und Hüften zu besitzen. Und von Bauarbeitern belästigt zu werden. Und wenigstens heute mal die Sorte Frau zu sein, die ich sonst höflich mit »Schlampe« oder »dusselige Kuh« umschreibe. Mit einem Wort und wider besseres Wissen: sexy' zu sein.

Das Erstaunliche wie Praktische an Männern ist ja, dass das überhaupt kein Problem ist. Ein paar Schlüsselreize, schon safteln sie: Ich habe schöne Effekte mit kurzen Röcken und hohen Schuhen erzielt, und das bei dem Gesicht. Nein, das Problem liegt eher bei mir: Solange mir die nobelpreiswürdige Frage »Na, öfter hier?« reflexhaft mitleidiges Gelächter entlockt, solange kann das ja einfach nichts werden. Ist leider so: Mir geht nun mal jeglicher Sex-Appeal ab.

Er

Rasier dich bloß nicht, sagt sie.

Das juckt aber schon höllisch, sage ich.

Du weißt doch, dass ich dich mit Fünftagebart richtig sexy finde, sagt sie.

Sonst geht´s dir aber noch gut, sage ich.

Doch, sagt sie. Du siehst so verwegen aus, wenn du dich nicht rasiert hast.

Bist du krank, sage ich.

Seit wann stört es dich, dass ich dich sexy finde, sagt sie.

Es stört mich eben, sage ich.

Andere würden sich freuen, sagt sie.

Ich bin aber nicht sexy, sage ich.

Schon gut, sagt sie, tut mir leid, wird nicht wieder vorkommen.

Du findest mich doch gar nicht sexy, sage ich.

Sonst wäre ich ja wohl nicht mit dir zusammen, sagt sie.

Hör endlich auf, mich zu verarschen, sage ich.
Deine Unterarme zum Beispiel, sagt sie. Und deine Brust.
Was soll jetzt wieder mit meiner Brust sein, sage ich.
Na, die Haare, sagt sie.
Die Haare?!?, sage ich.
Ja, sagt sie.
Was ist mit meinen blöden Haaren, sage ich.
Das Flokati-Feeling, sagt sie.
Miststück, sage ich.
Du hast es ja wissen wollen, sagt sie.
Und sonst, sage ich.
Was sonst, sagt sie.
Was findest du sonst noch an mir sexy, sage ich.
Wieso sonst noch, sagt sie.
Nichts sonst, sage ich.
Wieso genügen dir denn die Haare nicht, sagt sie.
Weil ich nicht das Gefühl haben will, dein Flokati zu sein, sage ich.
Bist du aber, sagt sie.
Und das findest du sexy, sage ich.
Ja, sagt sie.

61 Woran hast du gedacht?
Wie Sie Ihr Liebesleben durch sexuelle Fantasien aufpeppen können

Sie Gott, er ist ja selber schuld. Er hat mich gefragt, woran ich dabei gedacht habe, und das ist einer der zehn blödesten Fehler, den ein Mann bei einer Frau begehen kann. (Die anderen neun: 1. Rote Spitzendessous schenken, die zwei Nummern zu groß sind: »Er denkt nicht nur, ich bin eine Schlampe, er denkt, ich bin eine fette Schlampe«, 2. Jahrestag vergessen, 3. Der Satz »Ich muss mich ein bisschen um X (seine Ex) kümmern, es geht ihr gar nicht gut«, 4. – ach, das machen wir in einem anderen Kapitel). Also: woran ich dabei gedacht habe. Dabei, wir verstehen schon, nicht wahr? Was sagt man in so einem Fall? Ich blicke ihm tief in die Augen und erzähle eine lange Geschichte, die eine einsame Südseeinsel, die Chippendales, einen Hengst und eine Badewanne voll Schlagsahne involviert, außerdem Isaac Hayes, der »The Look of Love« singt, und George Clooney in einem seidenen Morgenmantel (schon gut, ich habe auch gehört, dass er schwul sein soll).

Er räuspert sich, guckt mir tief in die Augen und sagt: »Sehr niedlich. Und jetzt die Wahrheit. Die ganze perverse Wahrheit, bitte.« Okay, wenn du meinst, dass du es verkraftest! Also: Ich habe an mein üppig gepolstertes Sofa gedacht, an die sich lüstern um meine leicht gespreizten Beine schmiegende Lieblings-Wolldecke und die zitternde Fernbedienung auf meinem bebenden Bauch. Ich habe an ein Alain-Delon-Special mit »Der eiskalte Engel« und »Der Chef« gedacht, ohne Werbeunterbrechung. Ich habe an ein Pfund *Häagen Dazs Macadamia Nut Brittle* gedacht, das langsam meinen gierigen Schlund herunterrinnt, und an einen eiskalten Martini mit Bombay Sapphire Gin in einem feucht glänzenden Glas. Mit Olive. Und dann bin ich gekommen.

Er Verdammt, der Frühling kommt. In spätestens drei Monaten ist es wieder so weit. Sobald der Schnee geschmolzen, der Jagertee ausgetrunken, der Schal eingemottet ist, werde ich wieder leiden. An meinen Sexfantasien. Früher dachte ich, das würde sich jenseits des 30. Geburtstags legen. Tut es nicht, im Gegenteil. Immer stärker peitschen die Hormone mein Gehirn, immer schamloser wird, was ich fantasiere.
Es bin nicht ich, der so schmutzig denkt. Es sind die Gene, die Hormonlanze, die DNS, wer auch immer. Verzeiht mir also. Oder schickt jemanden vorbei, der mich versteht ...
Ich träume davon, dass es keine erogenen Zonen mehr gibt, keine multiplen Orgasmen, keine Beckenbodenmuskeln und auch keine gegenseitigen erotischen Verwöhnmassagen. Ich träume davon, dass alle Sextoys verschwunden sind, dass alle Latex-, Knebel- und Intimschmuckpiercing-Fabrikanten bankrott gehen und niemand mehr Lust auf sanfte oder wilde Fesselspiele hat. Ich träume davon, dass Naddels Brüste endlich platzen und alle Schauspielerinnen Deutschlands Schup-

penflechte kriegen und sich nie wieder für Fotos ausziehen können. Ich fantasiere davon, dass alle Telefonleitungen tot sind, und ich sehne mich danach, dass abrasierte Schamhaare binnen fünf Minuten fünfmal so stark nachwachsen. Jede Frau, die sich die Titten operieren lässt, beginnt zu schielen, und jedem Mann, der über die Länge seines Schwanzes nachdenkt, beginnt derselbe um mindestens zehn Zentimeter zu schrumpfen. Wer mehr als drei Stellungen kennt, ist vom Hals an querschnittgelähmt, und wer zwischen Vorspiel, Höhepunkt und Nachspiel unterscheidet, muss lebenslänglich in den Hochsicherheitstrakt.

Und dann, Liebstes, wenn sich das alles erfüllt hat, würde ich gerne mit dir ins Bett gehen. Und mit dir Sex haben. Als wär´s das erste Mal.

62 The Big O
Gemeinsam kommen

Sie

Pilotin: Houston, wir haben ein Problem.
Houston: Was für ein Problem?
Pilotin: Die Mission ist gefährdet. Ich denke ernsthaft an Abbruch.
Houston: WAS?
Pilotin: Wir quälen uns hier schon seit mindestens zwanzig Minuten. Kein Take-off in Sicht. Das wird nichts mehr heute.

Houston: Das war doch sonst nie ein Problem für Sie, Commander.
Pilotin: Sonst, sonst, sonst. Es geht eben nicht heute. Ich fühle mich nicht danach.
Houston: Die alten Antriebsprobleme?
Pilotin: Werden Sie nicht unverschämt, Houston. Nein, es ist einfach nur … es ist … irgendwie … ich kann mich heute eben nicht konzentrieren.
Houston: Sie sind zu verspannt. Sie müssen loslassen. Atmen Sie einfach. Los, atmen Sie. Mir nach: ein, aus, ein, aus.
Pilotin: Danke, Houston. Wie Atmen geht, weiß ich gerade noch.
Houston: Oder denken Sie an was Schönes.
Pilotin: Zum Beispiel?
Houston: Herrgott, Commander. Sie sind doch wirklich schon lang genug dabei, Ihnen muss ich doch nicht mehr erzählen, wie das geht. Wir haben den Notfall doch tausendmal geprobt.
Pilotin: Soll ich faken?
Houston: Wir sind doch nicht mehr im Trainingslager! Das hier ist echt, Mensch! Folgen Sie jetzt dem Handbuch. Bärenfellkerzenkaminfeuerleisemusikseidenhemdchampagner …
Pilotin: Mmmh. Ich spür was.
Houston: Sie müssen jetzt aber mal ein bisschen hinmachen, Commander. Das Zeitfenster für den Take-off schließt sich sonst. Das Getriebe geht auch schon ein bisschen schwerfälliger. Der Kopilot hat sich gerade von unten gemeldet, er hält nicht mehr länger durch. Sie müssen was machen.

Pilotin: Verdammt, Houston! Den Druck kann ich jetzt echt nicht gebrauchen.
Houston: Sonnenuntergängeinselnstrandmassagengeorgeclooneyweißehengstehandschellen …
Pilotin: Aaah!
Houston: Fremdermitmaskeunddemhinternvonbradpitt ineinerengenlederhoseundaußerdemdiesewahnsinnigen bauchmuskeln …
Pilotin: Aaaaaahhhhh!
Houston: Lift-off! We have lift-off!
Pilotin: Danke, Houston. Over und out.

Er

Houston: Kopilot.
Kopilot: Ja?
Houston: O minus 10 Sekunden.
Kopilot: Mag aber noch nicht.
Houston: Die Pilotin ist aber schon so weit.
Kopilot: Ich aber noch nicht.
Houston: Die Pilotin erhöht jetzt den Druck.
Kopilot: Aaah!
Houston: Kopilot, so war das nicht gemeint.
Kopilot: Sorry, Houston.
Houston: Reißen Sie sich mal zusammen, Mann.
Kopilot: Wie lange noch?
Houston: Acht Sekunden.
Kopilot: Wie starten wir eigentlich?
Houston: Voll durch.
Kopilot: Alles gleich kommen lassen?
Houston: Sie haben's erfasst.
Kopilot: Geil, Houston.
Houston: Noch sechs Sekunden.

Kopilot: Und die Pilotin?
Houston: Geht´s gut.
Kopilot: Houston, kann ich es noch ein bisschen tiefer haben?
Houston: Pilotin, der Kopilot will es noch ein bisschen tiefer haben. Kopilot, gut so?
Kopilot: Perfekt.
Houston: Kopilot, die Pilotin möchte, dass Sie was sagen.
Kopilot: – – –
Houston: Kopilot, konzentrieren Sie sich gefälligst.
Kopilot: Aaah! Guut! Ja, fick mich, Baby! War das okay so, Houston?
Houston: Störungen im Kommunikationssystem. O minus acht Minuten. Kopilot, reißen Sie sich endlich am Ruder, Sie sind doch kein Anfänger mehr.
Kopilot: Die Pilotin wollte doch, dass ich was sage.
Houston: Wenn Sie so weitermachen, bekommen Sie ein Disziplinarverfahren, Kopilot. Das haben wir doch trainiert, Sie Arschloch. Also noch mal, Sie Idiot. Wir haben nicht ewig Zeit.
Kopilot: Okay, Houston. Gleich.
Houston: Sagen Sie schon was.
Kopilot: Ich – liebe – dich –
Houston: O minus vier Sekunden. Gut gemacht, Kopilot.
Kopilot: Ich – liebe – dich
Houston: O minus zwei Sekunden. Na also, geht doch.
Kopilot: Und ich darf wirklich durchstarten?
Houston: Was glauben Sie, was wir hier machen? O minus eine Sekunde.
Kopilot: Geil!
Houston: O minus fünf Sekunden.

Kopilot: – liebe –
Houston: O minus zwei Sekunden.
Kopilot: – dich –
Houston: O minus Null.
Kopilot: Aaaaaaaaaaaaaaaaaahhhhhhhhhhhh ….
Houston: Gut gemacht, Kopilot.

63 Echte Frauen, echte Männer
Warum man sich zu seinem Geschlecht ruhig bekennen sollte

Sie Wenn ich's mir recht überlege, habe ich mich nie sonderlich bemüht, für eine Frau gehalten zu werden. Ich habe nie PMS gehabt, Schaumfestiger benutzt, Tagebuch geführt, meine Beine gewachst, Hera Lind gelesen, Stilettos getragen, Handtaschen und/oder Brüste besessen oder das Bedürfnis verspürt, mit einer anderen Frau aufs Klo zu gehen. Dafür kann ich Videorecorder programmieren, Reifen wechseln, Männer unter den Tisch trinken und verdammt unangenehm werden, wenn man mir dumm kommt. Und ich komme in jede – in Worten: jede – Parklücke dieser Erde. Sparen Sie sich jetzt bitte die Leserbriefe, ich weiß, das sind Klischees, und wir leben in befreiten Zeiten voller politisch korrekter Zwitterwesen, und es ist genauso Sache der Frau, einen Reifen zu wechseln, wie die des Mannes, seinen Bauch zu enthaaren, und so weiter.

Aber trotzdem. Irgendwann hatte ich den nagenden Verdacht, ich verpasse vielleicht was. Also beschloss ich vorgestern, probeweise ein Vollweib zu werden. Ich habe einen Wonderbra gekauft (und bei Gott, Wonder kann ich gut gebrauchen), halterlose Strümpfe und eine Augencreme, einen Spitzenbody und Nagellack. Und ich habe die gute alte Nackt-unterm-Mantel-vom-Flughafen-abholen-Nummer mit ihm gespielt.

Kleiner Zwischenbericht?

1. Frau-Sein kostet eine Mörderkohle (der Preis einer guten Augencreme dieser Tage …!).
2. Frau-Sein ist hochnotpeinlich: Wer je versucht hat, in einem öffentlichen Klo den verdammten Verschluss von einem Body zu schließen und sich dabei die verdammten Schamhaare zwischen den verdammten Druckknöpfen eingeklemmt hat, weiß, wovon ich rede.
3. Halterlose Strümpfe lenken die volle Aufmerksamkeit auf die eine Stelle, von der man es am wenigsten will: über den Rand quellende weißspeckige Fleischwülste.
4. Er hat nur gelacht.

Irgendwo, ganz hinten im Schrank, liegt jetzt ein einsamer Wonderbra und wartet auf den nächsten Karneval.

Er

Manchmal, wenn am Himmel fett der Vollmond hängt, dann packt es auch mich. Dann will auch ich ganz dringend ein richtiger Mann sein, nicht immer nur dieser dressierte Partnerschafts-Partner, zu dem ich durch die Lektüre zu vieler Frauenzeitschriften degeneriert bin. Dann will auch ich fremd und geheimnisvoll sein, mit zupackenden Armen und tödlichem Lächeln, Liebhaber, Dornenvogel, Salz auf deiner Haut, alles auf einmal. Klitoral, vaginal, scheißegal, flüstert eine Stimme in mir, es ist die Stimme des Testosterons, und ich höre ihr zu.

Ist es nicht genau das, was sie will – einen echten Mann? Wirft sie mir nicht ohnehin immer häufiger vor, ein Weichei geworden zu sein, eine schlaffe Null, ein Nichts? Hat sie mir nicht unlängst im Streit den schlimmsten aller Vorwürfe an den Kopf geknallt: Wenn du Zigaretten holen gehst, weiß ich immer, dass du zurückkommst?

Schade nur, dass das Mann-Sein bei ihr nicht klappt. Als ich ihr zum Beispiel neulich die Kleider vom Leib reißen wollte, hat sie mir eine gescheuert. Du spinnst wohl, kreischte sie, das war meine letzte admiralblaue Strumpfhose. Und als ich mit ihr »9 ½ Wochen« spielen und Obst von ihrem Bauch essen wollte, war sie gar nicht amüsiert und dachte bloß an die Bettwäsche.

Leidenschaftlicher Sex an ungewöhnlichen Orten? Fehlanzeige, dabei verkühlt sie sich bloß den Hintern. Und wenn ich es mal damit versuche, wie ein einsamer Wolf mysteriös zu schweigen, wirft sie mir gleich vor, ich wäre ein muffiger Autist.

Warum, sage ich dann, bist du keine Frau? Sonst noch Wünsche, der Herr, faucht sie mich an. Die Zeiten sind ein für allemal vorbei. Und wenn du mich jetzt bitte in Ruhe lassen würdest, gleich kommt *E.R.* in der Glotze. Du kannst ja inzwischen meine Gucci-Bluse bügeln. Die brauche ich morgen für mein Business-Lunch.

Ist das etwa fair? Aber ich will nicht quengeln. Echte Männer quengeln nicht.

64 Dirty Talking
Ein Grundwortschatz für intime Gespräche

Sie nicht da: Navigationshilfe für ortsunkundige Liebhaber. Wird frühestens beim dritten Mal Sex verwendet wg. potentiellem Abschreckungseffekt. Nach dem dritten Mal allerdings zwingend zur Vermeidung von nachhaltig sich festsetzenden schlechten Angewohnheiten (s. auch → **nicht so fest**)

kuscheln: eindeutige Aufforderung zum Sex (»wir könnten doch noch ein bisschen kuscheln«). Wird bei Nichtzustandekommen des Verkehrs als Vorwurfsformel eingesetzt (»Nicht mal ein bisschen kuscheln willst du noch mit mir«)

weit: Klageformel angesichts männlicher Unsensibilität (»Ich bin noch nicht so weit«, »Jetzt gehst du aber zu weit«) u. Fahrkünste (»wie weit ist es denn noch«, »wir sind schon viel zu weit, du hättest bei der vorletzten Abfahrt rausgemusst«)

nein: bedeutet in drei von vier Fällen »nein«. Im vierten Fall bedeutet es »doch, natürlich habe ich deinen Lieblingspullover gesehen, und zwar im Mülleimer, wo ich ihn reingeschmissen habe«

nie: Universalvokabel z. Erzeugung von schlechtem Gewissen (»nie rufst du an«, »nie gehst du mit mir ...« etc.). Wichtig: muss für den erwünschten Effekt ganz vorne im Satz stehen

Wie wär's mit einem Kaffee?: Auffordernder indirekter Sprechakt mit je nach Beziehungsstadium unterschiedlichen Bedeutungen. 1. »Essengehen ist mir zu riskant für den Fall, dass du ein Langweiler bist. Kaffeetrinken geht schnell und ich kann abends noch was Besseres unternehmen.« 2. »Ich will mit dir schlafen, und zwar bei mir, weil ich da sicher bin, dass die Handtücher sauber sind.« 3. »Warum machst du nicht mal Kaffee statt immer nur ich, ich schmeiße hier den ganzen Haushalt, dabei habe ich auch einen Job, und da könntest du zumindest mal ...« usw.

was: effektives Wort des Protestes und des Zweifelns (»was soll eigentlich so toll sein am Analverkehr«, »was, das sollen 30 Zentimeter sein«)

Er

zärtlich: Frauen-, Frauenzeitschriften-, Eheberater- und Weicheier-Vokabel. Wird von Männern in der Regel nur defensiv gebraucht (»Ich verstehe nicht, was du willst, ich war doch zärtlich zu dir«, »Wie lange soll ich denn noch zärtlich sein?«)

richtig: Gegenteil von zärtlich.

kannst du mal: Auftakt zu einer Frage, die sicherstellen soll, dass es sich für Männer richtig anfühlt (»Kannst du mal vielleicht auch meinen Schwanz anfassen anstatt nur meinen blöden Hintern zu streicheln?« oder »Kannst du mal schlucken?«)

nicht immer: Ausdruck männlicher Ungeduld mit weiblichen Spielarten der Sexualität (»Ich will nicht immer darauf warten, bis du zufällig auch einmal geil bist«, »Wir müssen doch nicht immer stundenlang zärtlich sein«)

schon, doch auch: Ausdrücke des vermeintlichen Rechts auf unmittelbare Bedürfnisbefriedigung (»Wir haben schon drei Tage lang keinen Sex gehabt«, »Ich habe dich doch auch geleckt«)

warum: Kundgabe äußerster sexueller Verzweiflung (»Warum können wir nicht zweimal pro Woche Sex haben wie andere Paare auch?«, »Warum brauchst du immer so verdammt lange, bis du kommst?« usw.)

wie fändest du: Eröffnung eines Vorschlags, von dem Männer wissen, dass Frauen ihn höchstwahrscheinlich ablehnen werden (»Wie fändest du eigentlich Analverkehr?«, »Wie fändest du es im Ehebett deiner Eltern?«)

noch nicht: Taucht in Formulierungen auf, in denen eine fundamentale Asynchronizität zwischen den Sexualpartnern konstatiert wird (»Ich bin noch nicht so weit«, »Warum noch nicht jetzt?« und noch so weiter)

du: Getarnte Schuldzuweisung an die Partnerin (»Du immer«, »Tut mir leid, dass ich so früh gekommen bin, aber du hast mich so scharf gemacht«, »Wieso, du wolltest doch wissen, wo der G-Punkt ist«)

und: Als Frage Ausdruck des Wunsches nach einer fairen Einschätzung durch die Jury. Einzige mögliche Antwort darauf: »Fantastisch!«

65 Zu schmutzig, um darüber zu reden
Was man im Bett lieber doch verschweigen sollte

Sie

Dass Sie mal nur deswegen einen Urlaub auf Tahiti verbracht haben, weil in einer Frauenzeitschrift stand, dass dort die Klitoris eine besondere Wertschätzung genießt. Und dass Sie seitdem nicht mehr so oft denken, in der Presse stünden nur Lügen und Halbwahrheiten.

Dass Sie Viagra probiert haben, gleich nachdem es auf dem deutschen Markt war. Und sich manchmal wünschen, er würde öfter mal eine nehmen.

Dass Marc Bolan der erste erwachsene Mann war, den Sie zwischen Ihre Beine gucken ließen. Und dass Sie bis heute davon überzeugt sind, dass er lächelte. Obwohl er leider nur ein Poster war.

Dass Sie nichts dagegen hätten, wenn er sich hin und wieder mal einen runterholen würde, statt Sie mit Diskussionen zu nerven, die doch zu nichts führen. Jedenfalls nicht dazu.

Dass Sie vor ihm mit 37 Männern geschlafen haben. Und mit einer Gurke.

Dass seine oralen Qualitäten eher auf dem Gebiet des Zwiegesprächs liegen.

Dass Sie nur deswegen zur »Bauch-Beine-Po« gehen, weil Sven so lecker aussieht.

Dass Sie es ziemlich affig finden, wie panisch er wegen

seiner blöden Geheimratsecken ist. Und dass sein Bauch ja wohl das größere Problem ist.

Dass Vanessa Sie neulich gefragt hat, warum Sie sich denn keinen Liebhaber suchen würden, wenn das so kläglich wäre. Und dass Sie deswegen ja immer noch mit ihm zusammen bleiben könnten, wenn er doch so lieb sei. Und dass Sie über Vanessas Vorschlag ernsthaft nachgedacht haben.

Dass Sie ihn, als die Bild-Zeitung mit dieser bescheuerten Geschichte über Erektionswinkel rauskam, in Verdacht hatten, dass ihm das keine Ruhe geben würde. Und dass es Sie ziemlich gewundert hat, als er keinerlei Anstalten unternahm, sich aufs Klo zurückzuziehen.

Dass Sie genau wissen, dass er Ihre Mutter scharf findet.

Dass Sie manchmal von Ihrem Bürocomputer aus Cybersex mit einer Masochistin haben.

Er

Dass das Tribal-Tattoo auf Ihrer linken Pobacke ein Wunsch von Jenny (23, blond, Körbchengröße D und dot.com-Millionärin) war, die übrigens auf ihrer rechten Pobacke ein spiegelverkehrtes Tribal-Tattoo trägt. Ach ja, und dass die Symbolik, die dahinter steckt, irgendetwas mit der Wertschätzung der Klitoris bei den Tahitianern zu tun hat.

Dass Sie Viagra probiert haben, gleich nachdem es auf dem amerikanischen Markt war. Mit einer Frau, an deren Namen Sie sich nicht mehr, an deren Preis umso besser erinnern können.

Dass Sie früher mal das amerikanische *Penthouse* abonniert haben, weil sie herausfinden wollten, ob Sie eine Laufbahn als Gynäkologe einschlagen wollten.

Dass Sie mit dem Masturbieren immer noch nicht aufgehört haben, obwohl Sie sie kennen.

Dass Sie vor Ihr mit 27 Frauen geschlafen haben. Und mit Matthias damals im Jugendrotkreuz-Zeltlager. Und mit dieser Honigmelone.

Dass Ihnen ihre Oberschenkel-Dellen, über die sie neulich so erschrocken ist, auch schon aufgefallen sind, und zwar eine Woche vor ihr, und dass Sie sich gefragt haben, ob das eigentlich schlimmer werden wird, und wenn ja, wie schlimm.

Dass Sie Ihre Haare nur deswegen so ultrakurz tragen, damit ihr nicht auffällt, wie hoch Ihre Geheimratsecken wären.

Dass Vanessa eine Frau ist, für die man darüber diskutieren könnte, was sie eigentlich von einer offenen Beziehung hielte.

Dass Sie neulich nachts, als sie schon schlief, mit einem extra gekauften Geo-Dreieck Ihren Erektionswinkel nachgemessen haben, nachdem in der Bild-Zeitung stand, dass dieser Winkel bei Männern zwischen 30 und 40 zwischen 70 und 90 Grad liegt. Und dass Ihr Erektionswinkel in jener Nacht 68 Grad betrug. Und dass Sie am Tag danach in den Gelben Seiten nachguckten, ob es eine eigene Spalte für Urologen gibt.

Dass Sie ihre Mutter ganz schön scharf finden.

Dass Ihr registrierter und passwortgeschützter Chatname »bi_sklavin« lautet.

66 Après-Sex
Warum Nachspiele ebenso wichtig sind wie Vorspiele

Sie Sex. Muss ja auch manchmal sein. Ist ja eigentlich immer ganz schön. Das Gute daran, schon hundert Jahre zusammen zu sein, ist, dass man ziemlich unzeremoniell zur Sache kommen kann. Vorspiel, Kerzen, alles Zeitverschwendung. Blick genügt, einmal mit dem Kopf in Richtung Schlafzimmer genickt, und die Sache ist eingetütet. Wenn man bedenkt, welchen logistischen Aufwand man als Single betreiben muss ... Bloß hinterher, wenn man innerlich schon längst wieder bei wichtigeren Dingen ist (»Ich muss noch Wäsche aufhängen, wie ging noch mal gleich das Lied von heute Morgen«), soll man noch endlos lange miteinander rumliegen und kuscheln. Männer brauchen das. Damit sie nicht das Gefühl haben, dass sie nur als Sexobjekte behandelt werden, die armen Lieblinge.

Also in Dreigottesnamen, dann kuscheln wir eben ein bisschen. Ganz vertan ist die Zeit auch nicht, denn sie bietet die schöne Gelegenheit zur subtilen Einflussnahme. Der Mann liegt grunzend und ermattet da, satt und wehrlos, also im idealen Aggregatzustand. Seinen Arm beschwert man auf anmutige Weise mit dem Kopf, man krault ihm noch ein bisschen den Bauch und holt die schöne sanfte Stimme aus dem Keller, die man sonst nur sonntags benutzt. Denn dies ist die Stunde der Wahrheit, dies ist die Zeit, in der man ihm unangenehme Dinge beibringen kann. Beziehungsprofis haben in diesen Momenten der Sinnenfinsternis schon die verblüffendsten und später bitter bereuten Zusagen, Versprechungen und Geständnisse aus Kerlen rausgelockt. Fair ist das zwar nicht, aber was ist schon fair in der Liebe? Danach kann man dann endlich aufstehen und sich ein Bier aus dem Kühlschrank holen gehen.

P.S. Der Mann an meiner Seite hat sich gewünscht, dass ich im Zusammenhang mit Sex im Allgemeinen und ihm im Besonderen irgendwo den Ausdruck »30 Zentimeter« unterbringe, ohne dass es zu auffällig wirkt. Bitte schön.

Er

Name der Krankheit: Romeo-Arm. Gehört zum Leidenskreis heterosexueller Liebes-Folgeschäden.
Symptomatik: Patient klagt über Taubheitsgefühle in den Oberarmen (»Wie tot, Herr Doktor«), Muskelverspannungen, Drehschwindel infolge gestörter Blutzirkulation.
Begleiterscheinungen: Aggressionen gegen die Partnerin (»Die soll ihren Kopf auf ihr Kissen legen, wozu hat sie das denn?«), postkoitale Fluchtimpulse (»Ich sag dann immer, ich müsste mal dringend aufs Klo«), Realitätsflucht (»Kuscheln ist doch Scheiße, ich meine, bin ich eine Angorakatze oder was?«), paranoide Tendenzen (»Wieso wollen alle Frauen immer, dass man danach kuschelt, die sollen doch froh sein, dass sie einen Orgasmus hatten, Männer wollen das doch auch nicht …«).
Anamnese: Patient berichtet, es wäre immer schon so gewesen, dass Partnerinnen post coitum kuscheln wollten. Ist davon überzeugt, dass Frauen eine genetische Disposition haben, psychosexuelle Zufriedenheit dadurch

kundzutun, dass sie ihren Hinterkopf auf dem Oberarm ihrer Sexualpartner deponieren. Alle Versuche, sich anzupassen, seien gescheitert (»Was soll ich denn machen, ich krieg nun mal blaue Flecken, da kann ich mir noch so oft sagen, dass das eben dazu gehört«). Gelegentliche Anläufe zur Verhaltensmodifikation auf Seiten der Partnerin hätten sich als ineffektiv erwiesen (»Wenn ich der sage, die soll mich in Ruhe lassen, dann knallt mir die doch gleich an den Kopf, ich würde sie nicht richtig lieben, und dann bleibt zwar mein Arm heil, aber ich muss die ganze Nacht Beziehungsgespräche führen und komme nicht zu meinem Schlaf«).

Therapie: Vorschläge, auf Sexualität zu verzichten, lehnt Patient kategorisch ab (»Da lass ich mir lieber den Arm amputieren«). Verspricht aber, sich um Verhaltensmodifikation zu bemühen (Seitenwechsel, um beide Arme gleichmäßig zu belasten) und wird ein Muskelaufbautraining beginnen, um den zu erwartenden chronischen Schädigungen vorzubeugen.

67 Besser als Sex
Der Vergleich macht Sie sicher

Sie Ein wirklich riesiges, unglaublich dickes, fantastisch weiches, strahlend weißes Handtuch nach einem zweistündigen Bad.

Wundertüten.
Der Geruch von Hefegebäck und frischen Filzschreibern.
Campari Soda mit grünen Oliven in der Galleria Vittoria Emanuele gegenüber dem Mailänder Dom.
Zusammengeknülltes weißes Seidenpapier aus neuen Schuhen herausnehmen.
Tränen lachen und überhaupt nicht mehr aufhören können.
Über einen See gerudert werden.
Ein völlig legaler Parkplatz in der Innenstadt ohne Parkuhr am Samstagmorgen.
Das eigene, frisch bezogene Bett nach einem Vierzehn-Stunden-Flug über acht Zeitzonen hinweg. Und dann mitten in der Nacht vom Jetlag aufwachen und rüberlangen, und der Kerl liegt da, und man ist endlich wieder zu Hause.
Fotos von Gisele Bündchen mit Cellulite.
Die hundertste Wiederholung von »Die Spur des Falken« nachts um zwei auf irgendeinem Kabelsender, dazu einen achtzehnjährigen Glen Morangie.
»Sea Breeze« von Chet Baker im Walkman beim Strandspaziergang in der Spätnachtmittagssonne, mit den Füßen im Wasser.
Zimt.
Hummer.
Das Rübenmus von meiner Mutter.
Kirschen ganz oben im Baum essen.
Gehaltserhöhung kriegen, ohne zu fragen.
Sommerregen.
Zum ersten Mal beim Bankdrücken im Fitness-Studio fünfzig Kilo schaffen.

Das Klassentreffen mit der Überzeugung verlassen, am glücklichsten von allen geworden zu sein.
Mit ihm aufwachen, und auf meinem Hintern klebt eine Münze, von der wir keine Ahnung haben, wie sie dahin gekommen ist.

Er

Ein wirklich riesiges, unglaublich dickes, phantastisch abgehangenes, leuchtend blutiges Steak nach einem zweitägigen Schlaf.
Wundertore.
Der Geruch von Benzin bei Speedway-Rennen.
Das Lächeln der Kellnerin in der Galleria Vittoria Emanuele gegenüber dem Mailänder Dom.
Alte Tennisschuhe.
Die Tränen von Michael Schumacher, nachdem er die Weltmeisterschaft im vierten Jahr hintereinander vergeigt hat.
Ein Liebespaar-Ruderboot zum Kentern bringen und das Geheule der Frau genießen, weil sie sich gerade ihre doofe Frisur ruiniert hat.
Einer Frau den letzten Parkplatz im Umkreis von 100 Quadratkilometern davonzuschnappen.
Den selbst durch den Zoll geschmuggelten Computer nach einem 24-Stunden-Flug über zwölf Zeitzonen hinweg konfigurieren und eine E-Mail an die Frau, die man in Neuseeland kennengelernt hat, schicken.
Fotos von Gisele Bündchen ohne alles.
Die hundertste Wiederholung des historischen österreichischen Sieges über Deutschland in Cordoba, nachts um zwei auf Eurosport, dazu ein Sixpack »Gösser Bier«.
»Highway to Hell« von AC/DC auf einer wirklich guten

Anlage vor dem Spiegel, dazu ein Luftgitarrensolo auf der Fender Stratocaster.
Senf.
Hummer töten.
Nicht zu ihren Eltern mitfahren müssen, wenn es dort Rübenmus gibt.
Pfirsichhaut.
Mehr Gehaltserhöhung zu kriegen als sie.
Die nassen T-Shirts von Frauen bei Sommerregen.
Im Fitness-Studio neben einer Frau Gewichte stemmen.
Auf dem Klassentreffen feststellen, dass der größte Angeber von damals Gebrauchtwagenhändler geworden ist.
Mit ihr aufwachen, und auf ihrem Hintern klebt eine Münze, von der wir keine Ahnung haben, wie sie dahin gekommen ist.

VIII.
Diplomatische Beziehungen

68 Du kannst ruhig du zu mir sagen
Die erste Begegnung mit den Eltern des anderen

Sie Wie ist deine Mutter so? Geht das noch ein bisschen genauer als »wie Mütter eben so sind«? Meinst du, sie mag mich? Ja, es könnte mir egal sein. Nein, es ist mir nicht egal. Weil ihre Meinung bestimmt Einfluss auf dich hat. Lach nicht so blöd. Ganz einfach: Wenn sie mich nicht gut findet, lässt sie bestimmt immer, wenn sie dich anruft, kleine Bemerkungen fallen. Jedes Mal. Und eines Tages fängt das an zu wirken. Und dann fragst du dich auch, ob du dir nicht doch besser jemanden suchen solltest, der zu Hause bleibt und deine drei Kinder aufzieht. Was heißt hier: welche Kinder? ALLE Mütter wollen Enkelkinder. Ist doch klar. Warum, weiß ich auch nicht. Irgendwas Genetisches, das da durchbricht. Das Sippen-Gen. Die Sicherheit, dass der Generationenvertrag nicht gebrochen wird. Oder hat deine Mutter etwa noch keine Bemerkungen gemacht darüber? Na siehst du.

Die Mütter sind überhaupt immer das Schwierigste. Wenn du die im Sack hast, ist das mit den Vätern überhaupt kein Problem mehr. Väter finden Freundinnen von Söhnen immer gut. Weckt Phantasien, vermutlich. Dein Vater ist ein harter Brocken, sagst du? Das sagen alle vorher. Warte nur ab.

Okay, das Wichtigste ist der Rock. Ich habe einen Rock, der todsicher ist. Funktioniert immer bei Bewerbungsge-

sprächen. Nicht zu kurz für die Mütter, nicht zu lang für die Väter. Eng genug für die Väter, klassisch genug für die Mütter. Nein, natürlich hast du den noch nie gesehen. Für Söhne ist der ja auch nichts.
Was heißt hier Taktik? Nun sei doch nicht gleich so beleidigt. Natürlich sind deine Eltern was Besonderes. Ganz anders als all die anderen Eltern. Sind eben deine Eltern. Ehrlich, ich freue mich schon auf sie.

Er Wo hat sie denn den her? Ist der psychisch gestört oder was? Wieso schaut denn der so komisch? Die schläft doch nicht wirklich mit dem? Der schläft doch nicht wirklich mit ihr? Glaubt sie denn, sie kriegt nichts Besseres? Was hat sie noch mal gesagt, was er beruflich macht? Verdient der überhaupt sein eigenes Geld? Oder läßt sie sich wieder ausnützen? Hat der immer so abgelatschte Schuhe an? Warum kann sich der nicht mal die Fingernägel putzen? Warum merkt sie nicht, dass der sich nicht einmal die Fingernägel putzen kann? Glaubt sie wirklich, dass wir von dem ein Enkelkind haben wollen? Wie lange glaubt sie eigentlich, dass das mit dem gut geht? Hat sie immer noch nicht die Schnauze voll von diesen Laberköpfen? Hat sie eigentlich schon erwähnt, was seine Eltern machen? Oder ist das der Typ, der aus dem Waisenhaus kommt? Warum hat sie eigentlich schon wieder einen Neuen? Warum fallen diesen Typen eigentlich immer nur dieselben Blumensträuße mit demselben langweiligen Schleierkraut ein? Kann sie nicht einmal einen kennenlernen, der Arzt ist oder Rechtsanwalt? Warum hat denn der nicht einmal ein eigenes Auto? Hat sie jetzt gesagt, dass sie zusammenziehen wollen oder nicht? Das kann sie doch nicht ernst meinen, oder? Das hat sie doch nicht von uns, dass sie überhaupt keine Menschenkenntnis hat? Warum heiratet die nicht einfach und führt uns nicht dauernd noch so einen Stoffel vor, mit dem das ganz sicher wieder nichts wird? Hat der jetzt wirklich seine Hand an seiner Hose abgewischt? Der wird doch nicht ekelige Schwitzhände haben? Warum sind diese Typen, die sie sich aussucht, eigentlich immer so nervös? Vor uns muss doch keiner nervös sein, oder? Warum guckt der denn die ganze Zeit, als würde er sich fürchten vor uns?

»Hallo. Sie hat uns schon viel von Ihnen erzählt. Du kannst übrigens ruhig du zu uns sagen.«

69 Dienstleister
Jede Liebe braucht eine funktionierende Infrastruktur

Sie Das verstehst du eben nicht, sage ich. Nein. Das verstehe ich nicht, sagt er. Du willst eine Putzfrau anheuern, und deshalb putzt du seit drei Stunden die Wohnung?
Ist doch wohl logisch. Sie soll schließlich nicht denken, wir wären Schlampen.
Erstens sind wir Schlampen, deshalb brauchen wir doch eine Putzfrau. Soll doch froh sein, dass wir ihr eine Existenzgrundlage liefern. Und zweitens: Wieso sollte sie

besser von uns denken, wenn die Zeitschriften nach Erscheinungsmonat geordnet sind? Oder was machst du da sonst gerade?
Zum Beispiel schmeiße ich alles weg, was irgendwie peinlich ist. Sag mal, brauchst du diese albernen Superman-Hefte wirklich noch? Die wirst du doch nie wieder lesen. Hoffe ich jedenfalls.
Du fasst nicht meine Comic-Sammlung an! Die wird mal ein Vermögen wert sein.
Aber sicher. Ebenso wie deine Bierflaschensammlung.
O Mann, wenn ich daran denke, wie eine wildfremde Person meine Bierflaschensammlung behandelt ... Du musst ihr unbedingt einbläuen, dass das kein Leergut ist.
Was heißt Leergut denn auf Polnisch?
Bitte keine blöden Witze, hier geht es um Leben und Tod. Ich muss sofort meine Bierflaschensammlung zu Frank bringen. Das würde ich nicht aushalten ...
O Gott, nur noch zehn Minuten, dann kommt sie. Kannst du mir nicht ein bisschen helfen? Du könntest doch zumindest das Klo putzen, wenn du schon so schlecht zielen kannst.
Ich bin doch nicht bescheuert.
Typisch. Das ist doch wieder mal typisch. Den ganzen Haushalt darf ich allein machen.
DAFÜR HAST DU DOCH JETZT EINE PUTZFRAU!!!
Ich habe sie doch noch gar nicht. Vielleicht will sie uns ja gar nicht. Vielleicht saugt sie gern und hasst Parkett. Vielleicht mag sie unsere Möbel nicht.
WIESO SOLLTE SIE UNSERE MÖBEL MÖGEN MÜSSEN, UM SIE SAUBER ZU MACHEN?
Und außerdem haben wir noch nicht mal eine Spülmaschine. Das ist doch eine Zumutung für Putzfrauen.

Ach, aber für uns war das nie eine Zumutung.
Das ist doch was anderes. Scheiße, es klingelt. Das ist sie.
Wie sehe ich aus?
Verschwitzt, verdreckt, völlig fertig – ich würde sagen: wie eine Schlampe.

Er Kannst du das nicht für mich tun?, fleht sie mich an, und sie meint damit, dass ich unserer Putzfrau kündigen soll. Ihrer Putzfrau, um genau zu sein. Die sie vor fünf Jahren für fünfzehn Mark die Stunde angestellt hat, jeden Donnerstag sechs Stunden lang, aber kontrolliert haben wir das nie, wir sind ja im Büro.
Nein, sage ich, weil ich nicht einsehe, wieso ich etwas abschaffen sollte, was ich mir nie angeschafft hätte. Und zweitens gehört es sich nicht, Menschen, die auf Putzjobs angewiesen sind, aus einer Laune heraus zu feuern.
Laune ist gut, sagt sie, die ist doch todsicher nur zwei Stunden da statt der sechs, die wir ihr bezahlen, so staubig, wie das immer ist.
Du bist doch nur sauer, weil sie dir schon wieder eine Vase zerdeppert hat.
Und die Teekanne. Und den Lampenschirm neulich. Und die Martinigläser. Dabei habe ich die extra nach hinten geräumt. Man könnte fast meinen, die hat was gegen uns.
Gegen dich, sage ich, von mir hat sie noch nie was kaputt gemacht.
Und wenn sie deinen Computer zerdeppern würde?, fragt sie.
Dann würde ich sie feuern, sage ich.

Willst du so lange warten?, fragt sie.
Warum soll ich ihr kündigen, wenn ich zufrieden mit ihr bin?
Weil wir ein Paar sind, sagt Madame. Und ich kann das einfach nicht.
Du hast sie doch angestellt.
Das ist mir schon schwer genug gefallen. Meine Mutter hat ihr Leben lang keine Putzfrau gehabt.
Und, hast du es bereut?
Nein, sagt sie, es ist das Beste, was ich mir je geleistet habe.
Wieso willst du sie dann feuern?
Wieso soll ich dafür bezahlen, dass mir jemand die Wohnung zerdeppert?
Vielleicht solltest du ihr mehr bezahlen, sage ich. Vielleicht protestiert sie ja dagegen, dass sie noch nie Gehaltserhöhung bekommen hat.
Die kriegt doch 45 Mark die Stunde, sagt sie.
Ich dachte fünfzehn.
Die belinkt uns doch.
Dann musst du sie eben feuern.
Nein, du.
Und wer soll dann unsere Wohnung putzen?
Na, wir beide, sagt sie. Das haben wir früher doch auch gemacht.
Aber ungern.
Was sollen wir denn deiner Meinung nach machen?
Wir geben ihr Gehaltserhöhung, sage ich. Vielleicht motiviert sie das. Zwanzig die Stunde.
Okay, sagt sie. Du zahlst.

70 Wahre Freunde
Auch in glücklichen Partnerschaften sollte man nicht auf intensive Kontakte zu anderen Menschen verzichten

Sie Irgendwann war ich das Gezicke leid. »Was hast du bloß immer so lange mit dem zu quatschen?«, mufft er, wann immer ich mit Cornelius unterwegs war und spät nach Hause komme. Dies und das, sage ich dann, Dinge, die dich sowieso nicht interessieren. Wir diskutieren die neuen Pringle-Chips *Sour Cream 'n' Onion Light*, zum Beispiel, und wie unbequem der neue Stuhl von Philippe Starck ist, auch wenn die Sache mit dem Plexiglas eigentlich eine Superidee ist. Oder hast du zu diesem Thema was beizutragen?

»Du könntest mich zumindest fragen, aber du kommst ja nicht mal auf die Idee«, mault er.

»Und warum muss es diese Schwuchtel sein? Kannst du das nicht mit Vanessa besprechen?«

»Klar könnte ich«, sage ich, »aber Cornelius ist einfach amüsanter.«

Wie gesagt, irgendwann war ich es leid. So geht das nicht weiter, habe ich gesagt. Warum gehst du nicht mal mit mir und Cornelius aus? »Super, wollte ich schon immer mal, das dritte Rad am Wagen bei euch sein«, höhnt er. Dann sagt er zu. Scheiße, damit habe ich nicht gerechnet.

Ich rufe Cornelius an.

»Es ist so weit«, sage ich, »D-Day. Er will mit.«

»Mach dir keine Sorgen, Schätzchen«, sagt Cornelius. »Wir geben ihm das volle Programm. Danach will er nie wieder mit.«

Der Abend startet mit Kino. Cornelius und ich haben uns für ein Barbra-Streisand-Double Feature aus »The Way We Were« und »Yentl« entschieden. Im Original. Mit Dolby Surround. Ich sitze in der Mitte. Mein Liebster starrt mit zusammengepressten Lippen auf die Leinwand. Ja, so könnte es klappen.

Danach gehen wir Sushi essen. Er hasst Sushi. Weiberessen, sagt er immer. Mit äußerstem Widerwillen pult er den Fisch von den Reisbällchen und wälzt den Reis im Meerrettich. Kurz danach läuft er keuchend aufs Klo. Wir rollen die Augen.

Dann gehen wir in diese neue Transen-Bar. Er hasst Transen. Okay, damit hat er sogar Recht. Wir sind auch nur hier, um das Programm durchzuziehen. Wir trinken Cocktails mit albernen Namen. Gegen drei tragen mich die beiden zum Taxi.

Am nächsten Morgen steht er vor unserem Bett und wirft mir die Anstaltspackung Alka Seltzer auf den Bauch. Ich stöhne. »Was ist gestern Abend noch passiert«, frage ich.

»Nachdem wir dich ins Bett gestopft hatten, habe ich mich noch zwei Stunden super mit Cornelius unterhalten. Großartiger Typ. Warum hast du mir nie gesagt, dass er gar keine Schwuchtel ist?«, fragt er.

»Weil du es nicht verkraftet hättest«, stöhne ich.

Fantastisch. Ein Freund weniger. Er dafür einen mehr.

Er Manchmal, wenn ich nach Hause komme, ist Cornelius schon da. Ich weiß selbst, dass nur Schnösel so heißen, aber im Unterschied zu Ihnen darf ich das nicht laut sagen. Cornelius ist einer ihrer engsten und ältesten Freunde. Er war da, als es mich noch nicht gab, und er wird da sein, wenn ich nur noch einer von denen bin, deren Namen sie sich nicht merken konnte. Bis es so weit ist, sitzt Cornelius an meinem Tisch, liest meine Zeitung, hört meine CDs, trinkt meinen Campari, und ihm gegenüber sitzt meine Frau.

Hallo, sagt Cornelius, wenn ich nach Hause komme, wie geht's denn so, lass dich nicht stören. Danke, Arschloch, sehr gnädig, denke ich, und setze mich zu den beiden, auf den Besucherstuhl. Was sie beide wohl nicht so gern haben. Weswegen ich gleich wieder aufstehe, um mich in die Wäschekammer zu verkriechen und ein paar von ihren schwarzen Slips mit ein paar von ihren weißen T-Shirts auf 100 Grad zu kochen. Übersprungshandlungen waren schon immer meine große Schwäche.

Cornelius hat keine Schwächen. Er arbeitet als Modefotograf, er hat Kate, Naomi und Linda nackt gesehen, aber er kommt immer wieder zu meiner Liebsten zurück. Er sagt, sie wäre der einzig normale Mensch in seinem Leben, und immer bringt er ihr etwas mit aus New York, Paris, Mailand und London – dieselbe Kate-Spade-Tasche, wie alle Supermodels sie jetzt haben oder ein Dutzend Mac-Lippenstifte. Vor Jahren haben, sie gemeinsam im Seminar gesessen, sie waren gemeinsam in Italien, sie haben Nächte durchgeredet, sie haben Nächte durchgesoffen, und nie hat sie gesagt, dass sie morgen früh raus muss. Nur geschlafen haben sie nie miteinander. Das macht Cornelius unbesiegbar und seine Bezie-

hung zu ihr unkaputtbar. Ich bin nur ihr Mann, Lover, Stecher, einer von vielen, die Cornelius kommen und gehen hat sehen. Er dagegen ist ihr Freund, so weit wie er werde ich nie kommen.
Manchmal wäre ich gerne er und würde auf meinem Stuhl sitzen und meinen Campari trinken und meine CDs hören, und er käme zu sich nach Hause, und ich würde in diesem gönnerhaften Ton sagen: »Hallo, wie geht's, lass dich nicht stören.« Und dann würde ich ihm zusehen, wie er sich in die Wäschekammer verpisst, und dann würde ich zu ihr sagen: »Wäscht er jetzt wieder deine Slips und deine T-Shirts kaputt?«, sie würde mit den Augen rollen, und ich würde sagen: »Mach dir nichts draus, Liebhaber sind eben so, aber du hast ja immer noch mich«, und sie würde mir dankbar die Hand tätscheln, und dann würde ich sagen: »Ich habe dir übrigens ein paar coole T-Shirts aus New York mitgebracht«, und sie würde mich anhimmeln und sagen: »Hast du heute Abend schon was vor, Cornelius, warum isst du nicht einfach mit uns?«

71 Wahlverwandtschaften
In welche Gesellschaft man sich als Paar begibt

Sie Wir müssen. Wir haben schon zweimal abgesagt. Ich habe auch keine Lust, aber diesmal müssen wir. Jajaja, ich kann die genauso wenig ab wie du, aber wir können da nicht mehr raus. Die waren jetzt dreimal bei uns zum Essen, wir waren zweimal bei denen, wir können nie wieder raus aus der Nummer, das ist so bei Paaren, wir sind bis an unser Lebensende aneinander gekettet, mal gibt's Essen bei ihnen, mal gibt's Essen bei uns, das ist final. Jetzt reiß dich zusammen, ich habe Birgit gesagt, dass du morgen ganz früh raus musst. Kannst du dir das merken? DU MUSST MORGEN GANZ FRÜH RAUS. Lüg halt was, Präsentation in München oder so. Streng dich halt ein bisschen an. Nur so kommen wir vor elf da weg.

»Hallo, da seid ihr ja endlich. Nein, macht doch nichts, Patrick hat noch gar nicht angefangen zu kochen. Peter, willst du nicht mal zu ihm in die Küche? Du kochst doch auch immer so schön. Fein, dass es nach all den Monaten doch mal geklappt hat. Oh, die schönen Blumen, das wäre doch nicht nötig gewesen, mal sehen, ob ich eine so kleine Vase finde.«

Ich habe sie immer schon gehasst, Birgit. Die blöde Kuh. Tut immer so herzlich, dabei würgt sie mir immer einen rein. Tut immer so vertraulich, dabei versucht sie nur, mich auszuhorchen, um alles brühwarm und völlig verdreht weiterzuerzählen. Und jetzt muss ich auch noch allein mit ihr hier hocken und ihre lauwarme Weißwein-Plörre trinken.

»Wie geht es euch?«, frage ich matt.

»Mir geht es gut!«, sagt sie strahlend.

»Wie schön«, sage ich, »und Patrick?«

»Dem nicht so, schätze ich.«

»Ach«, sage ich, »wieso denn?«

»Na ja«, sagt sie, »ich werde ihn verlassen.«

Zwei Dinge schießen mir durch den Kopf. Erstens: Der Glückliche. Zweitens: Das kann ja wohl nicht wahr sein, dass wir unsere Zeit mit einem Paar verschwenden müssen, das wir A. nicht ausstehen können und das B. noch nicht mal mehr ein Paar ist. Ich meine, das geht doch nicht. Man kann doch nicht einfach nicht mehr ein Paar sein und trotzdem noch andere Paare einladen. Wo kommen wir denn da hin?

»Wieso das denn?«, sage ich und versuche, meine Empörung wie Fassungslosigkeit klingen zu lassen. »Ihr wart doch immer so glücklich.«

»Ach Glück«, sagt sie, »wer ist schon wirklich glücklich?«

Wir, will ich sagen, aber das ist jetzt vielleicht nicht der richtige Zeitpunkt. »Und wieso?«, frage ich.

»Ach, ich habe da jemanden kennengelernt«, sagt sie lässig, »einen Studenten. Mal was Jüngeres.«

DU?, denke ich. Du blöde Kuh, du bist die Letzte, die was Jüngeres verdient. Aber jedenfalls sind jetzt diese albernen gegenseitigen Essenseinladungen vorbei.

Sie lacht versonnen: »Bei unserem nächsten Essen komme ich dann mit Sascha, abgemacht? Oh, da kommen ja schon die Männer.«

Es wurde dann noch ein sehr zäher Abend.

Er

Wir gehen essen. Zu Birgit und Patrick, zwei kompletten Langweilern. Aber sie sind ein Paar. Deswegen laden sie andere Paare ein. Wir müssten nicht hingehen. Aber sonst lädt uns ja niemand mehr ein.

»Na, Alter«, sagt Patrick, während ich ihm beim Schalottenhacken helfe, »wie geht´s?«

»Bestens«, sage ich und denke, dass es das Letzte ist, Paare zum Essen einzuladen, um sie dann eine Runde Schalotten hacken zu lassen.

»Und dir?«, frage ich.

»Wir wollen uns trennen«, sagt Patrick, gibt dem Alu-Fisch-Paket noch etwas Oberhitze, und dann beginnt er zu heulen.

»Wieso?«, frage ich, »ihr seid doch das Traumpaar, sag bloß nicht, du hast eine andere.«

Natürlich hat er eine andere, denke ich, wenn ich Birgit hätte, hätte ich auch eine andere, wie soll man es schon mit so einem Hausmütterchen aushalten können.

»Sie hat sich verliebt«, sagt Patrick, während aus dem Backrohr schwarzer Qualm quillt, »in einen Typen aus der Uni, so einen Motorradfahrer ...«, den Rest kann ich wegen seinen Schluchzens nicht verstehen.

»Mach doch mal das Fenster auf!«, sage ich, etwas Besseres fällt mir nicht ein, außerdem will ich nicht ersticken – nicht wegen eines Typen, der zu dämlich ist, eine Frau wie Birgit zu halten.

»Und jetzt?«, fragt Patrick.

»Schalt endlich dieses verdammte Backrohr ab!«, brülle ich, »und hol den Fisch raus!«

»Ich meine mit Birgit«, winselt Patrick.

»Was macht sie denn mit einem Studenten«, frage ich, »die ist doch schon 35.«
»Sie sagt, sie will das ausleben.«
»Auweia. Ich glaube, du hast keine Chance mehr.«
»Wieso?«
»Wenn Frauen etwas ausleben wollen, gehen sie über Leichen. Kennst du den Typen?«
»Ja«, schluchzt Patrick. »Er war öfter hier. Hat mit ihr eine Arbeit geschrieben, Schwellenmärkte oder so ähnlich, und ich hab ihnen sogar noch gekocht.«
»Da siehst du's mal.«
»Was willst du damit sagen?«, heult Patrick.
»Ach nichts. Birgit war doch immer so häuslich. Die wollte doch Kinder haben, dachte ich.«
»Sie hat gesagt, das wäre nur aus Verzweiflung über uns gewesen. Weil sie sich so gefangen vorkam.«
»Du warst doch der wilde Hund, als ihr euch kennengelernt habt. Und sie hat dich dann an die Kette gelegt.«
»Sie meint, sie hat sich in einen ganz anderen Mann verliebt als in den, der ich jetzt bin.«
»Kauf dir doch auch ein Motorrad. Und dann bläst du den Typ weg und machst ihr ein schlechtes Gewissen, weil sie daran dachte, sich von einem wie dir zu trennen.«
»Meinst du, kann man das noch essen?«, fragt Patrick und sieht mich aus großen braunen Bambiaugen an.
Wir haben dann Pizza bestellt. Und es wurde ein sehr zäher Abend.

72 Party-Paar
Warum Sie gemeinsame Auftritte gut planen sollten

Sie *Was soll ich anziehen?*
Den grauen Anzug.
Ich mag aber lieber den schwarzen.
Dann den schwarzen.
Muss ich mich rasieren?
Wäre besser.
Müssen wir da wirklich hin?
Kalle ist doch dein Freund.
Na jedenfalls sehe ich dann Jenny mal wieder.
Von Jenny hat er sich vor zwei Jahren getrennt.
Wirklich? Und wer kommt sonst? Hoffentlich nicht wieder diese Kuh, die immer Alanis Morissette auflegt.
Nein, die hat sich vor den Zug geworfen, nachdem du laut über verklemmte Puten mit einer Schwäche für Klampfen-Elsen doziert hast.
Dann wird es ja wenigstens diesmal ein netter Abend.
Bestimmt, Liebling.
Ich habe das Geschenk besorgt. Ich kenne die Adresse. Ich fahre. Ich sage, versuch bitte heute keine Witze über die kurzsichtige Frau von Jörg zu machen. Er guckt aus dem Autofenster und legt sich gerade die erste Pointe zurecht.
Ich mache Smalltalk. Er steht stumm daneben. Ich sage, wie wär's, wenn du uns Wein holst? Er sagt, ich weiß aber nicht, wo. Ich hole Wein. Er trottet hinterher. Ich frage, willst du mir den ganzen Abend an den Hacken kleben? Er sagt, du wolltest ja unbedingt hierher. Er be-

ginnt, die Plattensammlung des DJs durchzusuchen. Er grunzt bei jeder zweiten Platte verächtlich. Ich gehe in die Küche und helfe abzuwaschen. Er setzt sich auf den Mantelstapel im Schlafzimmer und guckt »Das aktuelle Sportstudio«. Ich stoße nach einer Stunde zurück zur Party. Er steht in einem Kreis herzlich lachender Frauen. Er imitiert gerade, wie ich immer schnarche. Er erzählt, dass er im nächsten Sommer ein Segelboot kaufen wird und auf dreimonatigen Einhandtörn im Mittelmeer gehen wird. Ich höre davon zum ersten Mal. Er tanzt Lambada mit einer vollbusigen Schwarzhaarigen. Er tanzt sonst nie. Gegen halb fünf trage ich ihn zusammen mit Kalle ins Auto. Aus seiner Tasche fällt ein Zettel mit einer Telefonnummer.
War doch nett, die Party. Hast du dich auch so gut amüsiert?
So gut wie lange nicht mehr, Liebling.

Er

Können wir jetzt endlich gehen?
Gleich, ich muss mir noch die Beine rasieren.
Wieso denn, du trägst doch eine Hose?
Nur noch zehn Minuten. Findest du eigentlich, dass ich zugenommen habe?
Nein, du siehst großartig aus.
Das sagst du doch nur, weil du endlich hier raus willst.
Stell dich doch auf die Waage, die lügt nicht.
Damit ich völlig deprimiert bei Kalle einlaufe und du allen Frauen leid tust?
Im Auto fragt sie, wen ich mit meinem Rasierwasser beeindrucken will. Niemand, sage ich, wieso? Weil du das bei mir nie nimmst. Jeden Tag, aber das ist dir wohl entgangen. Sie schweigt. Ich erspähe einen Parkplatz vor

Kalles Nachbarhaus. Sie fährt weiter. Das ist ein Signal. Es bedeutet: Wir sind zwar ein Paar, aber nicht heute Abend. Ich definiere mich nicht über meine Beziehung. Schon gar nicht, wenn andere Leute im Raum sind. Wir parken fünfzehn Minuten Fußweg von der Party entfernt.
Habt ihr euch gestritten, weil ihr so spät kommt, will Kalle wissen. Nein, sage ich, alles im grünen Bereich, ich brauche jetzt dringend einen Drink. Ich gehe in die Küche, ess die Reste von den abgefutterten Buffettellern und lasse mir von Vanessa erzählen, dass sie sich ein Handy angeschafft hat, weil Stefan immer noch Telefonterror macht. Vanessa ist die beste Freundin meiner Liebsten, aber meine Liebste steht immer noch im Wohnzimmer und redet mit Kalle und seinem neuen Untermieter, diesem langweiligen Philosophie-Studenten über die strukturellen Asymmetrien in postmodernen Partnerschaften. Seitdem du den Typen los bist, siehst du übrigens hinreißend aus, sage ich zu Vanessa und schreibe mir ihre Handy-Nummer auf. Meine Liebste kommt in die Küche, sieht uns reden und Martinis trinken und beginnt wortlos das Geschirr zu spülen. Irgendein Idiot legt Alanis Morissette auf. Klasse, jubelt Vanessa, endlich ein Stück, zu dem man tanzen kann. Während ich ihr folge, kann ich hören, wie ein Stapel Dessertteller zu Bruch geht.

73 Die Ex-Files
Schatten der Vergangenheit

Sie Es gab eine Zeit, als der Mann noch Haare hatte und schmale Wangen und einen lodernden Blick. Das entnehme ich zumindest seinem Passfoto, dessen schockierender Anblick ohne Umschweife zu der Frage führt, auf wen er diesen lodernden Blick einst geworfen hat und wer ihm durch die Haare fuhr, als die noch auf dem Kopf wuchsen und nicht auf dem Rücken. Mit anderen Worten: welche verdammten Weiber es gewagt haben, sich früher mal an meinem Kerl zu vergreifen.

Das so genau wie möglich zu wissen ist für eine Hochrechnung über die Chancen der jetzigen Beziehung unverzichtbar. Durch völlig beiläufige, komplett desinteressierte Vernehmungen (»Und wie war die Schlampe so im Bett?«) kann man erfahren, dass er schon immer Frauen mit kleinen Brüsten geliebt hat (beruhigend), aber fast nur dunkelhaarige (beunruhigend), dass er aus purer Faulheit Anhänger langer Beziehungen ist (beruhigend), aber auch mal monatelang zwischen Wien und Graz pendelte, um gleich zwei Damen glücklich zu machen (beunruhigend) – ohne dass die davon das Geringste bemerkt hätten (müssen bekloppt gewesen sein, trotzdem sehr beunruhigend).

Und nun? Nun gibt es drei Möglichkeiten, mit der Vergangenheit klarzukommen. Erstens: durch die Einsicht, dass die Ehemaligen so wenig mit seinem derzeitigen Leben zu tun wie, sagen wir mal, seine Ex-Haare, Ex-

Klamotten (Afghanen-Mantel) und Ex-Überzeugungen (Titoismus) – alles blöde Angewohnheiten, längst abgelegt. Zweitens: statt mit der ladyliken Zählung der eigenen Lover (geteilt durch zwei plus drei minus diejenigen, mit denen man nicht gefrühstückt hat) mit der bitteren Wahrheit zu kontern: »Ich? Hm, lass mich nachrechnen ... 33, 34, ach nein, da war ja noch der kleine Referent auf dem Kongress, 35, und die zwei auf Goa, macht 37, und dann ...« Und drittens und bestens: mit der Erkenntnis, dass man den Mann zwar leicht angeditscht übernommen hat, dafür aber als stubenreinen Sitzpinkler, weitgehend zivilisiert und halbwegs bewandert in den essentiellen Liebestechniken.

Also – danke, die Damen. Unbekannterweise. Ihr habt mir viel Arbeit erspart.

Er

Was Geschichte betrifft, ist meine Haltung eindeutig. Totale Verdrängung und Verleugnung, wenn es um mich geht; und zur Kompensation vollständige Aussöhnung mit ihrer Vergangenheit. Mit Ingolf zum Beispiel. Ingolf ist ihre peinlichste Jugendsünde, der Mann zehn oder zwölf Männer vor mir, so genau wissen wir beide es nicht. Manchmal besucht er uns auf der Durchreise zu einem Kurzfilmfestival oder Wurzel-Chakra-Seminar, und dann serviere ich den beiden Apfelkorn, ihr Lieblingsgetränk, als sie einander noch liebten und das Paar des Jahrhunderts waren, so locker, so lässig, so libidinös, so unglaublich öde. Ingolf erzählt gerne darüber, man muss ihn nur abfüllen, und schon sprudeln die schönsten Details aus ihm: ihre Dauerwelle aus dem Wintersemester 1982, ihr Faible für

Faltenröcke und Simon and Garfunkel, ihr unglückseliger Untreueversuch mit einem Kommilitonen, der sich dann doch mehr für sein Motorrad als für sie interessierte, und ihre Liebe zu Lava-Lampen. Nichts hat Ingolf vergessen, weder ihre Brandreden gegen genitalfixierte Sexualität noch ihre Cowboystiefel und auch nicht den Plan, die Welt der Wissenschaft aus den Angeln zu heben – der Mann ist ein Phänomen des Langzeitgedächtnisses.

Und sie? Sie hört zu, sie windet sich, sie schweigt. Ingolf kann man nicht unterbrechen, er hört nie zu, daran ist damals ihre Liebe zerbrochen. Und ich? Ich lasse es mir nicht anmerken, aber ich genieße es. Nie wirke ich so sensibel, so strahlend, so vollkommen wie bei Ingolfs Besuchen.

Wenn er sich endlich verpisst hat, fühle ich mich sicher genug, sie zu fragen, wie er denn so war – im Bett. Scheiße, sagt sie verbittert, kam immer zu früh und ging zu spät, darin ist er sich treu geblieben. Tut mir leid, sage ich, und erzähle noch ein wenig von meinen ehemaligen Geliebten, von diesem Supermodel zum Beispiel, das verrückt war nach meinen Händen und leider jung starb, oder von der Frau, die mich in die Liebe einführte, eine unbekannte amerikanische Popsängerin, die sich später Madonna nannte und sich vermutlich nicht mehr an mich erinnert. Manche haben eben Glück. Ich vor allem. Mit Ingolf.

IX.
Bange Fragen

74 Heiraten oder nicht?
In guten wie in schlechten Tagen

Sie An dieser Stelle muss ich ausnahmsweise mal ernst werden. Der Mann an meiner Seite ist ja ziemlich gut soweit, nur in einem Punkt ein Komplettversager: Er verweigert mir beharrlich das Menschenrecht auf eine Hochzeit. Ich will aber, dass ihm einer sagt, dass er jetzt die Braut küssen darf. Ich will, dass er einen unbequemen Anzug an hat. Ich will ein sauteures Kleid tragen, das danach bis an mein Lebensende im Schrank hängt, ganz rechts außen. Ich will eine Liste schreiben, auf der »1 Raclette-Grill, 6 Spaghettiteller, 12 Grappagläser« steht, auch wenn ich nicht die geringste Ahnung hätte, was ich mit dem Krempel anfangen würde. Ich will ein blaues Strumpfband haben und einen Blumenstrauß hinter mich schmeißen und eine absurde Torte anschneiden, zu zweit, als ob das nicht allein schon schwierig und schmierig genug ist. (Zu zweit eine schmierige Torte anschneiden, ist das eine Metapher für das Leben in einer Beziehung? Wahrscheinlich.) Ich will sogar entführt werden und einen Baumstamm durchsägen müssen, ich will all die völlig sinnlosen Dinge tun, für die man sich später schämt, wenn die Fotos entwickelt sind, die man aber nur einmal im Leben tut, es sei denn, man ist Liz Taylor, da hat man schon viele Bäume durchsägen müssen, aber immerhin auch jedes Mal einen fetten Brilli dafür kassiert.

Mit anderen Worten: Ich will eine in Wahnsinn aufgelöste, komplett unzurechnungsfähige Braut sein, und er will es mir nicht gönnen. Männer wollen nie heiraten, sie tun es nur, um ihren Frauen eine Freude zu machen. Das macht diese Heiratsfrage ja so kompliziert: Man will schließlich nicht gefragt werden (schön romantisch, aber nicht peinlich, auf keinen Fall Linda-de-Mol-mäßig und schon gar nicht mit »Hasse Bock?« – schon das kriegen die meisten Männer nicht hin), bloß weil man so genervt hat. Dann lieber gar nicht. Andererseits: Man will halt doch, irgendwie. Schon um später hin und wieder probieren zu können, ob man den Ring auch ohne Seife noch runterkriegen würde.

Er Ob Frank kommt? Klar kommt Frank. Warum soll er denn nicht kommen? Ich meine, so viel säuft er auch wieder nicht. Wir können ihn ja zum DJ machen, dann ist er beschäftigt. Was hast du denn gegen ein paar richtige Anheizer? Die Leute, die wir kennen, sind doch alle in den 80ern groß geworden, die finden AC/DC sicher klasse. Ja, okay, Vanessa nicht, und deine Eltern auch nicht und meine auch nicht, aber wir heiraten schließlich nicht für meine und deine Eltern, sondern für uns. Was heißt »für Frank auch nicht«? Soll ich ihn jetzt ausladen oder was? Okay, wenn du Vanessa auslädst. Ich hab wirklich keinen Bock auf diese Höhere-Töchter-Nummer. Nein, ich habe nichts gegen Vanessa, das weißt du doch. Ich will sie bloß nicht wieder unter einem Typen hervorziehen wie bei unserer letzten Party. Und du solltest dir ruhig schon mal überlegen, wie du reagierst, wenn sie in ihrem rückenfreien Versace-Teil einläuft. Ist ja deine beste Freundin.

Auf keinen Fall Patrick und Birgit. Birgit kommt doch ohne ihren Biker gar nicht. Und dann kannst du dir ja ausmalen, was für einen Flunsch Patrick den ganzen Abend lang zieht. Da können wir gleich unser Begräbnis feiern. Was heißt zynisch? Ich versuche bloß, realistisch zu sein. Okay, dann Birgit und Patrick, aber sag bloß nicht, ich hätte dich nicht gewarnt. Hast du dir eigentlich schon Gedanken darüber gemacht, wann wir uns zurückziehen wollen? Na, für die Hochzeitsnacht, ist doch klar. Was willst du damit sagen? Ich jedenfalls will eine Hochzeitsnacht haben, ich meine, sonst kann man das Heiraten auch gleich lassen. Du willst doch auch ein weißes Brautkleid haben. Nein, das ist nichts anderes. Weißes Brautkleid und Hochzeitsnacht, oder: kein weißes Brautkleid. Ist mir doch egal, was du sonst anziehen sollst, wie wär's denn mit Schwarz, ich dachte, das passt immer. Tut mir leid, ich hab's nicht so gemeint, ich bin eben nervös. Natürlich will dich heiraten, wie kommst du denn darauf?

75 Kinder oder keine?
Eine Entscheidung fürs Leben

Sie Hoppala, da kommt es ja schon, das Bäuerchen. Jaaa, fein gemacht. Vollgekleckert bis oben hin, weil wir mal wieder das Lätzchen vergessen haben, aber macht ja nichts, wir haben ja das gute Persil Megaperls. Den Tisch wischen wir auch noch schnell ab, weil mal wieder alles neben den Teller gegangen ist.

Dutzidutzidutzi. Nein, weg mit den kleinen Patschehändchen von der Tante ihre Brüste. Du sollst da doch nicht immer hinfassen. Ist er nicht ein Wonneproppen, der Kleine? Ganz allerliebst, meistens jedenfalls.

Aber manchmal machen wir uns schon Sorgen. Er ist so aggressiv. Wir haben ihm nur mühsam beigebracht, dass es sich nicht gehört, andere Kinder zu verkloppen. Aber er kann einfach nicht genug davon kriegen, Aliens ins All zu blasen, Mädchen zu ärgern und fremde Männer in Autos anzubrüllen. »Du Sackgesicht!«, ruft er dann immer. »Du Sackgesicht! Lern erst mal fahren!« Wir wissen nicht, was er damit meint. Vielleicht sollte man mal zum Kinderpsychologen ...?

Und dann hat er noch Aufmerksamkeitsstörungen.

Kann einfach nicht zuhören, wenn man ihm was sagt. Dreimal kann man sagen, räum dein Zimmer auf, wirf deine Socken nicht immer auf den Boden, hör endlich auf zu rauchen, aber hinterher tut er immer so, als ob er nichts gehört hätte. Andererseits kann er auch ganz versunken sein in seiner eigenen kleinen Welt. Kann stundenlang zugucken, wenn Autos im Kreis fahren und andere Jungs einen Ball treten. Ganz still wird er da, ganz andächtig. Was wohl in seinem kleinen Köpfchen vor sich geht? Komm, erzähl es der Tante.

So, jetzt müssen wir aber los. Ich muss ihn noch zum Zahnarzt bringen. Nein, allein kann er das noch nicht. Hat immer im letzten Moment wieder kehrtgemacht. Obwohl der Herr Doktor doch wirklich nett ist. Ich verstehe das gar nicht, was ihm da eine solche Angst macht.

Aber wer steckt schon drin in so einer kleinen Seele, nicht wahr?
Ob ich eines Tages mal Kinder will? Nein. Wozu? Solange man einen Mann hat.

Er Wenn wir ein Kind hätten, würde sie Nina heißen. Sie sähe keinem von uns beiden ähnlich, hätte aber meine Intelligenz, sowohl kognitiv als auch emotional. Papa, würde Nina sagen, warum lacht Mama so selten, hat sie uns nicht mehr lieb? Natürlich hat sie dich lieb, würde ich sagen, aber manchmal fühlt sie sich ein wenig müde. Arme Mama, würde Nina sagen, und dann würden wir weiter mit den Fingerfarben matschen. Und ihre Mama würde beschließen, noch ein Heublumenbad zu nehmen, zur Entspannung.
»Was ist los«, würde ich Ninas Mama fragen, später, nachdem ich Nina ins Bett gebracht und ihr drei Kapitel aus den *Fünf Freunden* vorgelesen hätte, »du wirkst so bedrückt.« Und dann würde mich Ninas Mutter ganz ernst angucken und sagen, dass wir miteinander reden müssten. Worüber, würde ich fragen, und sie würde sagen, dass sie sich das alles ganz anders vorgestellt hätte.
»Aber du wolltest doch, dass du weiterarbeiten kannst und ich mich um das Kind kümmere«, würde ich sagen, und sie würde ganz schmale Lippen bekommen und »Kind! Kind! Wenn ich das schon höre! Alles dreht sich nur noch um das Kind!« sagen. Und wenn ich dann versuchen würde, sie in den Arm zu nehmen, würde sie mich wegstoßen und »Lass mich!« fauchen und dass sie es so satt hätte, jeden Abend nach Hause zu kommen, und da wären nur ein Haufen Spielsachen und überall

Kinderklamotten und ein Mann, der nur noch fleckenbesprenkelte Schlabberpullis trägt und in den letzten sechs Monaten mindestens acht Kilo zugenommen hat, und den nächsten Urlaub würden wir ja wohl wieder auf dem Bauernhof verbringen und Nina Kuheuter vorführen und den ganzen Tag lang runzelige Bioäpfel futtern müssen, und sie hätte das alles so satt, und dann würde sie mich fragen, wann wir eigentlich das letzte Mal Sex gehabt hätten. »Du immer mit deinem blöden Sex«, würde ich sagen – und dabei würde ich zu heulen beginnen, »wir haben doch erst im April miteinander geschlafen, und die drei Jahre bis zur Einschulung wirst du doch wohl noch aushalten«, und dann würde ich meinen Frotteepyjama und meine Decke nehmen und aus dem Zimmer stürzen und mich ganz leise zu Nina schleichen und ganz lange nicht einschlafen können.

»Woran denkst du gerade?«, fragt die Frau, die Ninas Mutter sein könnte. »Ach, nichts«, sage ich.

76 Eigentumswohnung oder nicht?
Über den Hang, sesshaft zu werden

Sie An dem Tag, an dem ich für uns ein Doppelbett kaufte, habe ich zum ersten Mal ernsthaft über Trennung nachgedacht. Ich meine: Was macht man mit einem 1,80 Meter breiten Bett, wenn einem der Kerl von der Fahne geht? Nicht dass ich damit rechne, aber man kommt doch ins Grübeln, wenn man so im Möbelladen vor einem 1,80 Meter breiten Bett steht und überlegt, wie es wäre, allein darin schlafen zu müssen. 1,40 Meter – mein früheres Single- und jahrelanges Paarbett – geht wunderbar allein, auf Dauer nicht so doll zu zweit. Aber 1,80 Meter, da liegt man drin und fühlt sich wie ein Versager, wenn keiner neben einem liegt. Will man sowas wirklich kaufen? Will man es wirklich beschwören? Was sind Eheversprechen, was sind Hochzeiten in Weiß, was sind Zugewinngemeinschaftsverträge gegen den Kauf eines 1,80 Meter breiten Betts?

Andererseits: 1,40 Meter geht wirklich nicht mehr. Es ging sieben Jahre, aber irgendwann muss man der Tatsache (aber ist es wirklich eine Tatsache?) ins Auge blicken, dass man kein Single mit gelegentlichem Übernachtungsbesuch mehr ist. Wenn man erst mal an dem Punkt angekommen ist, ist der nächste Schritt eine Eigentumswohnung. Das ist einfach nur logisch. 1,80 Meter = Zukunft = Häuschen bauen = Fantastillionen Schulden, die einem nicht die geringste Luft zum Atmen lassen, und den Urlaub kann man sich auch abschminken in den nächsten Jahren = Stress = Beziehungsärger = Beziehungsende. Sowie man also endlich zu der Einsicht gekommen ist, ein lebenslanges Paar zu sein, tut man Dinge, die diesen Zustand beenden.

Was also tun? Auf 1,40 Meter zur Miete? Nie verkehrt. Einerseits. Andererseits: Man muss auch was riskieren. Man muss auch leiden. Man muss auch zweifeln. Man muss, mit anderen Worten, den Kick der frühen Jahre, den »Wird es was oder nicht?«-Thrill am Leben halten.

Liebe, wenn sie funktioniert, wird langweilig. Liebe auf 1,80 Meter dagegen ... ah!

Er Wir wohnen in 150 Quadratmetern Altbau, Parkett, Wintergarten, herrlicher Stuck, hinten raus ist ein Park. Nicht mehr lange. Sie will nie wieder Miete zahlen, und deswegen ziehen wir jetzt in die Pampa. Sind bloß zwanzig Minuten bis zum Zentrum, behauptet sie, aber das behauptet jeder. In Wahrheit sind es dreimal Umsteigen und nach acht Uhr abends fünfzig Mark fürs Taxi. Wir gehen doch sowieso nicht mehr aus, sagt sie. Damit hat sie Recht. Aber da, wo wir jetzt wohnen, muss man auch nicht ausgehen, Wintergarten, Stuck, und die Frau von gegenüber sonnt sich gerne topless auf ihrem unbehindert einsehbaren Bakon. Wo wir jetzt hinziehen, werden wir einen Fußboden aus Industriebeton haben und Wände aus unverputztem Backstein, sie sagt, das sähe schick aus. Ich wage ihr nicht zu widersprechen. Sie würde denken, ich stünde nicht zu unserer Beziehung, ich hätte immer noch gerne einen Notausgang. Irgendwann müssen wir sesshaft werden, meint sie, und die Hypothekenzinsen sind gerade niedrig wie noch nie. Wir sind doch schon sesshaft, sage ich, sieben Jahre lang, und die Kreditraten sind höher als die Miete. Idiot, sagt sie, Immobilien sind eine Investition in die Zukunft. Warum genügt dir die Gegenwart nicht, frage ich sie. Du redest, als wärst du immer noch siebzehn, sagt sie. Ich will bloß nicht in einer Gegend wohnen, wo Kleingangster mit ihren Pitbulls Gassi gehen, sage ich. Snob, sagt sie. Ich will abends noch einmal losziehen und auf einen Kaffee gehen können, sage ich. Das hast du sieben Jahre nicht getan, sagt sie. Aber was ist, wenn ich jetzt plötzlich Lust darauf bekomme, frage ich. Und deswegen sollen wir uns jetzt keine Eigentumswohnung kaufen, fragt sie. Nein, nicht deswegen, sondern weil man sich in unserem Alter nicht jahrelang binden muss. Da könntest du Recht haben, sagt sie und sieht mich an, als müsste sie sich ganz dringend noch etwas überlegen.

77 Lifting oder nicht?
Über Falten und andere Feinde

Sie Er steht vor dem Spiegel. Verdächtig lange. Besorgniserregend lange. »Was ist los?«, frage ich. »Ich denke nur über etwas nach. Sag mal, wenn du ein Schönheitschirurg wärst, nur mal so angenommen, was würdest du an mir ändern?«
Auf so etwas gibt es nur eine Antwort: »Nichts. Gar nichts.«
»Nein, jetzt mal ehrlich. Sag doch einfach.«
Ist das eine Falle? Vermutlich. Scheiß drauf. »Okaaayyy. Fangen wir oben an. Man könnte ein paar Haarbüschel draufpflanzen. Nur ein paar. Schön gleichmäßig. Nicht zu viel und nicht zu dunkel, damit es nicht auffällt.« Er versucht sich selbst auf den Kopf zu gucken und runzelt die Stirn. »Weiter. Stirn glätten. Tränensäcke wegschneiden. Nase entwulsten. Aknenarben wegfräsen.«

»Mmh.« Er fährt mit dem Finger die Tränensäcke entlang und versucht, die Nase schmaler zu pressen. Federnd springt sie wieder in ihre alte Form.
Langsam rede ich mich in Fahrt. »Schulterhaare epilieren. Wenn wir schon dabei sind: Nasen- und Ohrenhaare epilieren. Rettungsringe wegschneiden. Bauch großflächig abtragen. Hintern enthaaren. Füße amputieren und Spenderfüße annähen.« Versonnen spielt er mit seinen Hammerzehen.
Die Sache beginnt mir Spaß zu machen. »Das wäre so ein kleines Basisprogramm. Gerade mal das Allernötigste. Wir wollen gar nicht reden von Brustimplantaten und Sixpack-Einlagen, von Jacketkronen und ein bisschen Sonnenbräune.«
Er nickt und guckt wieder lange in den Spiegel. »Und gibt es gar nichts, was in Ordnung ist?«
Ich trete einen Schritt zurück. »Hm. Die Beine können so bleiben. Ein bisschen krumm, aber sie passen zu dir. Und der Hintern ist natürlich nach wie vor Weltklasse.«
»Danke. Dann ist's ja gut. Wusste ich doch, dass an mir nichts zu verbessern ist.«

Er

Sag mal, sagt sie, findest du mich eigentlich noch schön?
Ja, sage ich, etwas anderes bliebe mir auch gar nicht übrig. Begeistert hört sich das nicht an, sagt sie, und ich weiß, dass ich es wieder einmal vergeigt habe. Ich versuche gerade, mich auf die Steuererklärung zu konzentrieren, sage ich, aber das nützt nicht mehr viel. Früher musste ich dich nie fragen, ob du mich schön findest, sagt sie, du hast es mir permanent von selbst ge-

sagt. Ich will mich eben nicht dauernd wiederholen, sage ich und weiß, dass das jetzt das Falscheste ist, was ich sagen konnte. Meinst du, man kann Lifting als Sonderausgaben geltend machen, fragt sie, und ich versuche jetzt besser nicht, darauf einzugehen. Könnte sein, sage ich, vielleicht als Werbungskosten, müsste man einmal versuchen. Du denkst also auch, dass ich ein Lifting brauche, sagt sie. Wieso, wer denkt das denn noch, frage ich, und weiß, dass ich sie in fünfzehn Minuten so weit haben werde, dass sie mich nie wieder bei der Steuererklärung stören wird. Du also auch, sagt sie, das wird ja immer besser. Nein, nein, sage ich, das hast du missverstanden, und weiß, dass die Missverständnisse nur noch größer werden können, du hast mich doch gefragt, ob ich auch dächte, dass du ein Lifting brauchst. Und warum antwortest du nicht, sagt sie, denkst du oder denkst du nicht? Ich denke gar nichts, sage ich, aber ich denke, dass ich jetzt wirklich gerne meine Steuererklärung machen würde. Wahrscheinlich würdest du es gar nicht merken, wenn ich mich liften lasse, sagt sie, so desinteressiert, wie du an mir bist. Natürlich würde ich es nicht merken, sage ich, was soll man denn merken, wenn man ein völlig glattes Gesicht strafft, und würdest du mich jetzt bitte in Ruhe lassen? Dann lass ich mir eben die Titten machen, sagt sie, die waren auch schon mal höher. Die Titten nicht, sage ich, und dann schaue ich sie an und frage: Sag mal, worüber redest du eigentlich die ganze Zeit?

X.
Krisen

78 Krank
Die Liebe als Pflegefall

Sie »Und die Asche soll über der Bucht von San Francisco verstreut werden. Kannst ja einen netten Urlaub anhängen, wenn du die Urne ausgekippt hast. Bist ja bestimmt froh, mich endlich los zu sein. Bleibst ja sowieso nur aus Mitleid bei mir. Und auf meinem Grabstein soll stehen ›Hier liegt ein großer Schreiber, Liebhaber und Koch‹«, sagt er röchelnd. Ganz richtig, der Mann hat Schnupfen.
»Quatsch, eine schwere Sommergrippe!«, wehrt er sich. »Die gefährlichste Art. Australische Killerviren. Stand doch neulich erst in der Zeitung. Hust, hust, hust.«
Mit einem hat er völlig Recht: Ich bleibe nur noch aus Mitleid da.
Das Schlimme ist ja nicht, vollgerotzte Taschentücher aus dem Bett zu fischen (selbstverständlich immer nur von meiner Seite des Bettes) oder halbstündlich frischen Tee zu kochen, der dann ungetrunken abkühlt, weil er zu schwach ist, die Tasse zu heben. Das Schlimme ist auch nicht, dass ich ihn entweder belästige oder vernachlässige, je nachdem, wie langweilig ihm gerade ist. Das Schlimme ist, dass ich immer mehr davon überzeugt bin, dass er die gute alte »Der Mann ist krank«-Nummer nur durchzieht, um mir eine Freude zu machen.
Denn es ist doch so: Männer leiden nicht. Woran auch? Es geht ihnen ja prima. Sie sind groß, stark, weitgehend gefühlsimprägniert und immun gegen lästige Anfälle von Selbstzweifel. Richtig weh tut ihnen höchstens,

wenn Jacques Villeneuve in der ersten Runde einen Motorschaden hat oder, schlimmer noch, Schumacher gewinnt. Oder, auch ganz schlimm, Bayern München gewinnt. Obwohl die jetzt ja Effenberg haben. (Was einen unlösbaren Ideologiekonflikt ausgelöst hat – »Darf man die jetzt noch scheiße finden?« – und ganze Stammtische per Magengeschwür dahinraffen wird.)
Nein, verschnupfte Männer tyrannisieren uns nur aus purer Höflichkeit. Damit wir sie einmal richtig bedauern können. »Liebling, kannst du mir bitte – hust, röchel, keuch – Zigaretten holen, ich kriege kaum noch Luft ...«
Aber sicher, Süßer.

Er Der Unterschied zwischen mir und ihr? Ich bin zweimal im Jahr ein paar Tage krank, sie leidet ein Leben lang. Nicht an richtigen Krankheiten wie Zahnschmerzen oder der Australischen Grippe, sondern – an sich selbst. Das allerdings kann ich verstehen. Wie sollte sie sich auch gesund fühlen können, wenn sie doch weiß, dass unter ihrer Gesichtshaut, die jetzt noch glatt und seidenweich und zum Abküssen ist, Freie Radikale ihr böses Spiel treiben, um sie vor der Zeit älter aussehen zu lassen? Das Dumme daran: Gegen Freie Radikale helfen nur weniger Schokolade und Kosmetik im Wert einer Villa, kein Radikalenerlass und keine liebevolle Psychotherapie (»Liebling, es ist normal, dass die Spannkraft der Haut ab dem 12. Lebensjahr nachlässt«, versuche ich zu lügen. »Willst du damit behaupten, dass meine Haut aussieht wie die einer 13jährigen?«, schluchzt sie. Sie ist übrigens schon weit über 30).
Noch schlimmer allerdings als ihre unumkehrbaren kör-

perlichen Verfallssymptome ist ihre chronische Seelenpein. Wäre sie doch Käseverkäuferin geworden statt Journalistin, dann wäre sie jetzt glücklich, mit einem frankophilen Vacherin-Kenner an ihrer Seite statt einem alpenländischen Menschenfeind! Hätte sich doch damals dieser Engländer, in den sie mit 19 verknallt war, auch in sie verknallt, sie könnte jetzt Orchideen züchten statt Neurosen! Hätte sie doch eine schwarze Naturkrause statt ihrer blonden Schnittlauchhaare! Einen Hund statt keinen! Keine Freien Radikale statt welche! Wäre sie doch eine Schwedin statt eine Deutsche, ein Schwein statt eine Mimose, eine andere statt sie selbst, es ginge ihr sicher blendend.

Dagegen hilft nur meine Dr.-Love-Therapie, viel Liebe und Zuwendung, kalorienfreie Schokotorten und glaubwürdig vorgetragene Komplimente über ihren mädchenhaften Körper. Nur manchmal bin ich zu müde zum Heilen. Dann lege ich mir Zahnschmerzen zu oder eine Grippe. Und flüchte ins Bett.

79 Bei Ikea
Gemeinsame Unternehmungen sind wichtig für die Partnerschaft

Sie Als er und ich neulich zu Ikea fuhren ... Stopp. Was ist falsch an diesem Satz? Richtig: Männer. Fahren. Nicht. Zu. Ikea. Unter keinen Umständen.

Besonders nicht mit einer Frau, es sei denn, sie wollen sie rumkriegen.

Also von vorn. Als ich neulich mit ihm zu Ikea fahren wollte, sagte ich beiläufig: »Du, die haben da jetzt so ein brandneues Hifi-Regal, auf dem jede Anlage nach 50 Watt mehr klingt und in dem man 650 CDs unterbringt.« Ein riskanter Eröffnungszug: Selbst Männer wissen, dass auch unter der neuen Regierung nur sterbenshässliche Metalltürmchen zugelassen sind, in denen maximal 20 Kuschelrock-CDs Platz finden. Aber es funktionierte: Er saß im Auto, ich hatte gewonnen.

Eigentlich wollte ich ein Bett. Ein richtiges Bett. Mit Gestell und Matratze. Breit genug für zwei. Mit anständiger Bettwäsche. Was Frauen eben so brauchen in ihrer Spießigkeit. Zehn Minuten später wusste ich, dass ich mal wieder verloren habe. »Wozu brauchen wir einen Duschvorhang?« Ja, wozu eigentlich, es gibt ja mich, und es gibt einen Wischlappen. »Einen Rahmen? Wieso, das Mika-Häkkinen-Poster hält doch gut mit dem Kaugummi.« Ja, Liebling. »Einen Couchtisch brauchen wir auch nicht, der Umzugskarton mit der Spanplatte drauf hat genau die richtige Höhe.« Ja, Liebling, hast ja Recht. Und überhaupt: Wer braucht schon Betten, Kissen, Pfannen, Waschmaschinen, Teppiche, wenn man für das ganze schöne Geld auch eine Carrerabahn mit drei Loopings kaufen kann?

Hey, Ikea-Leute: ein Vorschlag. Baut doch demnächst neben dem Raum mit den Plastikkugeln einen zweiten mit Sony-Playstations. Wir kommen die Jungs dann schon abholen, wenn es über Lautsprecher heißt: »Der kleine Peter möchte jetzt nach Hause.«

Am Schluss habe ich mir wie immer hundert Teelichter gekauft. Als Starthilfe für die Selbstverbrennung.

Er

Einmal im Monat muss sie zu Ikea. Weil sie Teelichter braucht. Und schwedische Mandeltorten. Und in Essig eingelegten Fisch, der immer nach Essig schmeckt und nie nach Fisch. Sie behauptet zwar, dass sie nach einem Bett sucht, aber das behauptet sie schon seit drei Jahren. Selbst eine Frau mit ihren Ansprüchen sollte es schaffen, in drei Jahren das richtige Bett zu finden. Warum guckt sie nicht einfach anderswo? Ach ja. Weil es bei Futonia, Habitat, Schlummerland und Bettenparadies keine schwedischen Mandeltorten und Teelichter gibt. So blöd bin ich nicht, als dass ich das nicht längst verstanden hätte. Warum ich allerdings einen ganzen Samstagvormittag opfern soll, nur um dabei zu sein, wenn sie Kerzen und Fischkonserven kauft, will mir noch immer nicht einleuchten.

Ich würde wirklich lieber im Bett bleiben und »NetBusiness« lesen, immerhin geht der NASDAQ gerade in den Keller. Aber das würde sie bloß sauer machen. Und außerdem ist es süß, wie sie sich jedes Mal neue Motivationshilfen für mich ausdenkt. Neue Ikea-Hifi-Regale zum Beispiel. Vor vier Wochen wollte sie mir einreden, dass es bei Ikea sexy transparente Duschvorhänge gibt, durch die ich sie beim Duschen beobachten könnte. Als ob das nicht ohne Duschvorhang noch besser ginge. Also fahre ich dann doch immer mit zu Ikea. Mich interessiert einfach, was sie sich noch alles einfallen lassen wird, um mich zu manipulieren.

Natürlich haben wir auch beim letzten Mal kein Bett gefunden. Was sie bei Ikea hatten, war viel zu kurz, viel zu kitschig, Metall ist schädlich für die Gehirnströme, das sieht aus wie Gelsenkirchener Barock, ich habe mir etwas Helleres vorgestellt, passt einfach nicht zu unserem

Duschvorhang. Dafür habe ich gelernt, warum ein Bett zu Duschvorhängen passen sollte. Wegen des ästhetischen Gesamteindrucks. Aber wenigstens hatten sie Teelichter. Auf Ikea ist eben Verlass.

80 Im Urlaub
Ab durch die Mitte

Sie Im Gegensatz zu allen anderen Paaren der westlichen Hemisphäre haben wir keinerlei Beziehungsstress im Urlaub, schon weil wir nie in Urlaub fahren. Und wenn wir fahren, fahren wir getrennt (Erstes Thermodynamisches Gesetz für alle, die im Alltag jede Minute gemeinsam verbringen). Und wenn wir mal zusammen fahren, versuchen wir, im Wesentlichen dasselbe richtig zu machen, was wir auch schon zu Hause richtig machen: möglichst viel vom Tag in völliger Bewusstlosigkeit verbringen (spät aufstehen, Mittagsschlaf, früh ins Bett), Frühstück hinter der Zeitung, keinerlei Gespräche – worüber auch immer – vor zwölf. Und jede Menge fauler Sex (wie gesagt, völlige Bewusstlosigkeit).

So kommt gar nicht erst das Gefühl der Fremdheit auf, das Paare sonst verlässlich in die Krise treibt, weil plötzlich Facetten des anderen ans Licht kommen, von denen man besser nie erführe. Denn gibt es etwas Erschütterenderes als den zu Hause vergötterten Liebsten stotternd und radebrechend einen Café au lait bestellen zu sehen? Oder zu entdecken, wie dämlich er mit einem Tropenhelm aussieht? Oder zu beobachten, wie er mit der Folkloretruppe des Hotels Samba tanzt? Beziehungsweise das, was er für Samba hält? Der erfahrene Paarläufer weiß deshalb: keine Experimente, schon gar nicht im Urlaub. Die langlebigsten Ehen sieht man deshalb am Strand von El Arenal an der »Wurstel con Krauti«-Bude. In der preisgünstigen Zwischensaison.

Überkommt uns dennoch der Drang nach Abwechslung – denn wir sind allzumal Sterbliche –, hilft nur die Trennung. Für den Tag zumindest. Während ich beispielsweise zu ausgedehnten Besichtigungstouren der örtlichen Kulturdenkmäler (Gucci, Prada) aufbreche, widmet er sich lieber dem Studium von Land und Leuten am Beispiel ihrer Kaffeehäuser und Druckerzeugnisse. Abends treffen wir uns wieder im vertrauten Ambiente des Hotelzimmers und frönen einem heimischen Ritual. Solange jede Satellitenschüssel dieser Erde »ran« empfängt, ist das Urlaubsglück garantiert.

Er

Eine der beängstigenden Eigenschaften moderner Frauen ist ihre profunde Unfähigkeit, faul zu sein. Ein ganzes Jahr lang schuften sie sich im Büro, im Studio oder beim Umdekorieren der Wohnung halb tot, doch falls man darauf hofft, dass sie wenigstens in den Ferien die Freuden des Nichtstuns entdecken, wird man eines Besseren belehrt.

Zwei Sommer lang haben wir es mit Long Island versucht. Für mich ist das eine Gegend mit weißem Sandstrand, dem Geschmack von Ben & Jerry-Eiscreme,

Möwengekrächze, kleinen Läden, in denen es für lau Hummer gibt, und endlich genügend Zeit, die Wochenendausgabe der *New York Times* vollständig zu schmökern, inklusive der Hochzeitsankündigungen. Für sie war Long Island nur eine weitere Gelegenheit, ihren Aktionismus auszuleben. Wir mussten zum Beispiel die blickdichte Hecke von Steven Spielberg besichtigen, wir fuhren, statt gemütlich den Atlantischen Ozean zu bewundern, 60 Meilen in einen angesagten Lebensmittelladen, von dem sie schon in Hamburg gelesen hatte, und in dem es, man glaubt es nicht, echte Linzer Torte gab (an dieser Stelle sollte ich erwähnen, dass ich in Linz aufgewachsen bin), und jeden Abend mussten wir ganz dringend in das Kinocenter 45 Autominuten weiter, um uns dort die Filme reinzuziehen, die sechs Monate später auch in Deutschland anliefen. In New York schließlich hat sie mich an einem einzigen Nachmittag durch so viele Warenhäuser geschleppt, wie ich zuvor in meinem ganzen Leben nicht von innen gesehen hatte – um Lippenstift zu kaufen. Während ich mich nach dem Central Park sehnte, danach, Baseballern zuzugucken und New York zu riechen. New York nämlich hat, wie jeder Ort dieser Welt, einen Geruch, der dich träumen lässt, von einem anderen Leben als dem eigenen. Das ist Urlaub. Kein Wunder, dass sie sich einbildet, wir hätten nie welchen. Sie nicht. Sie ist immer im Dienst. Ich erhole mich. Weil ich ein fauler Sack bin.

81 Fröhliche Weihnachten
Wie man das Fest der Liebe überlebt

Sie Weihnachten beginnt für mich Ende August und endet Mitte September. Ab da kann ich nämlich keinen Lebkuchen mehr sehen und mich selber auch nicht, weil ich wie jedes Jahr zwei Wochen lang familienpackungsweise Dominosteine und Elisenlebkuchen in mich eingefüllt habe und zum Nachtisch drei Spekulatius quer.

Ab Mitte September kann ich auch Weihnachten nicht mehr sehen, weil dann alle Frauenzeitschriften – dieses Verräterpack! – uns mit den schönsten Weihnachtsgeschenken zum Selbermachen quälen und mich unter vermaledeiten Zugzwang setzen.

Guck mal, die schönen Norwegerpullover, seufzt er sehnsüchtig und nur leicht vorwurfsvoll angesichts des *Brigitte*-Kreativteils, und aus meinen Ohren dringt Rauch. Ich habe in meinem Leben zwei Pullover für Männer gestrickt, komplizierte! mit Zopfmuster! und Hirschen! und beide Male war kurz nach Fertigstellung die Beziehung flöten und der Pullover gleich mit. Nie wieder. Ich bin ja sonst nicht sehr lernfähig, aber was Arbeitsvermeidung angeht …

Er ist in dieser Hinsicht etwas anstrengend. Wie alle Männer glaubt er, dass Weihnachten eine Veranstaltung ist, die nur ihm zuliebe stattfindet und sowieso von höheren Kräften arrangiert wird, dass sich von magischer

Hand der Baum schmückt, der Stollen backt, die Ente füllt. Das liegt daran, dass alle Männer von höheren Kräften verzogen wurden, von ihren lieben Muttis nämlich, die in monatelanger Fronarbeit den Baum, den Stollen, die Ente und so weiter. (Faszinierenderweise ist er nur zu Weihnachten sentimental und traditionell, nie aber vor den Auslagen besserer Juweliere.) Das Einzige, das Männer je zu Weihnachten beigetragen haben, ist die Tanne in den Ständer zu spannen und zur Belohnung erst mal drei Bier zu trinken. Nicht mit mir, Leute. Kein Weihnachtsstress, keine Plätzchen-Tyrannei, keine mundgeblasenen Strohsterne. Wobei – ich habe da gestern diese wirklich schöne Shetlandwolle gesehen. Bei einer Lauflänge von 180 Metern müßte ich eigentlich mit 16 Knäueln hinkommen ...

Er

Wonach ich mich sehne in diesen stillen Tagen? Nach Weihnachten, und zwar nach wirklichen Weihnachten. Nach Zimtsternen und Lebkuchen und einem Baum so hoch, dass man seine Spitze nur auf Zehenspitzen erreichen kann. Nach Lametta und Pulverschnee und vor allem nach leuchtenden Augen, wenn ich meiner Liebsten ganz tief in dieselben blicke.

Soll nicht sein. Denn sie hat Geschmack, und Geschmack geht bekanntlich einher mit einer profunden Verachtung von Kitsch. Deswegen gibt es bei uns keinen Baum: Stattdessen schmückt sie jeden Dezember eine alte provenzalische Darre als, wie soll man es bloß nennen, Weihnachts-Symbol? Weihnachts-Zitat? Postmodernes Xmas-Gebilde? Sieht aus wie aus dem *Brigitte*-Kreativ-

teil, nur wesentlich avantgardistischer. Das letzte Jahr hingen an der Gemüsesteige übrigens Reißnägel. Statt der Kerzen, ja doch. Und meine Geschenke waren in Zeitungspapier gewickelt, mit einem dicken Tau verbunden. Cool irgendwie. Und irgendwie auch wieder nicht.
Stille Nacht, Heilige Nacht? Doch, aber nur in der Version von Jimmy Smith, der Mann spielt eine höllische Hammond-Orgel, very funky. Damit auch die Heiligen Drei Könige schön abgrooven können. Wie exquisit. Nur ich sitze da und sehne mich nach einer Blockflöte. Karpfen blau oder wenigstens Würstchen mt Kartoffelsalat – gibt es übrigens auch nicht bei uns. Dafür irgendein asiatisches Edelfresszeug. Schmeckt lecker, zugegeben, aber zu Weihnachten will ich, was alle anderen auch haben. Und richtige Plätzchen. Nicht diese originellen Kreationen aus der australischen *Vogue Entertaining*. Liebste, bei denen ist gerade Sommer. Die können doch keine Ahnung haben.
Du bist doch nur sauer, dass ich deine Geschenke immer scheiße finde, sagt sie trocken. Sie verträgt eben keine Kritik. Was soll man sich denn sonst schenken als CDs, Bücher und Geschenke aus Geschenkläden. Tun doch alle. Ich auch.

82 Wer ist hier der Boss?
Liebe und Macht

Sie Wenn im Krieg und in der Liebe alles erlaubt ist, wie das etwas altväterliche Sprichwort behauptet, dann gefälligst auch Krieg in der Liebe. Scheiß auf die pädagogisch ungemein wertvollen Hinweise in Frauenzeitschriften, wie man sich korrekt streitet, respektvoll anschreit, formvollendet die Birne einschlägt. Kann doch wohl nicht wahr sein, dass ich mich selbst beim Ausrasten noch zusammenreißen soll?

»Atmen Sie tief durch, zählen Sie bis zehn und wiederholen Sie, was Ihr Partner eben gesagt hat.«

Atmen, zählen – reine Zeitverschwendung. Und wiederholt wird nur, was ich selbst gerade schon gebrüllt habe: dass er ein gottverdammichter Idiot ist.

Mit Macht, wohlgemerkt, hat das nichts zu tun, nur mit Vergnügen. Machtkämpfe werden stiller geführt. Mit Beharrlichkeit, zarter Tücke und einem liebreizenden Lächeln auf den Zähnen. Die klassischen Erziehungsmethoden versagen allerdings bei Männern, die im Stahlbad des Singletums gehärtet sind. Der Trick, keinesfalls hinterherzuräumen, sondern die dreckigen Socken so lange vor seinem Bett liegen zu lassen, bis er knietief durchwatet, führt verlässlich dazu, dass man am Ende doch wieder selber die Dinger aufhebt, und zwar hysterisch winselnd und mit den Nerven komplett parterre. Kein schöner Anblick.

Wie macht man's also? Man lässt es. Wahre Macht hat

man nur, wenn man so aufreizend bedürfnislos, unkompliziert, grundzufrieden mit allem ist, dass die Typen sich schier überschlagen, um herauszufinden, wie sie dieser Zauberfrau zu Diensten sein dürfen. Und ob nicht doch ein geheimer Wunsch in diesem rätselhaften Wesen schlummert. Nichts wollen. Alles kriegen. So einfach ist das.

Er

Ach ja, die Machtfrage. Längst entschieden. Sie sagt, wo es langgeht, ich sage gehorsam ja. Sie sagt: Der Wasserhahn tropft. Ich sage: Wird gemacht und lege die Zange bereit – mit der sie in ein paar Tagen die fällige Kleinreparatur vornehmen wird. Sie sagt: Keine Lust auf Sex. Ich sage: Geht in Ordnung und schlafe ein. Nach einer Woche In-Ordnung-Sagen ist sie so weit, dass sie sich mir überreicht wie ein Weihnachtsgeschenk. Frauen können unersättlich sein, wenn sie geliebt werden wollen. Und so dankbar, wenn man es tut.
Männer, die schlaueren jedenfalls, haben spätestens nach der dritten Scheidung begriffen: Frauen müssen sich einbilden dürfen, das Sagen zu haben, sonst werden sie ganz schnell ganz zickig. Widerspruch? Ertragen sie nicht. Und Kommandos nur, wenn sie von Diätpäpsten oder bescheuerten Modetucken kommen, die für die nächste Saison Miniröcke aus Rauhaardackelpelz befehlen. Dann spuren sie. Und wie.
In der Liebe dagegen wollen sie Prinzessin sein. Mit einem Untertan, der keinen größeren Genuss kennt, als sich vor ihnen in den Staub zu werfen. Kannst du haben, Schätzelchen, ist gar nicht so schwer: fünf geschickt platzierte Komplimente täglich, und aufmerksam wirken,

sobald du zum Reden ansetzt, damit du merkst, wie ernst ich dich nehme. Und schon bist du genau so, wie ich dich haben will: Mir restlos verfallen. So ist es richtig. Natürlich könnte ich anders. Natürlich könnte ich auch den Macker spielen. Aber dann bekäme ich nur ein Bier und nicht ihre Seele. Und natürlich könnte ich ihr zeigen, wer der Herr im Hause ist. Aber warum sollte ich? Ist doch viel zu anstrengend. Macht hat man, oder man hat sie nicht. Ich habe sie. Sie hat dafür das letzte Wort.

83 Jetzt wird abgerechnet!
Was schon lange mal fällig war

Sie Was ich dir schon immer mal sagen wollte? Ich bin doch nicht bescheuert, das werde ich dir selbstverständlich nicht verraten. Nicht jetzt jedenfalls. Dass du gefälligst aufhören sollst, deine Zehennägel in der Küche zu schneiden, und du viel zu viel rauchst und außerdem immer davon ausgehst, dass ich das Klopapier und die Müllbeutel kaufe, und dass immer überall kleine Häufchen Kleingeld aus deinen sämtlichen geleerten Hosentaschen rumliegen, all das werde ich dir bei passender Gelegenheit sagen. Zum Beispiel, wenn wir gerade darüber streiten, dass ich nie koche (wie könnte ich auch, als Erste Vorsitzende des Verona-Feldbusch-Fanclubs) und

schon wieder eine großartige neue Lampe gekauft habe. Man muss nämlich mit sowas haushälterisch umgehen, sonst hat man im entscheidenden Moment nichts in der Hand außer Argumenten oder Schuldeingeständnissen, und wie langweilig wäre das?
Anständige Streite müssen nämlich so gehen: »Warum dauert das morgens immer so lange bei dir?«
»Weil ich noch die Wäsche aus der Maschine räumen musste. Übrigens deine Pullover, die du ja immer schon nach einmal Tragen gewaschen kriegen musst. Außerdem rauchst du zu viel.« Anständige Streite müssen so ausgehen, dass ich Recht habe. Und das ist leicht, denn ich habe immer Recht.
Aber wenn wir schon dabei sind: Warum kannst du den Käse nie richtig in die Folie einpacken? Sondern immer nur so, dass er austrocknet? Und ich werde wahnsinnig, wenn du noch einmal meine T-Shirts auf diese gottverdammten Drahtbügel aus der Reinigung hängst! T-Shirts! Drahtbügel! Wie Joan Crawford schon so schön gekreischt hat: »Ke-ine Draht-bü-gel!«
Okay. Okay. Ganz ruhig. Das Problem ist natürlich, dass unser Leben so schmierentheatermäßig glücklich läuft, dass man sich schon über den kleinsten Grund zur Aufregung freut. Genau das wollte ich dir immer schon sagen: Es macht mich wahnsinnig, dass ich mich nicht richtig mit dir streiten kann. Wahn-sin-nig!

Er Möglicherweise gehöre ich ja zu den Männern, die zu sehr lieben, aber ich habe ihr nichts vorzuwerfen. Nicht wirklich. Dass sie beim Sex immer noch ihren nicht vorhandenen Bauch einzieht, ist eine nette Geste, und außerdem sind es nicht meine Orgasmen, die sie damit versaut. Dass sie sich gleich danach wegdreht und einschläft, stört mich nicht. Will ich etwa kuscheln, über die Vornamen imaginärer Kinder verhandeln und im Geiste zukünftige Häuser einrichten? Nein, will ich nicht. Und dass sie im Schlaf pupst, ist zwar nicht wirklich in Ordnung, aber noch lange nicht so schlimm, als würde sie schnarchen. Soll es ja auch geben. Ich werde mich auch nicht darüber aufregen, dass sie mir jeden zweiten Tag erklärt, wie gut Vitamine und wie schädlich Zigaretten sind. Das wusste ich zwar schon mit sechzehn, aber schon damals habe ich gelernt, meine Ohren auf Durchzug zu schalten. Nur wenn sie meine Anlage leiser stellt, natürlich nur wegen der Nachbarn, werde ich sauer. Aber ich weiß mir zu helfen: Ein trockenes »Nein, Mutti!«, und ich kann den Sound wieder hochfahren.

Manchmal versucht sie, mich zu provozieren. Sie macht mir Vorwürfe, weil ihr Leben mit mir so öde konfliktfrei, so grässlich geschmackvoll und so peinlich etabliert ist. Früher habe ich darauf noch reagiert und ihr gut zugeredet, bis ich herausfand, dass sie hin und wieder nur ihren weiblichen Masochismus ausleben muss. Seitdem begnüge ich mich damit, ihr anzubieten, den geschmackvollen Designerkram, den sie angeschafft hat und den ich nun wirklich nicht brauche, zu zertrümmern und ihr einen Job im Supermarkt zu besorgen. Und falls das nichts nützt, erinnere ich sie an ihre Ex-Freunde. Mein Vorvorgänger zum Beispiel hat seine Spaghetti mit dem Messer attackiert. Da ist sie gleich wieder dankbar für mich – obwohl ich den Käse nach Gebrauch nicht wieder ordentlich einpacke.

Nein, eigentlich streiten wir nie. Sie sagt, was ich falsch mache, ich höre weg. Davon hat jeder was. Sie ihre Abrechnung und ich meine Ruhe.

84 Kein Bock
Ein Beratungsgespräch

Sie Frau Doktor Harschkopf: Das ist doch schon ein erster Schritt, dass Sie beide sich entschieden haben, die Paartherapie zu machen.
Er: Eigentlich hat sie das mehr entschieden. Wie überhaupt alles.
Ich: Was heißt denn das jetzt wieder?
Er: Na ja. Du entscheidest eben alles. Was wir essen, wohin wir in Urlaub fahren, welche Sorte Klopapier wir haben, wie ich die Wände streichen soll.
Ich: Du willst ernsthaft behaupten, dass du eine Meinung oder auch nur ein Interesse an Klopapier hast?
Er: Natürlich nicht …
Ich: Na also.
Er: … aber du kommst ja nicht mal auf die Idee, mich zu fragen.
Ich: Schön. Dann frage ich dich jetzt. Was wollen wir heute Abend essen?
Er: Mir doch egal.
Ich: Aber genau das ist doch der Punkt. Es ist dir egal. Aber es muss eben entschieden werden. Einer muss es

doch tun. Also tue ich es. Weil du einfach keinen Bock hast, dich um diese Beziehung zu bemühen.
Er: Keinen Bock? Wer hat hier schon seit Monaten keinen Bock mehr auf Beziehung?
Ich: Das ist doch wieder typisch, dass du Sex mit Beziehung verwechselst.
Er: Zufällig hat das was miteinander zu tun, und es gab mal eine Zeit, wo du das auch so gesehen hast.
Ich: Es gab auch mal eine Zeit, wo du mir wesentlich mehr Grund dafür gegeben hast, das so zu sehen.
Er: Und wieso gebe ich dir jetzt keinen Grund mehr?
Ich: Weil du nur noch Sex willst, und sonst ist dir die Beziehung egal.
Er: Ach! Und woran willst du das festgestellt haben?
Ich: Na, unter anderem daran, dass ich alle Entscheidungen allein treffen muss.
Er: So einfach ist das? Ich sage dir, was ich essen will, und du schläfst mit mir?
Ich: So ungefähr.
Er: Bratwurst mit Kartoffelpüree. Mach die Beine breit.
Ich: Was für Bratwurst? Nürnberger? Thüringer? Rostbratwurst? Gegrillt? Gebraten? Was für Püree? Selbstgemachtes? Gestampftes? Pfanni? Knorr? Mit Milch? Mit Muskat?
Er: Mir doch egal.
Ich: Eben! Eben! Eben!
Er: Sechs Thüringer, für etwa fünf Minuten scharf angebraten in Butterschmalz, mit einer Zwei-Personen-Packung Pfanni Bauernpüree, angerührt mit halb Wasser, halb Vollmilch und einem Esslöffel Butter. Irische Markenbutter. Von Safeway. Und darüber, aber keineswegs hineingerührt, eine Messerspitze organischer Muskat.

Ich: Welches Messer? Kartoffelschälmesser? Filetiermesser? Essbesteckmesser? Buttermesser? Fleischme …
Frau Doktor Harschkopf: Wir sehen uns dann am nächsten Dienstag.

Er

Frau Doktor Harschkopf: Würden Sie bitte erzählen, was Sie in der Beziehung belastet.
Ich: Wo soll ich anfangen?
Sie: Da können Sie sehen, wie das den ganzen Tag geht.
Ich: Du muffst den ganzen Tag durch die Gegend. Als ob ich dir das Lachen verboten hätte. Und dann wunderst du dich, warum ich mies drauf bin.
Sie: Worüber soll ich denn lachen? Du glaubst doch nicht wirklich, dass ich gute Laune bekomme, wenn ich dich ansehe.
Ich: Jetzt soll ich wieder schuld sein.
Sie: Mit anderen jedenfalls bin ich gut drauf.
Ich: Mit mir kann man´s ja machen.
Sie: Eben nicht. Du machst mich völlig bocklos.
Ich: Na toll. Und wie hättest du es denn gerne?
Sie: Dass du fröhlicher bist. Besser drauf eben. Das ist doch nicht so schwer zu verstehen.
Ich: Ich kann aber nicht gut drauf sein, wenn du dauernd so mies drauf bist.
Sie: Ich bin doch nur so mies drauf, weil du dauernd so muffig bist.
Ich: Und wenn ich nicht mehr muffig wäre, hättest du wieder mehr Bock auf mich?
Sie: Woher soll ich das wissen?
Ich: Ich kann doch nicht so tun, als ob ich blendend gelaunt wäre, nur damit deine Laune sich wieder bessert.

Sie: Sollst du auch nicht. Ich lasse mich doch nicht manipulieren.
Ich: Wenn ich also fröhlicher wäre, würdest du denken, dass ich nur so tue, um dich dazu zu bringen, wieder Bock auf mich zu haben?
Sie: Könnte doch sein.
Ich: Was müsste ich also tun, damit du wieder mehr Bock auf mich hast?
Sie: Längere Zeit gut drauf sein. Damit ich merke, dass du es ernst meinst und es nicht nur deswegen bist, weil du etwas von mir willst.
Ich: Und wie soll ich das schaffen?
Sie: Das ist doch wirklich nicht mein Bier. Streng dich halt an.
Ich: Es liegt also nur an mir.
Sie: Hab ich doch gar nicht gesagt.
Ich: Warum reden wir dann nicht über das, was an dir liegt.
Sie: Das hättest du wohl gerne.
Ich: Ich hätte gerne, dass du nicht dauernd so muffig bist.
Sie: Das habe ich schon verstanden. Und ich hab dir schon gesagt, was du tun sollst.
Ich: Und was tust du?
Sie: Das kann ich dir jetzt noch nicht sagen.
Ich: Na toll.
Sie: Ich muss erst herausfinden, wie ernst du es meinst.
Ich: Immerhin bin ich in diese Scheiß-Eheberatung mitgegangen. Obwohl wir gar nicht verheiratet sind.
Sie: Wenn du so anfängst, wird das ganz sicher nichts.
Frau Doktor Harschkopf: Wir sehen uns dann am nächsten Dienstag.

85 Selbstverwirklichung
Manchmal kriegt man einfach einen Rappel

Sie Er kommt nach Hause und wirft eine Einkaufstüte aufs Sofa. Eine große. Und noch drei kleine hinterher.
Sieht nach Shopping-Rausch aus, sage ich, was hast du gekauft?
»Wirst du gleich sehen«, sagt er. »Ich zieh's mal über. Du wirst staunen.«
Er zieht es über. Ich staune. Es ist ein Sommeranzug mit leichter Leinenstruktur. Er ist – wie soll ich sagen? – rosa. Ein Rosa von der Art, wie Sonnenhüte von Kleinstkindern manchmal sind. Unschuldig. Unbefangen. Ein von jedem Zweifel unberührtes Rosa. So ein Rosa ist das.
Ich setze mich auf. Ich atme tief durch. Ich kann nicht behaupten, dass ich überrascht bin. Ich wusste ja, dass dieser Tag auf mich zukommen würde.
Jeder Mann dreht eines Tages durch. Er will anders sein, ganz anders. Irgendeine Seite an sich »entdecken«, irgendetwas »rauslassen«, das irgendwie »verschüttet« ist. Er macht einen Gourmet-Kochkurs und verwendet ab da nur noch Wörter wie »sautieren« oder »reduzieren«. Oder er fängt an zu joggen und wird wie Joschka Fischer. Das ist jetzt nicht nett gemeint.
Oder er kauft sich alberne Anzüge.
»Und? Wie findest du ihn?«, fragt er.
Ungewöhnlich, sage ich.
Er dreht sich: »Klasse, nicht? Guck mal, diesen Schlitz im Rücken. Super, oder?«

Doll, sage ich. Der Schlitz, doll. Wer denkt sich sowas nur aus?
»Es gibt da diese Jungdesignerin. Habe ich zufällig von gehört. Bin da zufällig heute vorbeigekommen in ihrem Laden. Sie war zufällig da. Interessante Frau.«
Soso, sage ich milde. Und dazu zufällig spezialisiert auf interessante Farben.
»Das müsstest du mal sehen! Wahnsinnsteile hat die da hängen! Jedenfalls hat sie mich geradezu dazu geprügelt, dass ich diesen Anzug probiere. Sie sagte, der wäre speziell für mich gemacht. Ich dachte ja auch zuerst, rosa, ich weiß nicht. Aber als ich ihn anhatte, habe ich es sofort gesehen: Das ist er. Das bin ich. Genau das bin ich.«
Das Telefon klingelt. Ich bin zu schwach. Mein Mann ist ein rosa Anzug. Das muss man erst mal verkraften. Er geht ran. »Eh, Frank. Alter. Was geht ab? Jetzt? Okay.«
Er legt auf und sagt: »Ich gehe mit Frank noch auf ein Bier. Meinst du, ich soll den neuen Anzug gleich anbehalten?«
Mach das unbedingt, sage ich. Die Tür fällt ins Schloss. Ein Grinsen macht sich in mir breit. Phantastisch. Frank und der Anzug auf ein Bier. Damit wäre das Problem erledigt.

Er

Es geht uns gut. Aber eigentlich ist unser Leben recht hohl, findet sie. Ihres auf jeden Fall, und weil wir ein Paar sind, meines auch. Jeden Morgen ins Büro, jeden Abend nach Hause, sechs Wochen Urlaub im Jahr, manchmal Abendessen mit anderen Paaren. Was stört dich daran, frage ich sie und erhalte zur Antwort nur ein bitteres Lächeln. Männer, ist sie überzeugt, bekommen sowieso nie mit, was nötig ist und was nicht.

Sie sagt, sie will nicht so werden wie alle: so narkotisiert, so banal, so vorhersehbar, so konsumistisch. Und deswegen, sagt sie, muss sie jetzt endlich was tun für ihre Seele, ihren Geist, ihr Selbst, das sich immer mehr verflüchtigt in unserem komfortablen hohlen Leben. Nein, keine Sorge, ich werde nicht nach Indien fahren, ich bin ja keine Eso-Zicke, aber irgend etwas muss ich tun, ehe es zu spät ist. Du könntest Bücher schreiben, sage ich, aber sie schüttelt traurig den Kopf, es fällt ihr doch sowieso nichts ein, sagt sie, so wenig, wie sie erlebt. Geh einen Monat ins Kloster und denke nach, sage ich, doch das ist ihr zu heilig, außerdem tut das heute schon jeder, und sie hat keine Lust, im Kloster lauter Sinnsucher zu treffen, die alle genauso wie sie sind. Wie wäre es mit Malen, Fotografieren, Häkeln, frage ich sie, irgendetwas Kreativem, sie schüttelt sich, ob ich nicht ganz dicht wäre, da könnte sie ja gleich einen bescheuerten Volkshochschulbatik-Kurs belegen. Warum magst du dich nicht so, wie du bist, will ich wissen, ich jedenfalls mag dich. Klar, sagt sie, du bist ja auch nicht so anspruchsvoll.

Wie willst du eigentlich sein, frage ich sie, nachdem du dich verändert hast, hast du dir das schon einmal überlegt? Ach, sagt sie, nicht viel anders, nur wieder lebendiger, wacher, wärmer, ich weiß ja auch nicht. Vielleicht solltest du dir einen Liebhaber nehmen, sage ich. Wie kommst du nur immer auf so hirnverbrannte Ideen, sagt sie, das kannst du doch nicht ernst meinen. Natürlich nicht, sage ich. Und du hättest wirklich nichts dagegen, fragt sie. Natürlich hätte ich etwas dagegen, sage ich, spinnst du? Ich weiß nicht, sagt sie, daran habe ich noch gar nicht gedacht, aber ich finde es toll von dir, dass du so erwachsen bist, das hätte ich dir gar nicht zugetraut.

86 Eifersucht
Ein meistens völlig grundloses Gefühl

Sie Du betrügst mich, sagt er. Soso, sage ich. Der hässliche Typ da an der Wand, direkt über deinem Computer. Du meinst Richard Gere, sage ich. Was findst'n an dem so gut, fragt er, sieht doch aus wie ein Hühnerhabicht auf Hühnerentzug. Nix dran an dem, und wahrscheinlich sowieso so eine Hollywood-Tucke. Na, wenn es eine Tucke ist, was regst du dich dann auf, frage ich gelassen, ist doch keine Konkurrenz für dich, Süßer. Ich reg mich doch gar nicht auf. Das nennst du aufregen? Du solltest mal sehen, wenn ich mich aufrege. Schon gut, seufze ich, Richard ist ein Hühnerhabicht, und du regst dich nicht auf. Männer sind nicht eifersüchtig. Nur interessiert. Besonders interessieren sie sich für die Vergangenheit. Ich will eben alles von dir wissen, sagt er, und dann fragt er nach dem besten Orgasmus meines Lebens (vor ihm), nach der verrücktesten Sache, die ich je für einen Mann (vor ihm) getan habe, und wie die Typen (vor ihm) überhaupt so im Bett waren. Und dass er neulich den X auf der Straße gesehen hat, mit dem hatte ich doch auch mal was, und was ich an so einem Typen eigentlich je habe finden können, ist ihm ein Rätsel. Nur aus reinem Interesse: Wie um Gottes willen habe ich nur so tief sinken können, einen solchen Menschen in mein Bett zu lassen? Jemanden, der so erkennbar – und das sei natürlich nicht gegen mich gerichtet – keinerlei Geschmack hat?

Tja, sage ich, ich kann es ja selbst nicht fassen. Mein Leben vor dir war eine verpfuschte Existenz, ein einziger Alptraum, ein endloses Tal tiefsten, finstersten Unglücks. Wirklich. Du hast mich erlöst, du hast mich erweckt, alle anderen habe ich längst aus meinem Hirn verbannt, ach was: gebrannt. Sie alle verlöschen in der Sonne deines Seins. Ich habe sie nie gekannt.

Gut, sagt er, dann ist's ja gut. Nicht dass du glaubst, ich wäre eifersüchtig. Nur interessiert.

Er

Nein, eifersüchtig ist sie nicht, sie doch nicht, so tief würde sie nie sinken. Dass die Frauen, die mir außer ihr sonst noch gefallen, dumme Schnepfen sind, sagt gar nichts über sie aus, höchstens über meinen Geschmack, der nur ein einziges Mal nicht das Hinterletzte war – bei ihr. Lauter blöde Kühe, mit denen ich mich treffe, wenn bei ihr der Busen so hängen würde, hätte sie längst einen Termin in der plastischen Chirurgie, und bei so feisten Schenkeln sind Miniröcke ein Schrei nach Liebe, aber einer, der ungehört verhallt. Was ich mit der eigentlich so vertraulich zu besprechen habe, dass sie nicht dabei sein darf, ihr Liebesleben wahrscheinlich, ist doch klar, dass niemand was mit der haben will. Na ja, sagt sie, du wirst sie sicher trösten, und wünscht mir einen schönen Abend.

Wenn ich um zwei Uhr wiederkomme von der Tussi, liegt sie immer noch hellwach im Bett, nicht aus Eifersucht natürlich, sie weiß auch nicht, warum sie nicht einschlafen kann. Liegt im Bett wie eine auf den Panzer gewälzte Schildkröte, starrt Einschusslöcher in die Decke, zupft nervös an ihren Haaren und sagt gar nichts. Was ist los, frage ich. Was soll schon los sein, sagt sie. Nein, eifersüchtig ist sie nicht, so tief würde sie nie sinken.

Zehn Minuten später will sie wissen, warum ich mir eigentlich die Zähne putzen musste, ehe ich weggegangen bin, und warum ich geduscht habe und wie der Abend so war. Schön, sage ich, und dass ich öfter dusche, und dass sie froh sein soll, dass ich mich geduscht habe, bevor ich gegangen und nicht erst, als ich wieder gekommen bin, denn das wäre wirklich verdächtig. Und worüber habt ihr so lange geredet? Über alles Mögliche, sage ich, und sie sagt: Du redest mit der über alles Mögliche, ist ja sehr interessant, und dann klebt sie wieder ihre Lippen zusammen und starrt noch ein paar MG-Salven in die Decke.

Du wirst doch nicht eifersüchtig sein? Du spinnst wohl, sagt sie, nie im Leben, triff dich ruhig weiter mit der Kuh, ich schlafe jetzt. Na dann, gute Nacht.

87 Ich hab da jemanden kennengelernt
Wie man Seitensprünge bewältigt

Sie Nein, sag ihm nichts, sagt Vanessa. Du bist wohl wahnsinnig. Du willst doch nicht wegen so einer albernen kleinen Affäre deine Beziehung aufs Spiel setzen! Ehrlichkeit, ein Scheiß. Männer ertragen keine Ehrlichkeit, das weißt du doch genauso gut wie ich. Sie lieben die Wahrheit nicht, sie sind nicht stark genug dafür. Sei nicht kindisch, das würde er nie verstehen. Nein, steck's weg, verwische alle Spuren, betrachte es als dein dreckiges kleines Geheimnis, lüge, was das Zeug hält. Wie war es denn übrigens?

Du musst es ihm sagen, sagt Birgit. Das hält eine Beziehung niemals aus, wenn so was zwischen euch steht. Ich habe die Sache mit Sascha damals auch sofort erzählt. Ja, natürlich war Patrick geknickt, ich meine, das wäre ja auch noch schöner, wenn er gejubelt hätte, oder? Aber dadurch haben wir endlich darüber reden können, was in unserer Beziehung schiefgelaufen war. Wo ich zu kurz gekommen bin. Ich meine, das ist doch kein Zufall, dass man mit einem anderen ins Bett geht, oder? Ach, das war ein Zufall bei dir? Deine Beziehung ist fantastisch. Jaja, das sagt jede, und trotzdem ... Ein Ausrutscher? Nun ja ... Erzähl mal, wie war er denn so?

Wehe, du sagst ihm was, sagt meine Mutter. So was muss man für sich behalten, alles andere ist stillos. Rück-

sichtslos. Wenn du es nicht aushältst, nichts zu sagen, hättest du es eben bleiben lassen müssen. Es ist blanker Egoismus, wenn du glaubst, dein schlechtes Gewissen erleichtern zu müssen. Du willst es loswerden und bürdest es ihm auf. Charakterlos, aber so ist eure Generation eben. Also lass es. Außerdem wird die ganze Geschichte nur gut sein für eure Beziehung, glaube mir, richtig belebend. Nein, natürlich spreche ich nicht aus eigener Erfahrung, was hältst du denn bloß von deiner eigenen Mutter? So was wäre für mich undenkbar. Und wie war er denn nun so?
Sag mal, sagt er, was ist eigentlich mit dir los? Hast du mir was zu sagen?
Nö, sage ich. Ich wüsste nicht was. Ach so, eine Sache gibt es da allerdings …

Er

Und wie war er?
Wieso willst du das wissen?
Wieso, wieso? Du glaubst doch nicht wirklich, dass ausgerechnet du ein Recht hast, Fragen zu stellen.
Ich will es eben wissen.
Was?
Wie er war.
Wobei?
Na wobei schon? Im Bett natürlich.
Typisch.
Was heißt denn das schon wieder?
Typisch heißt typisch.
Na, dass du nicht mit einem Perversen in die Kiste springst, habe ich mir schon gedacht.
Du bist pervers.

Willst *du* mir jetzt sagen, dass *ich* Schuld daran habe, dass du fremdgehst?
Ich will nur sagen, dass es wieder mal typisch ist, dass du nur wissen willst, wie er im Bett ist.
Was heißt hier IST? Willst du damit sagen, dass du gedenkst, mit dem noch einmal ins Bett zu gehen?
Aufs Bett kommt es doch gar nicht an.
Und deswegen musstest du gleich mit ihm rein?
Es hat sich eben ergeben.
Na toll.
Ja.
Also war es toll.
Das geht dich gar nichts an.
Und ob mich das etwas angeht.
Und was bitte schön?
Ich möchte wissen, woran ich bin.
Also an deiner Stelle würde ich es schlimm genug finden, dass es überhaupt so weit gekommen ist mit uns, dass es sich eben ergeben hat, dass ich mit ihm ins Bett gegangen bin.
Was soll das mit uns zu tun haben?
Mit wem denn sonst?
Mit dir. Ich bin ja nicht mit dem Typen ins Bett gegangen. Und ich wollte auch nicht, dass du mit dem Typen ins Bett gehst.
Er heißt Rainer.
Danke, das muss ich wirklich nicht wissen.
Du musst nicht wissen, dass er Rainer heißt, aber du musst wissen, wie gut er im Bett ist.
Ja genau.
Siehst du.
Was soll ich sehen.

Du bist so fixiert.
Und du nicht?
Nein. Jedenfalls mit Rainer nicht.
Aber du bist mit ihm ins Bett gegangen.
Ja, und es war gut, wenn du´s unbedingt wissen willst.
Herzlichen Glückwunsch.
Klar, dass dir nichts anderes einfällt als dein ewiger Zynismus. Zynismus und Ficken. Und da wunderst du dich.
Du hast doch gefickt. Ich nicht. Wer von uns beiden ist da wohl fixiert?
Das gehört doch dazu.
Wozu?
Na ja, dazu.
Und jetzt?
Weiß auch nicht. Kommt auf dich an.
Wieso?
Na ja, wie du umgehen kannst damit. Ich meine, zu so einem Seitensprung gehören ja immer zwei.

88 Du beachtest mich gar nicht mehr
Über die Schwierigkeit, permanent euphorisch zu sein

Sie Er ist toll. Richtig super. Ein fantastischer Typ, ein wunderbarer Liebhaber, witzig, originell, einfallsreich, klug, belesen, charmant. Er hat großartige Einfälle, fundierte

Einsichten, überzeugende Ansichten. Er hat unglaubliche Oberschenkel, vorbildlich behaarte Unterarme und begnadete Hände. Er ist ein mitreißender Unterhalter, ein ausgezeichneter Koch, ein Ausbund an Kreativität. Er ist die Krone der männlichen Schöpfung, Gottes Geschenk an die Frauen, schlicht überwältigend. Und er will das alles täglich dreimal hören.

Männer wollen ständig das Köpfchen gestreichelt bekommen für ihre unfassbaren Leistungen, ein Phänomen, das in Frauenfachkreisen als das »Guck mal, Mutti, ich fahre freihändig«-Syndrom bekannt ist. Das ist nervig. Aber wenn man sie nicht genügend beachtet, quengeln sie. Das ist noch nerviger.

Also gibt es nur eine Lösung. Du bist super, sage ich, phantastisch. Ich bin großartig gekommen, so gut wie nie im Leben. Vor dir gab es keinen, der auch nur halb so gut war. Und dieses Thaicurry, nie zuvor habe ich etwas ähnlich brillant Gewürztes gegessen, diese subtile Mischung aus Schärfe und Sanftheit, ich will ab sofort nie wieder etwas anderes essen, mach es mir bitte ab sofort jeden Abend. Und diese Website! Ich erbebe angesichts deiner Genialität. Wie bist du nur auf diese unglaubliche Idee gekommen? Das ist so ... revolutionär. Und gleichzeitig so ... minimalistisch. Das setzt neue Standards im Web-Design, keine Frage. Und dieser Text: dieser wirklich fabelhafte Text da auf der rechten Seite. Er öffnet mir die Augen über mein eigenes Geschlecht. Weißt du, es ist einfach verblüffend, wie ein Mann so viel über Frauen wissen kann, mehr als wir selbst. Und geschrieben ist der! So leicht, dabei aber auch so tief. Ich weiß gar nicht, wie ich es schaffen soll, mit dir zusammen ein Buch zu schreiben, ich werde hoffnungslos alt aussehen neben

dir. Ich finde es nobel von dir, mich überhaupt als Schreibpartnerin zu dulden. Aber das spricht ja nur wieder für deine innere Größe.
Okay? Genug für heute? Gut. Morgen sprechen wir weiter.

Er

Sie hat sich ein Sommerkleid gekauft. Nichts Besonderes, nichts Teures. Blümchen, ehrbarer Ausschnitt, Saum knapp überm Knie, 60 Mark bei H&M. Es ist mir nicht aufgefallen. Obwohl sie achtmal darin an mir vorbeigegangen ist. Gezählte achtmal. Ja, sie hat mitgezählt. Und das achte Mal, behauptet sie, hat sie sogar mit den Hüften gewackelt, obwohl sie das nun wirklich nicht nötig hat. Es ist mir nicht aufgefallen. Mir fällt gar nichts mehr auf, seit längerer Zeit schon. Man könnte meinen, sagt sie, du guckst gar nicht mehr hin. Und dass es mir nicht einmal auffallen würde, wenn sie sich komplett rasieren würde.
Vielleicht hat sie Recht damit. Ich gucke wirklich nicht mehr so genau hin. Ich habe mich eben an sie gewöhnt. Für Männer ist es nichts Schlimmes, sich an etwas gewöhnt zu haben, im Gegenteil. Wir tragen ja unsere Lieblingsschuhe auch, bis sie auseinanderfallen, und weil wir unsere Lieblingsschuhe lieben, fällt es uns gar nicht auf, dass die Spitze schon ein wenig abgeschabt und der Absatz schon ein wenig abgelaufen ist. Womit ich nicht gesagt haben will, dass ich an ihr etwas zu bemängeln hätte. Und selbst wenn, würde ich es nicht merken – worüber sie doch froh sein müsste.
Frauen dagegen glauben, man müsste jedes Mal, wenn man ihrer ansichtig wird, in Jubel ausbrechen, selbst

wenn man sie schon tausende Male gesehen hat. Als ob es nicht genügen würde, dass man sie immer noch mag. Was sie unschwer daran erkennen könnten, dass man sie noch nicht verlassen und sich eine neue Frau angeschafft hat. Genügt ihnen aber nicht. »Toll, wie du heute wieder aussiehst«, sollen wir sagen, »und dieses Kleid, phantastisch, und wie schaffst du es nur, heute genauso auszusehen wie gestern und vorgestern und vor drei Jahren, ist ja irre, wie du das immer schaffst.«

Mal ehrlich: Jubeln Sie etwa jedes Mal, wenn Ihr Auto anspringt? Oder Ihre Kaffeemaschine funktioniert? Na eben. Und außerdem müssen ja schwule Friseure auch zu irgendetwas nütze sein. Sollen denen doch Sommerkleider auffallen. Mir nicht. Ich bekomme ja schließlich kein Trinkgeld.

89 Soll das alles gewesen sein?
Irgendwann ist es Zeit, sich von unrealistischen Träumen zu verabschieden

Sie »Dir ist hoffentlich klar, dass unser Leben gelaufen ist«, sagt Vanessa beim dritten Martini.
»Wie meinst du das?«, frage ich.
»Simpel: Du hast deinen Kerl, ich habe meinen Kerl. Wenn nichts dazwischen kommt, werden wir sie in circa

dreißig Jahren im Rollstuhl durch die Gegend schieben und sie anschließend in ihre Gräber schaufeln. Bis dahin wird nichts Aufsehenerregendes mehr passieren.«
»Wow«, sage ich mit schon leicht schwerer Zunge. »So habe ich das nie gesehen.«
»Solltest du aber«, sagt sie und fischt die Olive aus ihrem Glas. »Die Sache ist gelaufen.«
»Du meinst, das war's?«
»Das war's«, nickt sie. Wir schweigen.
»Und wenn«, sage ich, »und wenn es doch nicht klappt. Kann ja sein, dass meiner einen Rappel kriegt und was Jüngeres braucht.«
»Kann sein«, sagt sie. »Soll schon vorgekommen sein.«
Ich nehme einen tiefen Schluck. »Dann kann ja doch alles noch ganz anders laufen. Ich fange ein neues Leben an. Ich ziehe aufs Land. Ich fange an zu fotografieren. Ich bekomme eine große Ausstellung in einer Galerie. Ich werde berühmt. Ich verdiene eine Höllenkohle. Und mein Typ steht vor dem Schaufenster mit seiner jungen Schlampe und drückt sich die Nase platt. Und er weint. Und ich lache.«
»Möglich. Die Chance besteht immer.«
»Und ich werde so bekannt, dass sich die ganze Welt darum reißt, von mir fotografiert zu werden. Hollywood steht Schlange. George Clooney gäbe sein letztes Hemd. Der Typ aus ›Gladiator‹, wie hieß er noch?«
»Russell Crowe.«
»Russell Crowe. Verlässt Meg Ryan für mich.«
»Möglich.«
»Und wir leben in einem Haus am Pazifik. Mit 341 Kabelkanälen.«
»Möglich.«

»Kann doch passieren.«
»Kann passieren«, sagt sie. Sie starrt lange in ihr Glas.
»Und weißt du was? Wenn das passiert, wirst du in circa dreißig Jahren Russell Crowe in einem Rollstuhl durch die Gegend schieben und anschließend in sein Grab schaufeln.«
»Oh«, sage ich. Wir schweigen. »Ich schätze, das war's dann«, sage ich schließlich.
»Yup«, sagt sie. »Das war's.«

Sieben Jahre, sagt sie, und ich weiß, es ist wieder so weit. Sieben Jahre sind wir jetzt ein Paar, das ist ihr eindeutig zu lange. Nicht, dass sie leidet. Nein, es geht ihr sogar gut, und an den meisten Tagen gibt sie es auch zu. An manchen Tagen allerdings nicht. Dann rechnet sie sich aus, was alles in diesen sieben Jahren hätte passieren können, wenn es mich, wenn es uns nicht gegeben hätte. Sie hätte einen noch besseren Typen kennenlernen können. Sie hätte mit einem noch besseren Typen nach New York ziehen können. Sie hätte mit einem noch besseren Typen vier Kinder, zwölf Pferde, ein Haus am Meer, ein kleines Hotel in der Bretagne haben können. Meinetwegen hat sie das alles nicht. Jetzt ist es zu spät, jetzt ist sie zu alt, jetzt nimmt sie keiner mehr. Das Leben, wie es sich ihr darstellt, ist eine Kette von Möglichkeiten, aber sie hat sie alle verpasst. Ich bin daran schuld.

Du willst doch gar keine Kinder, sage ich, du willst doch gar kein Hotel in der Bretagne, und Pferde konntest du noch nie leiden. Du bist so entsetzlich phantasielos, sagt sie, dir genügt es immer, wie es ist. Da hat sie allerdings

Recht. Ich hätte ja vor sieben Jahren eine ganz üble Zicke kennenlernen und mit ihr vier hässliche Kinder und einen durchfallgepeinigten Cockerspaniel haben können, und deswegen bin ich für die vergangenen sieben Jahre im Großen und Ganzen dankbar.

Du willst mir doch nicht sagen, sagt sie, dass das alles gewesen ist. Doch, sage ich, ich finde, ich habe es ganz gut getroffen. Du bist also nur deswegen mit mir zusammen, will sie wissen, weil du nichts Besseres gefunden hast. So würde ich es zwar nicht formulieren, sage ich, aber im Prinzip hast du Recht. Und du findest wirklich, sagt sie, dass das reicht? Ja, sage ich, obwohl ich es lieber nicht sagen sollte, für mindestens weitere sieben Jahre. Man kann nicht alles haben.

XI.
Sex, Teil 3

90 Das tausendste Mal
Ein Dialog über Begierde und Liebe

Sie Stimme am Telefon: Hallohallöchen. Spreche ich mit Meike?
Ich: Ja.
Stimme: Hallo, hier ist die Jasmin von der Redaktion »Arabella Kiesbauer«.
Ich: Ja …?
Die Jasmin: Sie waren doch vor ein paar Jahren schon mal Gast in der Sendung …
Ich: Jaaaa …?
Die Jasmin: … zum Thema »Hilf mir, Arabella, ich weiß nicht mehr weiter«. Sie haben sich damals beschwert, dass der Sex nach 100-mal langweilig wird …
Ich: Mhm.
Die Jasmin: Nach unseren Hochrechnungen müssten Sie inzwischen 1000-mal mit Ihrem Mann geschlafen haben.
Ich: Ihre Hochrechnungen?
Die Jasmin: Deshalb wollen wir Sie gern wieder in die Sendung einladen. Diesmal zum Thema »Irre Rekorde – was Sie nie im Guinness-Buch finden werden«.
Ich: Äh …
Die Jasmin: Wir haben außer Ihnen den Weltmeister im Dauer-Schwertschlucken und außerdem eine Dame, die 732-mal »Eine ungehorsame Frau« mit Veronica Ferres gesehen hat. Sie hat uns versprochen, bis zur Aufzeichnung die 750 zu schaffen.
Ich: Lauter verdienstvolle Mitbürger. Und was soll ich …

Die Jasmin: Na ja, Sie wären sozusagen der Höhepunkt der Sendung, wenn Sie die Wortwahl verzeihen (kichert).
Ich: Ich verzeihe. Aber ich verstehe trotzdem nicht …
Die Jasmin: Ich bitte Sie. Was Sie geleistet haben, ist doch der Gipfel (kichert wieder) der Entbehrungen, der Aufopferung. Ich meine, wenn schon 100-mal der Hammer sind – und ich verrate Ihnen kein Geheimnis, dass wir damals eine Wahnsinnsquote hatten –, dann sind 1000-mal doch wohl … ich meine, wie halten Sie das nur aus?
Ich: Ganz gut, danke. Nach dem 400sten Mal wird es wieder ganz okay.
Die Jasmin: Sie meinen …
Ich: Doch, ab da fängt es wieder an, Spaß zu machen. Der Rest flutscht dann richtig, wenn Sie die Wortwahl verzeihen.
Die Jasmin: Und es wird Ihnen nicht langweilig? Es ist nicht nervig? Sie haben doch damals gesagt …
Ich: Ach, damals. Ich war jung, ich war dumm, ich hatte ja keine Ahnung. Nein, es ist super.
Die Jasmin: Hm. Tja. Wie soll ich das sagen? Dann passen Sie leider nicht mehr in das Sendekonzept. Denn es soll ja um Leiden für den Rekord gehen, Sie verstehen, das interessiert gerade die Zielgruppe der 14- bis 39-Jährigen.
Ich: Tja. Muss ich passen. Kein Leiden.
Die Jasmin: Hm. Schade. Ich meine, schön für Sie. Dann noch einen schönen Tag. Wiederhören. (Im Auflegen:) Eh, Kurti! Diese Perverse aus Hamburg ist noch perverser, als wir dacht … (klack).

Er *Gratuliere.*
Danke. Aber wozu?
Sie haben eben zum tausendsten Mal mit derselben Frau Sex gehabt.
Kennen wir uns nicht?
Ich war schon nach dem hundertsten Mal da.
Sie sind sozusagen zuständig für Betriebsjubiläen.
Sozusagen. Und wie war's?
Toll. Wie immer.
Klingt nicht gerade begeistert.
Wieso soll ich begeistert sein, wenn ich es schon tausendmal gemacht habe?
Das schafft nicht jeder.
Wir schon. Ist doch nicht schwer.
Das hat man mir aber anders erzählt.
Was soll denn schwer sein am Ficken? Rein, raus, danke schön. Ich meine, wenn ich das nach tausend Nummern noch nicht kapiert habe, ist sowieso alles zu spät.
Rein, raus ist ein bisschen wenig, finden Sie nicht?
Kommt ganz drauf an, wie man es gestaltet. Das Rein und das Raus.
Und wie gestalten Sie es denn?
Das geht Sie doch nichts an.
Jetzt sind Sie aber unhöflich. Ich wollte Ihnen doch bloß gratulieren.
Nee, mein Guter, Sie wollen mich ausquetschen.
Haben Sie nie daran gedacht, dass Sie mit Ihrer Erfahrung anderen helfen könnten?
Ich finde, jeder muss seine Erfahrungen selbst machen.
Ja schon, aber man könnte sich an Ihnen ein Beispiel nehmen.
Wieso?
Weil tausendmal mit derselben Frau ziemlich schwer ist.

Nicht, wenn man die Frau liebt.
Sie glauben noch an die Liebe?
Nein. Ich glaube an gar nichts. Ich liebe sie bloß.
Darf ich das zitieren?
Tun Sie, was Sie nicht lassen können.
Und Liebe und Sex gehören für Sie zusammen.
Für Sie nicht?
Für die meisten von uns nicht. Ich meine, was nützt Ihnen die ganze Liebe, wenn es im Bett langweilig geworden ist?
Ist es aber nicht. Ist es nie, wenn man sich liebt.
Sieht sie das auch so?
Sie schläft noch mit mir. Wenn Sie sie kennen würden, würden Sie wissen, dass Sie es nicht täte, wenn sie keinen Spaß daran hätte.
Ist das Ihre Botschaft?
Sonst geht's Ihnen noch gut?
Ehrlich gesagt nein. Meine Frau hat sich gerade von mir getrennt.
Ach?
Weil ich ihr zu langweilig bin. Stellen Sie sich vor, nach zwanzig Jahren.
Ich dachte, Sie sind meine innere Stimme. Wie kann eine innere Stimme von Ihrer Frau verlassen werden?
Tut mir leid, ich hab mich vergessen ... bin gleich wieder weg. Also tschüss dann, und noch mal herzlichen Glückwunsch.

XII.
Und was machen wir jetzt?

91 Das Wir-Gefühl
Wie man seine Identität behauptet

Sie Er hat Schnupfen. Ich niese. Er hat Hunger. Ich esse. Er ist müde. Ich gehe ins Bett.
Dass hier zwei Meinungen stehen von angeblich zwei Leuten, ist natürlich ein Riesen-Bluff. Hier gibt es keine zwei Leute, hier gibt es nur ein Paar. Ein Paar, wie in »ein Paar Würstchen, bitte«: zwei Stück, beide gleich langweilig.
Was einem ja keiner sagt im Sexualkunde-Unterricht und auch später nicht, ist die folgende bittere Wahrheit: Wenn du dich paarst, hörst du auf zu existieren. Dich gibt es nicht mehr, es gibt nur noch euch, das doppelköpfige Paarmonster, genauso zusammengenäht und ungefähr so hübsch wie Frankensteins Werk. Am Anfang mag es ja ganz nett sein – Liebe, Verschmelzung und dieser ganze Schmus –, aber es endet damit, dass du ihm zuliebe labbriges Mischbrot statt leckerem Schwarzbrot kaufst und dass er dir zuliebe seinen Freund Horst vernachlässigt ('n Idiot, nicht schade drum). Es endet damit, dass du Formel 1 guckst und plötzlich österreichischen Dialekt sprichst, dass du nicht mehr auf Partys eingeladen wirst, sondern nur noch zu Abendessen mit anderen Paaren, und dass selbst deine Eltern, die dich jahrzehntelang als Einzelkind gekannt und geschätzt haben, nur noch euch sehen wollen und nicht mehr dich. Wie, du kommst allein? Stimmt was nicht bei euch? Du bist nur noch die Hälfte wert. Du bist ja auch nur noch die Hälfte,

die Hälfte eines Paares. Im Urlaub fahrt ihr nicht nach Marokko, wo er hin will, oder nach Bali, wo du hin willst, sondern nach Ibiza, wo ihr beide nicht hin wollt. Abends will er thailändisch essen und du italienisch, also gibt es Pommes. Niemand kriegt, was er haben will, aber was soll's, nicht wahr? Nur die Liebe zählt.
Vom Ich zum Wir, hieß es in der DDR immer – dolles Konzept. Sieht man ja, wo das hinführt: entweder sofort in den Untergang oder irgendwann später. Ihm wachsen Brüste und dir Haare auf dem Rücken.
Bis dass der Tod uns ... Hey, es gibt also doch noch einen Ausweg.

Er

Wie es war auf der Party? Ganz okay. Gute Musik, guter Alkohol, schöne Frauen. Nicht, dass ich von den Frauen etwas gewollt hätte. Ich bin ja vom Markt. Also habe ich gesoffen. Es flirtet sowieso keine mit mir. Kann ich auch gut verstehen. Männer, die vom Markt sind, bringen niemanden auf Gedanken. Dieser entspannte Wanst, der sich nicht einzieht, dieses Desinteresse, Interesse zu heucheln, diese völlige Abwesenheit von Wahn und Balz. Warum sollten mich Frauen interessant finden? Bis auf dich natürlich. Du musst ja.
Dann hat mich doch eine angesprochen, ich war gerade bei meinem vierten Wodka. »Hallo«, lächelte sie, und ihre Augen glänzten, »du auch da?«
Vor Schreck hätte ich beinahe das Glas fallen lassen. Ich weiß doch gar nicht mehr, wie es sich anfühlt, von einer Frau angesprochen zu werden. Aber dann habe ich mich doch gefangen, den Bauch eingezogen und den Kopf in

Flirtposition gelegt (irre übrigens, wie verspannt mein Nacken ist …). Hallo, säuselte ich begeistert, und meine Augen glänzten.
Was sie wollte? Von mir gar nichts. Nur wissen, wie es dir geht. Warum du nicht da bist. Wohin wir auf Urlaub fahren. Wann wir umziehen werden. Ob du immer noch diese Probleme mit deinen Kontaktlinsen hast. Und ob wir immer noch glücklich sind miteinander. »Ihr wisst gar nicht, wie sehr ich euch beneide«, sagte sie, ehe ich eine Antwort geben konnte, »ihr seid ein richtiges Traumpaar«. Und dann ging sie weiter und flirtete mit irgendeinem Arschloch. Ach ja, schöne Grüße soll ich bestellen.
Du musst gar nicht so süffisant grinsen. Morgen bleibe ich nämlich zu Hause. Ja, ich weiß, dass ich zugesagt habe. Aber ich habe keine Lust mehr auf diesen Wir-Wahnsinn. Du kannst ja flirten, wenn du willst. Und falls sich jemand nach mir erkundigt, sagst du einfach, ich hätte einen akuten Anfall von Ich-Schwäche.

92 Langeweile
Über die ewige Wiederkehr des Gleichen

Sie »Nicht mal nach Katmandu?«, frage ich.
»Nein«, sagt er.
»Indien? Feuerland? Bären jagen in Alaska?«
»Die armen Petzis«, sagt er. »Ich doch nicht.«

»Ich gebe auf. Es gibt wirklich kein Land auf der Erde, wo du immer schon mal hinwolltest?«
»Nein.«
»Okay. Neuer Versuch. Du gewinnst zehn Millionen im Lotto. Was machst du?«
»Ich kaufe mir ein paar CDs. Und einen besseren Scanner. Der Rest ergibt sich.«
»Kein Haus, kein Auto, keine Weltreise?«
»Kein Nestbautrieb, kein Führerschein, keine Lust.«
»Du machst mich fertig. Es kann doch nicht sein, dass du gar keine Träume hast. Das ist doch langweilig. Das ist doch einfallslos. Wie soll es denn weitergehen mit uns?«
»Du meinst, es geht nur mit uns weiter, wenn ich im Lotto gewinne oder Eisbären abknalle?«
»Quatsch. Ich meine, dass du doch nicht im Ernst glauben kannst, dass es immer so weitergeht.«
»Was stört dich denn an unserem Leben?«
»Nichts. Eigentlich.«
»Eigentlich?«
»Na ja, es kann doch nicht sein, dass du bis an dein Lebensende hier auf dem Sofa liegen willst und so ekelhaft wunschlos glücklich bist. Das ist doch lausig.«
»Was soll ich denn noch wollen? Ich habe eine Hose, ich war schon mal am Strand. Ich habe Hummer gegessen, ich bin Schlittschuh gefahren, ich habe einen Job, ich habe eine Frau. Ich habe alles Wesentliche im Leben erledigt. Jetzt muss ich nur noch von Zeit zu Zeit eine kaputte Glühbirne austauschen.«
»Lüge. Du hast in unserer Beziehung noch nie eine Glühbirne ausgetauscht.«
»Super. Dann muss ich nicht mal mehr das machen. Ist doch die perfekte Existenz.«

»Ich finde, du musst mindestens noch eine Sache erleben.«
»Was denn?«
»Wie es sich anfühlt, wegen fortgesetzter Fantasielosigkeit von mir verlassen zu werden.«
»Hm. Okay. Das wäre wirklich noch mal was.«

Er Irgendwann ist es eben nicht mehr so spannend. Völlig normal. Ich meine, wenn man jeden Tag Spaghetti essen müsste, würde man auch nicht gerade in Begeisterungsschreie ausbrechen. Gut, eine Zeit lang versucht man es mit verschiedenen Saucen, mal mit mehr Chili, mal mit zarten Pestos, mal ganz pur, nur ein wenig ölig, aber Spaghetti bleiben es dennoch. Versuchen Sie sich doch einmal vorzustellen, Sie kommen abends nach Hause, haben Hunger, und dann gibt es immer nur Spaghetti. Und der Mensch, der sie Ihnen serviert, sagt: »Guck mal, heute habe ich die Spaghetti ganz kurz geschnitten, sieht das nicht toll aus?« Oder: »Heute habe ich etwas ganz Neues probiert, extrascharfe Spaghetti, richtig heiß.«
Würden Sie sich nicht auch fragen, warum Sie eigentlich immer nur Nudeln essen müssen? Jeden verdammten Abend. Und natürlich auch jeden verdammten Morgen, zum Frühstück. Es ist doch verständlich, dass man sich unter solchen Umständen gelegentlich nach einem blutigen Steak sehnt. Oder gerne wieder einmal Huhn hätte. Nein, ich will damit nichts gegen Spaghetti gesagt haben. Ich liebe Spaghetti, ehrlich. Es gab Zeiten, da konnte ich nicht genug davon bekommen, jeden Abend drei Portionen, und danach hätte ich immer noch was vertra-

gen können. Richtig systematisch habe ich das Spaghetti-Universum erforscht. Na ja, und irgendwann habe ich es eben in allen seinen Aggregatzuständen gekannt.

Was macht man, wenn man ein Universum erforscht hat? Ich weiß auch nicht. Man richtet sich ein darin. Es bleibt einem ja gar nichts anderes übrig. Manchmal ist es ja wirklich noch schön in meinem Universum, ich will mich da gar nicht beschweren. Vielleicht liegt es ja auch an mir. Vielleicht sollte ich mir mehr Mühe geben und die Sache mal ein wenig würziger machen. Oder versuchen, jede einzelne Nudel ganz langsam zwischen meine Lippen zu saugen, liebevoll mit meiner Zunge zu umkosen und dann hingebungsvoll verschlingen. Vielleicht würde mich das glücklicher machen. So wie früher eben, als ich die Spaghetti für mich entdeckt habe.

93 Mordgelüste
Ich könnte dich umbringen. Ich dich auch

Sie Wie alle langlebigen Beziehungen basiert auch unsere auf der Unterdrückung elementarer Bedürfnisse. Vor allem meines periodisch wiederkehrenden Bedürfnisses, ihn umzubringen. Juristisch gesehen wäre das zwar kein Problem (die Umstände, mit ihm zu leben, sind so mildernd, mildernder geht's nicht), aber schade wär's schon wegen der schönen Topfenpalatschinken, die er mir kocht. Und doch, und doch ...

Todeswürdiges Handeln beherrscht er in zwei Spielarten: 1. borniert (in seiner Sprache »unabsichtlich«) und 2. mit unverdünntem Sadismus/gezielter Tücke in eindeutig quälerischer Absicht.
Beispiele für 1.: wenn er den Zigarettenstummel zischend in meiner Lieblingstasse löscht. Wenn ich eine einsame schwarze Herrensocke aus einer Waschmaschine voller vormals neuschneeweißer, jetzt schneematschgrauer Handtücher ziehe. Wenn im Kühlschrank unidentifizierbare Tierleichen modern, die nicht rechtzeitig weggebraten wurden. Wenn ich morgens blaulippig erwache, während er in seine und meine Bettdecke gerollt ist.
Beispiele für 2.: wenn er die mühsam ergatterten Premierenkarten verfallen lässt, weil er unbedingt noch arbeiten muss, und ich ihn beim Heimkommen auf dem Sofa vor Bayern gegen Kaiserslautern liegend finde. Wenn er auf der Party lautstark verkündet, ich würde ja meiner Lieblingsfeindin C. äußerlich und charakterlich immer ähnlicher werden. Wenn er neben mir im Bett liegt, die Hand auf meinem Bauch, und zur Melodie von »Alle meine Entchen« leise »schwabbel, schwabbel, schwabbel« vor sich hin singt (er liebt die Gefahr, wie man sieht).
Und dann gibt es natürlich noch die Tage, an denen ich einfach nur irgendjemanden umbringen will und er der erste ist, der mir einfällt. Weil er halt da ist, Pech. Weil er halt trotz allem bleibt, selber schuld.
Aber dafür ist Liebe ja schließlich erfunden worden, oder? Er erträgt meinen Scheiß. Ich ertrage seinen Scheiß. Die Definition einer glücklichen Beziehung.

Er Will ich sie töten? Blöde Frage. Wir sind ein Paar. Warum will ich sie töten? Blöde Frage. Wie lange haben Sie Zeit?

Weil sie mich jeden Morgen aufweckt. Weil sie jeden Abend vor mir einschläft. Weil sie beim Ableben Lady Dianas, der wehleidigsten Schnepfe des Universums, geheult hat wie ein Teenager im Backstreet-Boys-Konzert. Weil sie Naomi Campbell für eine unintelligente, zickige, geldgierige Schnepfe hält. Weil sie alle meine Lieblingspullover so lange kleinwäscht, bis sie ihr passen (»ist doch ein Liebesbeweis, dass ich deine doofen Pullis anziehe ...«). Weil sie nach jedem ihrer Fitnessstudio-Besuche drei Nächte lang über ihren Oberschenkel-Muskelkater jammert. Weil sie mich immer nur zu Hause, also ohne Zeugen, tief und innig liebt und auf Partys gerne kundtut, dass sie sich »nicht als Teil eines Paares definiert«, mir dann aber noch viele Nächte lang vorhält, zu sehr mit ihren Freundinnen geflirtet und sie damit »verraten« zu haben. Weil sie meine Marotten für völlig bescheuert und ihre eigenen für apart hält. Weil ihr jederzeit zu jedem Essen die dazugehörigen Nährwerte einfallen, sie aber nicht die geringste Veranlassung dazu sieht, sich auch nur zehn Sekunden lang mit der Außenpolitik Deutschlands zu beschäftigen. Weil sie gerne über meine »geistig minderbemittelten, nur an Klamotten, Sex und Discos interessierten« Ex-Freundinnen ätzt, um unmittelbar danach ihren klugen Kopf wieder in *Gala* und *Bunte* zu versenken. Weil sie meine Direktheit für unhöflich, roh und sozial unverträglich hält, sich aber jeden Abend über Harald-Schmidt-Witze schlapplacht. Weil sie mich lange im Glauben gelassen hat, sie wäre (endlich!) keine wirkliche Frau, sondern

ein vernünftiges Lebewesen mit den richtigen Geschlechtsmerkmalen dran, mich aber mit Frustkauf-, Migräne, Umdekorations-, Was-soll-ich-anziehen-damit-niemand-meine-Knubbelknie-sieht und sonstigen Östrogenattacken zum Wahnsinn treibt. Weil sie eben doch eine Frau ist.
Reicht das? Es reicht. Was lange währt, wird endlich Blut. Macht kaputt, was euch kaputt macht.

94 Weißt du noch?
Über die Mühsal der Erinnerung

Sie Weißt du eigentlich, dass ich dich damals fast verlassen hätte, Liebling? Na, damals. Du weißt schon. Wegen dieser Sache. Damals. Weißt du nicht? Ehrlich gesagt kriege ich es auch nicht mehr so richtig zusammen.
Ich weiß aber noch genau, wie es losging. Erst warst du für volle drei Tage verschwunden. Niemand wusste, wo du warst, nicht mal Frank, ich bin fast verrückt geworden, ich war knapp davor, die Polizei anzurufen. Dann stehst du plötzlich in der Tür, völlig verwahrlost, und faselst was von »Krise« und »In mich gehen« und »Hat nichts mit dir zu tun« mit diesem Blick, der mir sagte, dass es alles komplett mit mir zu tun hatte. Aber du sagst keinen Ton. Wo du warst, was du gemacht hast, was das mit mir zu tun hatte.

Es hat nichts mit dir zu tun, sagtest du. Das ist so ein Satz, für den man Männer straffrei an den Eiern aufhängen dürfte. Den sagen sie immer, wenn sie etwas komplett Unerträgliches tun, etwas, das einen in den Wahnsinn treibt. Verdammt noch mal, ALLES hat mit mir zu tun, habe ich geschrien, zumindest das weiß ich noch. Dein ganzes verdammtes Leben hat mit mir zu tun, hast du das noch immer nicht kapiert, DU ARSCH? Du hast mich nur komisch angeguckt und bist ins Arbeitszimmer gegangen.

Und da hatte ich die Schnauze voll. Sinnlos, dachte ich, das wird nie was. Den kriegen wir nicht mehr hin, diesen Beziehungsautisten. Glaubt immer noch, er sei ein Single, nur dass die komische Frau da einfach nicht mehr weggeht. Und da habe ich meinen Kram gepackt. Und bin gegangen. Bis an die nächste Straßenecke. Dann bin ich wieder zurückgekommen. Du hast nicht das Geringste davon mitbekommen. Warst ja die ganze Zeit im Arbeitszimmer. Wahrscheinlich erst mal die E-Mail gecheckt, ist ja klar, nach drei Tagen. Bloß keine Zeit verschwenden, um der Frau was zu erklären. Ich bin ins Bett gegangen, am nächsten Morgen habe ich selbstverständlich komplett versehentlich Honig auf deine Hose tropfen lassen, und wir haben nie wieder darüber gesprochen.

Deshalb frage ich dich jetzt, wo wir alt und klapprig sind, in aller Form und in aller Demut: WAS WAR DAS UM GOTTES WILLEN DAMALS EIGENTLICH FÜR EINE SCHEISSE? Nur für den Fall, dass du dich noch erinnerst.

Er Weil du damals so genervt hast. Tagelang. Aber daran kannst du dich sicher nicht mehr erinnern, natürlich nicht. Weil du mich damals so genervt hast damit, dass Vanessa von Jürgen einen Brilli geschenkt bekommen hat und, wie hieß sie noch gleich, na du weißt schon, diese Kuh, mit der du zwei Monate dicke befreundet warst, bis sich herausstellte, dass sie eigentlich lieber mit mir befreundet sein wollte, dass diese Kuh also von ihrem Ex-Typen einen Versöhnungsversuch-Porsche vor die Tür gestellt bekam, und nur ich, hast du gesagt, nur ich bekomme nie etwas, nichts Nennenswertes jedenfalls, nichts Ruinöses.

Stimmte ja auch. Wolltest du ja auch nicht. Diamanten, hast du gesagt, sind was für Frauen jenseits der 50, damit wenigstens irgendwas an ihrem Hals einigermaßen aussieht. Und trotzdem hast du mich ohne Ende genervt mit meiner angeblichen Lieblosigkeit. Na gut, dachte ich, wenn die Alte es so haben will, dann kriegt sie es eben, und bin losgezogen nach New York. Hol ich ihr eben die bescheuerten Schuhe, die sie in der *American Vogue* gesehen hat, knall sie ihr vor die Füße, und gut ist's. Damit das Gezicke endlich ein Ende hat. Hab ich auch wirklich bekommen, das letzte Paar in deiner Größe, war ja eine limitierte Ausgabe, obwohl ich bis heute nicht einsehe, was an Schuhen so genial sein kann, dass sie 6900 Dollar kosten. Aber die warst du mir wert.

Das Problem war nur, dass in dem Hotel, in dem ich abgestiegen war, auch irgendeine verdammte Exilregierung einquartiert war. Und dass diese verdammte Exilregierung, von welchem Schurkenstaat waren die schnell noch mal, dass diese Typen eben irgendwelche verdammten Feinde hatten und, jedenfalls, irgendjemand hat eine Bombe geschmissen, und ich konnte mich gerade eben noch so auf die Straße retten, in T-Shirts und Jeans und mit deinen Schuhen natürlich, aber das Geld war futsch, und kein Taxi hat angehalten, und dann musste ich warten, bis die Botschaft aufsperrte, es war ja ein Wochenende, und ich hab dann bei so einem Künstler gepennt, keine Ahnung, wie der noch hieß, der an irgend so einer bescheuerten Sadomaso-Installation arbeitete, und weil ich bei ihm schlafen durfte, habe ich mich bereit erklärt, sein Versuchskaninchen zu spielen, und blödsinnigerweise ging dann der Käfig, in den er mich gesperrt hatte, nicht auf, und der Typ ist dann in seiner Panik abgehauen, ein Wunder, dass du das nicht mitbekommen hast, sogar die *New York Times* habt darüber berichtet, na ja, ist ja egal, irgendwann hat dann jemand meine Hilferufe gehört, und, ach was, die Einzelheiten sind doch egal, irgendwie hab ich dann vom Botschafter ein Ticket bekommen und bin auf die Maschine gesetzt worden, und dann war ich endlich zu Hause und habe gerade die Schuhe verstecken können, die ich dir geben wollte, nachdem ich geduscht hatte, aber da warst du schon weg. Einfach weg. Nach drei Tagen, in denen ich ein Bombenattentat und einen Sadomaso-Künstler überlebt habe. Warst du einfach weg.

Danach habe ich mir ernsthaft überlegt, dich zu verlassen. Aber das habe ich dir nie gesagt.

Da fällt mir ein: Habe ich dir die Schuhe eigentlich jemals gegeben?

95 Glück
Über ein flüchtiges Gefühl

Sie »Sag mal«, fragt er, während er die Zwiebeln schneidet, »bist du eigentlich glücklich mit mir?«
Hoppla. Eine dieser Fragen, die kein normaler Mann je stellt. Es sei denn, er hat ein massiv schlechtes Gewissen. Okay. Erst mal sondieren.
»Warum fragst du?«
»Och, nur so.«
Klassische Frage, klassische Antwort. Selber schuld, Mädchen. Also noch mal: »Klar bin ich glücklich mit dir.« Und jetzt schweigen. Schweigen. Schweigen. Schwei ...
»Dann ist's ja gut.«
Moment mal. So schnell kommst du mir nicht davon. Wenn du einen größeren Köder brauchst, bitte.
»Meistens jedenfalls.«
»Ach?«
Na bitte. »Mhm.« Schweigen, schweigen, schw ...
»Und wann? Wann bist du glücklich mit mir?« Herrgott, sie stellen doch immer die falschen Fragen.
»Hm.« Jetzt muss ich wirklich nachdenken. »Bei ganz banalen Dingen. Zum Beispiel, wenn wir samstags einkaufen und ich dich mit dem Einkaufswagen vor dem Regal mit den Sahnequarks sehe. Oder wenn du versuchst zu tanzen. Oder wenn du mich anrufst, nachdem ich gerade in New York angekommen bin und ich weiß, dass es bei dir drei Uhr nachts ist. Oder wenn ich höre, wie du dir selbst laut aus einem Buch vorliest, weil dir

die Sprache so gut gefällt. Ich bin sogar glücklich, wenn ich nachts aufwache und du neben mir schnarchst. Dann könnte ich dir stundenlang zuhören.«
»Wirklich?«
»Nein. Natürlich nicht.«
»Oh.«
»Aber kannst du mir jetzt bitte endlich mal sagen, warum du mich gefragt hast?«
Er räuspert sich. Lange. »Weil ich gerade so gedacht habe. Dass ich. Sehr. Glücklichmitdirbin.«
»Bitte?«
»DASS ICH SEHR GLÜCKLICH MIT DIR BIN! IMMER! JEDEN TAG! ZU JEDER MINUTE!« Er räuspert sich wieder. »Habe ich gerade so gedacht.«
»Oh.«

Er

Ob ich glücklich bin, wollen Sie wissen? Ja, ich bin glücklich. Und zwar ihretwegen. Nicht jede Minute, aber sicher jeden Tag ein paar Minuten, und das ist ja fast wie jede Minute. Ich kann nicht viel darüber erzählen, weil Sie es wahrscheinlich gar nicht verstehen würden. Glück ist das Langweiligste auf der Welt. Es passiert ja nichts Besonderes, wenn man glücklich ist. Ich meine, da sind keine Feuerwerke und keine Fanfaren, und meistens gerät man noch nicht einmal aus der Fassung, wenn man glücklich ist.
Sie kommt zum Beispiel von irgendeinem Abendtermin nach Hause und schminkt sich schnell ab und kriecht zu mir ins Bett, und ihre Füße sind kalt, und ihr Hintern ist noch viel kälter: völlig langweilig, aber es macht mich glücklich. Weil sie es ist, und weil sie so ist, wie sie ist,

und nie anders sein wird. Oder wenn sie im Bad vor dem Spiegel steht und sich zu schminken versucht. Nichts Besonderes, werden Sie sagen, aber das sagen Sie nur, weil Sie nicht wissen, dass sie ohne Brille völlig blind ist und deswegen beim Schminken fast am Spiegel klebt. Das ist zwar zugegeben auch nichts Besonderes, aber es erinnert mich jedes Mal an unseren ersten gemeinsamen Morgen, und deswegen macht mich der Anblick dieser halb blinden Frau mit ihrer Mascara unsagbar glücklich.
Oder wie sie sich in der Sonne räkeln kann. Ich kenne niemanden, der sich so gut in der Sonne räkeln kann wie sie. Nicht einmal Katzen schaffen das. Stundenlang kann sie sich in der Sonne räkeln. Endlich Sonne, sagt ihr Körper (ja, sie hat meistens beim Räkeln nichts an, wenn es sich vermeiden lässt, aber darum geht es hier gar nicht), endlich Sonne, sagt ihr Körper also, während er sich räkelt, und schon bin ich selbst, indem ich ihr beim Räkeln zusehe, über die Sonne glücklich, obwohl mir Sonne noch nie viel bedeutet hat. Oder wie sie am Morgen ist. Wach und freundlich. Gut, manchmal geht mir das auf die Nerven, aber meistens macht es mich glücklich. Weil es mir doch sagt, dass die Welt immerhin so schön ist, dass sie eine immerhin grundvernünftige und sehr abgeklärte Frau dazu bringt, wach und freundlich zu sein, und sofort fühle ich mich auch ein bisschen besser und – wie soll ich sagen? – beschenkt. Ich meine, kann man es besser haben? Gibt es etwas Besseres als mit einer Frau zu leben, die einen kalten Hintern hat, beim Schminken am Spiegel klebt, sich wie eine Katze in der Sonne räkeln kann und jeden Morgen wach und freundlich ist? Ich glaube nicht, dass es etwas Besseres gibt. Und deswegen bin ich glücklich.

96 Was wir unbedingt noch tun müssen
Eine Wunschliste

Sie Nach Hawaii fliegen und Hand in Hand in den Sonnenuntergang gehen.
So viele Austern essen, wie reinpassen, um herauszufinden, ob die wirklich so aphrodisisch wirken.
Uns endlich mal Gedanken über eine Deckenleuchte im Flur machen, nach all den Jahren.
Sex in einem Auto haben.
Sex in einem Kino haben.
Sex in einem Flugzeugklo haben.
In einen Swingerclub gehen.
Nee, besser doch nicht.
Die Zeitungen zum Altpapier-Container bringen.
Heiraten.
Uns scheiden lassen.
Wieder heiraten.
Bücher darüber lesen, warum zweite Ehen erfolgreicher sind.
All die Fehler wiederholen, die man schon beim ersten Mal gemacht hat.
Das Eisfach abtauen, damit wieder Platz für *I Cestelli Waldfrucht* und tiefgefrorene Germknödel ist.
Gemeinsam ins Fußballstadion gehen.

Gemeinsam ins Nagelstudio gehen.
Sich schwören, nie wieder im Revier des anderen herumzustreunen.
Eine Ernst-August-und-Caroline-Entgiftungskur machen.
Sich so komplett zerkrachen, dass einer (er natürlich) noch in derselben Nacht ins Hotel zieht.
Sich eine Woche nicht anrufen.
Sich heulend in die Arme sinken, wenn endlich doch einer (er natürlich) anruft.
Der Beziehung neuen Pepp geben, indem man mal auf der anderen Seite des Bettes schläft. Ach was, gleich in einem ganz neuen Bett. Und wenn wir schon dabei sind, könnten wir auch das Schlafzimmer mal wieder streichen. Und ich brauche dringend mehr Platz im Kleiderschrank, könntest du nicht vielleicht deine grässlichen Motorradklamotten im Keller lagern? Was hältst du von geblümten Vorhängen? Und Sandelholz-Duftkerzen? Ach, du wolltest schon immer getrennte Schlafzimmer? Wie, ich schnarche? ICH schnarche? Das ist ja wohl ein Witz.
Sich noch mal wieder versöhnen, aber echt zum letzten Mal.
Ein Doppelgrab bestellen.

Er

Getrennt in den Urlaub fahren.
Die Lebensmittelszene aus »9 ½ Wochen« nachspielen.
Uns endlich mal Gedanken über eine größere Stereoanlage machen, nach all den Jahren.
Ein Auto mit Liegesitzen kaufen.

Einen Wide-Screen-Fernseher anschaffen.
Einen privaten Learjet anschaffen.
Auf keinen Fall in einen Swingerclub gehen.
Oder vielleicht doch. Nur mal gucken, wie andere Paare beim Sex aussehen.
Alle Wohn-, Frauen-, Mode- und Designmagazin-Abonnements kündigen.
Heiraten.
Ehelichen Sex haben.
Eine Eheberatung aufsuchen.
Unvoreingenommen das Für und Wider unserer Beziehung erörtern.
Es ausagieren.
Getrennte Schlafzimmer anschaffen.
Uns auf Zeit trennen.
Eine riesige Tiefkühltruhe kaufen und mit Mastochsenteilen bis obenhin füllen.
Gemeinsam eine ganze Oscar-Verleihung im Fernsehen angucken.
Gemeinsam ein ganzes Formel-1-Rennen im Fernsehen angucken.
Gemeinsam eine Diät durchziehen.
Tango tanzen.
Überhaupt tanzen.
Gemeinsam in einer Talkshow auftreten.
Einen Tandemsprung absolvieren.
Uns zerkrachen.
Wieder angekrochen kommen.
Einen Versöhnungsfick haben.
Der Beziehung neuen Pepp geben, indem wir einander mit heißen, im Schritt offenen lachsfarbenen Dessous, stundenlangen erotischen Partnermassagen, bei denen

es zu keinem genitalen Kontakt kommt, Candlelight-Dinners zu Paolo-Conte-CDs, Verwöhnwochenenden, bei denen sie bestimmen darf, wo es langgeht, gemeinsamen Bädern in aromatischen Ölen, langen romantischen Spaziergängen durch herbstliche Landschaften, frivolen Telefongesprächen zwischen zwei Business-Terminen, einem privaten selbstgedrehten Sexvideo, spontanen Wochenend-Trips in die europäischen Kulturmetropolen mit den besten europäischen Theaterfestivals, einem zauberhaften Skiurlaub in einem verschneiten faschistischen Kärntner Bergdorf und einem mehrgängigen vitalisierenden Ayurveda-Liebesmenü überraschen.
Einander im Testament bedenken.

97 Jüngstes Gericht
Kein Scheidungstermin

Sie+Er Richter: Sie wollen sich also scheiden lassen.
Sie und er: Nein.
Richter: Warum sind Sie dann hier?
Sie und er: Wir dachten, es würde Ihnen Freude machen, einmal einem Paar gegenüberzusitzen, das sich liebt.
Richter: Schön für Sie.
Sie und er: Ja.
Richter: Und Sie haben einander wirklich nichts vor-

zuwerfen? Keine Seitensprünge, keine seelische Grausamkeit, keine Vernachlässigung der ehelichen Pflichten?
Sie und er: Nicht der Rede wert.
Richter: Irgend etwas muss Sie doch ankotzen aneinander.
Sie und er: Nein.
Richter: Reden Sie immer gleichzeitig?
Sie: Nein.
Richter: Wie lange sind Sie denn schon zusammen?
Er: Sieben Jahre –
Sie: – drei Monate und, ich hab´s gleich, achtzehn Tage.
Richter: Kinder?
Er: Nein.
Richter: Sie müssen keine Angst vor der eigenen Courage haben. Wenn Sie wollen, sind Sie in zehn Minuten geschiedene Leute.
Sie: Nein. Wir lieben uns doch.
Richter: Wenn Sie wüssten, wie viele ich hier sitzen habe, die sich immer noch lieben.
Sie und er: Aber wir lieben uns wirklich. Wieso sollten wir uns dann scheiden lassen?
Richter: Weil Ihnen fad ist. Weil es im Bett nicht mehr stimmt. Weil Sie keine Kinder haben. Weil er Ihre Kreativität behindert, weil sie den Skilehrer angeschmachtet hat, weil er endlich erkannt hat, dass er in Wirklichkeit schwul ist, weil sie es nicht mehr erträgt, dass er dauernd in löchrigen Socken herumrennt. Suchen Sie sich was aus.
Sie: Woher wissen Sie das mit den Socken?
Richter: Na also. Können wir jetzt endlich anfangen?
Sie: Aber ich liebe ihn.

Richter: Woher wollen Sie das denn wissen?

Sie: Ich fühle mich amputiert, wenn wir mal drei Tage voneinander getrennt sind. Ich bin immer noch verknallt in ihn, obwohl er sich manchmal ziemlich gehen lässt. Wenn ich alleine in einer fremden Stadt bin, denke ich immer noch, wie schade es ist, dass er das jetzt nicht sehen kann. Ich sehne mich immer noch danach, dass er seine warmen Hände auf meinen kalten Hintern legt. Genügt Ihnen das?

Richter: Haben Sie sich schon mal auf Ihren Geisteszustand untersuchen lassen?

Er: Moment mal!

Richter: Sie sind jetzt nicht dran! Merken Sie nicht, dass er Sie dauernd am Reden hindern will? Bei den anderen Damen ist das ein sehr beliebter Scheidungsgrund.

Er: Jetzt reicht es aber!

Richter: Zügeln Sie sich, junger Mann, oder ich lasse Sie wegen Missachtung des Gerichts festnehmen.

Sie: Tun Sie nicht!

Richter: Und Sie gleich mit!

Er: Doppelzelle?

Richter: Ich warne Sie zum allerletzten Mal! Wenn Sie ihn so lieben, wie Sie behauptet haben, liebt er Sie denn auch?

Sie: Ich glaube schon.

Richter: Glauben ist nicht Wissen.

Sie: Fragen Sie ihn doch.

Richter: Also Angeklagter, lieben Sie sie?

Er: Ich bin doch gar nicht angeklagt.

Richter: Das werden wir schon noch sehen. Ob Sie sie lieben, will ich wissen.

Er: Logisch.

Richter: Logisch ist es erst, wenn Indizien dafür sprechen.
Er: Ich finde sie immer noch ziemlich scharf. Sie nicht?
Richter: Na ja.
Er: Hören Sie mal, ist doch alles dran, was dran sein muss.
Richter: Wenn Sie meinen.
Er: Ich versteh Sie nicht, Euer Ehren.
Richter: Ein bisschen größer könnten die Brüste schon sein.
Er: Mir nicht. Für mich sind sie perfekt.
Richter: Das legt sich. Warten Sie noch mal fünf Jahre. Dann hängen die sicher auch.
Er: Äh. Moment mal, wieso reden wir hier eigentlich über ihre Brüste?
Richter: Weil alles auf den Tisch kommen muss, was diesen Fall betrifft.
Er: Wir haben doch gar keinen Fall.
Richter: Das lassen Sie ruhig meine Sache sein. Was essen Sie eigentlich am liebsten?
Er: Wiener Schnitzel.
Richter: Und wann gab es zuletzt Wiener Schnitzel bei Ihnen?
Er: Das ist schon Monate her. Leider.
Richter: Aha. Welche Augenfarbe hat Ihre Liebste denn?
Er: Äh. So ein blaues Graugrün halt.
Richter: Blau! Blitzblaue Augen hat sie! Sie sind sieben Jahre, drei Monate und achtzehn Tage mit der Dame zusammen und wissen nicht einmal, welche Farbe ihre Augen haben! Und Sie haben die Kühnheit zu behaupten, dass Sie sie lieben! Aber wahrscheinlich haben Sie nur Augen für ihre Brüste! Also, wirklich.

Er: Ähmm ...
Richter: Und mit Ihrer Liebe kann es ja auch nicht weit her sein, wenn er seit Monaten kein Wiener Schnitzel bekommen hat.
Er: Ich will mit ihr alt werden. Ich will sie aus Schnabeltassen füttern. Ich mach mir jedes Mal Sorgen, wenn sie verreist. Dass das Flugzeug abstürzt oder ein Killer sie umnietet ...
Richter: Oder dass sie fremdgeht ...
Sie: Nein.
Richter: In meinem Gericht wird nicht gelogen, Madame.
Sie: Ich gehe aber nicht fremd.
Richter: Er geht sicher fremd, so wie er aussieht.
Er: Nein.
Richter: Doch. Jeder geht fremd.
Er: Ich nicht.
Richter: Doch.
Er: Nein.
Richter: O doch.
Sie: Mir doch egal.
Richter: Das ist Ihnen also egal?
Sie: Ich liebe ihn trotzdem.
Richter: Er liebt Sie aber nicht.
Er: Doch.
Richter: Obwohl sie fremdgeht?
Sie: Moment mal.
Er: So wichtig ist Sex auch wieder nicht.
Richter: Wann hatten Sie zum letzten Mal Geschlechtsverkehr?
Er: Vor ein paar Tagen.
Sie: Vor fünf Tagen.

Richter: Wenn Sie sich lieben würden, hätten Sie öfter Geschlechtsverkehr.
Sie: Wir sind aber beide gekommen. Fast gleichzeitig.
Er: Das geht ihn doch wirklich nichts an.
Richter: Und ob mich das etwas angeht! Wenn Sie sich lieben würden, wären Sie nicht nur fast, sondern völlig gleichzeitig gekommen.
Sie: Quatsch.
Er: Vielleicht sollten wir besser gehen.
Richter: Sie gehen erst, wenn ich mit Ihnen fertig bin. Wer macht bei Ihnen zu Hause die Drecksarbeit?
Sie und er: Die Putzfrau.
Richter: Wer sorgt für die Unterhaltung?
Sie und er: Der Fernseher.
Richter: Wer sagt öfter zum anderen, dass er ihn liebt?
Sie: Er.
Er: Sie.
Richter: Wer von Ihnen beiden ist langweiliger?
Er: Ich.
Sie: Ich.
Richter: Wer ist dominanter, besitzergreifender, lustloser, die Persönlichkeit des anderen behindernder, perverser, anspruchsvoller, fantasieloser?
Er und sie: Ähmm?
Richter: Wie lange wollen Sie dieses Theater noch durchziehen?
Sie und er: Welches Theater?
Richter: Abführen! Sie kriege ich schon noch klein! Ich rufe auf: Scheidungssache XV/56789/2000, Prinzessin Caroline und Prinz Ernst August, wär doch noch schöner, was bilden diese Idioten sich eigentlich ein, zu behaupten, dass sie sich lieben ...

98 Keine Angst!
Das Doppelpack-Horoskop für Männer und Frauen

Sie *(über seine Sterne)*

Das nächste Jahr könnte Ihr Glücksjahr werden. Um Beruf und Gesundheit könnte es nicht besser stehen, und wenn Sie sich dem Einfluss der Venus ganz hingeben, wird 2001, 2002, 2003, 2004 usw. ein Hauptgewinn.

Sie neigen zur Vergesslichkeit. Achten Sie besonders auf hohe Feiertage wie das 75-monatige Bestehen Ihrer Beziehung, sonst riskieren Sie unnötige Spannungen. Überwinden Sie Ihre abergläubische Scheu vor kreisförmigen Objekten (Eheringe, Klobrillen): Nehmen Sie diese Dinge in die Hand, und Ihr Leben wird sich zum Guten wenden.

Hüten Sie sich in diesem Jahr vor irrationalen Entscheidungen: Wenn Sie entdecken, dass die Milch sauer ist, stellen Sie sie ausnahmsweise nicht zurück in den Kühlschrank. Pluto lässt Sie manches klarer sehen: Jetzt verstehen Sie selbst nicht mehr, wie Sie je auf die Idee kommen konnten, dass Uma Thurman eine interessante Frau ist.

Im Frühsommer wird Sie der unbezwingbare Wunsch nach einem Sportcoupé mit einem besonders dämlichen Namen und einer 120-Watt-Anlage überkommen. Geben Sie ihm keinesfalls nach, wenn Sie nicht Ihre Beziehung aufs Spiel setzen wollen. Überraschen Sie Ihre Partnerin stattdessen mit unvermuteten Mitbringseln, die ihr beweisen, dass auch Sie regen Anteil an Ihrem

Zusammenleben haben: Müllbeutel in der richtigen Größe und Klopapier bringen besonders in der ersten Dekade geborenen Skorpionen Glück.
Mars wird Sie dazu verleiten, vier bis fünf Trainerwechsel zu fordern – diesen Impuls sollten Sie sich gönnen. Seien Sie jedoch vorsichtig mit unbedachten Äußerungen wie »Andi Herzog hat doch das Comeback des Jahres hingelegt, wa?« – die Saison ist noch nicht zu Ende, und Bremen hat noch längst nicht den Pott, egal was der *Kicker* schreibt, die haben sowieso keine Ahnung ... ähm, 'tschuldigung, wo war ich?
Im Juli steht Ihnen eine aufregende Begegnung mit einer unglaublich attraktiven und komplett cellulitefreien Frau bevor. Trauen Sie den Sternen: Vergessen Sie die Tussi auf der Stelle.

Er *(über ihre Sterne)*

Das nächste Jahr steht wie das letzte im Zeichen der Waage. Also alles wie gehabt: Sie finden sich zu plump, vor allem in Ihrem Aszendenten, wo immer der liegt.
Im Frühjahr hoffen Sie auf tiefgreifende Veränderungen. Doch der Friseur ist ein Skorpion und vergeht sich leidenschaftlich an Ihren Haaren. Was Amor betrifft, erwartet Sie in diesem Jahr eine Begegnung mit einem Fisch. Sie wissen ja, wie die so sind: stumm. Hilflos herumrudernd. Schwer zu fangen. Zählen Sie nicht auf Saturn: Der ist mit dem Hubble-Teleskop völlig ausgelastet. Und Venus ist noch sauer auf sie, weil Sie sich beim letzten Mal wie eine Jungfrau angestellt haben. Etwas mehr Feuer täte Ihnen ganz gut.

Im Sommer grübeln Sie überflüssigerweise darüber nach, ob Sie etwas falsch gemacht haben. Dabei ziehen zu knappe Bikinis jeden Wassermann magisch an, und das Bäuchlein übersieht er einfach. Sie müssen sich also keine Sorgen machen. Warten Sie nicht so lange, bis Sie rot wie ein Krebs im Kochtopf sind, sondern geben Sie Ihren Impulsen gleich nach. Das beschert Ihnen einen ausgelassenen Urlaub, und das Gerede der anderen braucht Sie nicht zu stören.

Im Herbst tobt ein Marsgewitter in Ihnen und verleitet Sie dazu, alles hinschmeißen, auswandern, sich trennen und Ihrem Chef die Meinung geigen zu wollen. Doch das kennen Sie schon. Halten Sie sich an Ihre altbewährte Methode der Krisenbewältigung und kaufen Sie den nächsten H&M-Laden leer. Das hilft auch und bringt Ihr Leben nicht allzusehr aus der Waage.

Im Dezember werden Sie von allen Frauenzeitschrift-Horoskopen magisch angezogen. Doch glauben Sie mir: Den Sternen sind Sie völlig egal.

Bonus Tracks

99 Die Autoren
Bei wem Sie sich für dieses Buch bedanken müssen

Sie Meike Winnemuth, geboren am 19. 6. 1960 in Neumünster, Schleswig-Holstein. Fantastische, wenn auch geschlechtsspezifisch missglückte Kindheit (Lieblingsspielsachen: Fischer-Technik Elektronikbaukasten, Teddy; durfte wg. Nachnamen Häuptling sein).
Früheste, nur zögernd verworfene Berufsperspektiven: Ornithologin, Innenarchitektin, Käseverkäuferin. Bis heute verblüffende Fachkenntnisse in allen drei Bereichen.
Frühestes sexuelles Erlebnis: den Teil mit der Badehose von Mark Spitz in den BRAVO-Starschnitt zu kleben.
Früheste männliche Idole: Lucky Luke, Fred Astaire, Adam Cartwright.
Früheste Ahnung, dass die Sache mit dem Sex nicht immer einfach ist: Fotos von Frauen im *Quelle*-Katalog, die ihre Schultern mit »Massage-Stäben« bearbeiteten. Aktuelle Bestätigung: 0190-Werbespots.
Beste Entscheidung aus den falschen Gründen: Anglistikstudium aus Liebe zu schwulem Engländer.
Schlechteste Entscheidung aus den richtigen Gründen: unentschieden zwischen 1. Sex aus Rache und 2. ein Dreivierteljahr Köln wegen Karriere; kein Job der Welt ist das Leben in dieser Stadt wert.
Schlechteste Entscheidung aus welchen Gründen auch immer: zitronengelbes Aerobic-Trikot, grüner Stringtanga, zitronengelbe Leggings, grüne Socken, ca. 1985 in Sydney Romes Berliner Aerobic-Studio.

Lieblingsort: Bett.
Lieblingsbeschäftigung: Schlafen.
Schlechte Laune kriege ich, wenn ich: aufwache.
Die schlechte Laune legt sich, wenn ich: sehe, wie Peter Praschl im Schlaf in sein Kissen beißt.
Ungewöhnlichster Ort, an dem ich dann doch keinen Sex hatte: die Ägyptische Suite im Stundenhotel »Orient«, Wien. Die im Boden eingelassene Marmorbadewanne war ja noch sexy, aber der Latexbezug unter dem Bettlaken …
Erschütterndster Satz, den ein Mann je zu mir gesagt hat: Du bist wie ein Mann, nur mit den richtigen Geschlechtsteilen. Das Erschütternde daran: Es könnte stimmen.
Einziger Interviewpartner, den ich gerne rumgekriegt hätte: Clint Eastwood.
Sexuelles Erweckungserlebnis: Peter Praschls Grießflammeri mit Mascarponecreme.

Er

Peter Praschl, geboren am 26. 10. 1959 in Linz / Oberösterreich. Völlig uninteressante, untraumatisierte, rundum glückliche Kindheit (Höhepunkte: Nachsitzen am allerersten Schultag, zwei Wundertore aus unmöglichem Winkel gegen die Typen aus der anderen Siedlung, echt cooler Kurzhaarschnitt für fünf Schilling). Im Gymnasium fünf Jahre lang Klassenbester, danach Pubertät, Studium der Philosophie in Wien, Journalismus, Karriere, blablabla.
Früheste grundsätzliche Beziehungsdebatte: Sekundenbruchteile nach dem ersten Zungenkuss mit 13 (Ich: »Aaahh!«, Katharina: »Du bist so besitzergreifend!«).
Früheste weibliche Idole: die Unterwäsche-Models im *Quelle*-Katalog, Heilige Jungfrau Maria (»gebenedeit sei

dein Leib«), Monika Klepp (Gymnasium, Deutsch, Kleopatra-Frisur).

Bescheuertste Handlung, um einer Frau zu imponieren: In ihren Leichtathletikverein eingetreten (und nach dem ersten Zirkeltraining zusammengebrochen) zu sein.

Sexuelle Praktiken, auf die ich keine Lust habe: Frauen mit Zungenpiercing küssen (vielen Dank auch an Dr. Stephan für die Generalsanierung), Duschkabinenfotos von ManuKerstinSabrina aus dem Internet saugen, in der Love Parade mitmarschieren, einfach nur kuscheln.

Ungewöhnlichster Ort, an dem ich Sex hatte: Hamburg.

Ungewöhnlichster Ort, an dem ich nicht Sex hatte: Das Doppelbett der Coco-Chanel-Suite im Hotel Ritz, Paris. Auf der anderen Seite schlief der Fotograf Paul Schirnhofer. Zwei Suiten konnten wir uns nicht leisten. Außerdem hatte ich sowieso einen Leistenbruch.

Merkwürdigstes Tête-à-tête mit einer Frau: Im Warteraum der Schreinemakers-Show Lollo Ferrari gegenübergesessen zu haben (kann man nicht wirklich *Tête-à-tête* nennen, glaube ich).

Gemeinster Satz, den je eine Frau zu mir gesagt hat: Ich mag dich so, wie du bist.

Schönster Satz, den je eine Frau zu mir gesagt hat (und sie war nicht mal verliebt in mich): Du hast eine gewisse Ähnlichkeit mit Jack Nicholson.

Erfolgreichste Tricks, mit denen ich Frauen rumkriege: Grießflammeri, Mascarpone-Creme, Grießflammeri mit Mascarpone-Creme.

Sexgöttinen: Audrey Hepburn, Truman Capote, Meike Winnemuth.

100 Doppeldank
Bei wem wir uns für dieses Buch bedanken müssen

Sie *Inspirationen:* Die Kollegen bei AMICA, besonders Knuth »Maren liest deine Seite immer als erste« Stein. Bettina »Warum macht Prada eigentlich keine Umstandsklamotten?« Schneuer. Nelle Potter & Ling, John Kirkland (der Spion, der mich liebte). Jürgen und Ana Ahrens.

Coaching: Ingeborg »Was heißt hier, es fällt ihm nichts ein, treten Sie ihn doch« Rose, Susanne »Russell Crowe wird übrigens mit MIR durchbrennen« Frank.

Unbedingt: Edith »Müsst ihr eigentlich immer über Sex schreiben?« Winnemuth, Erwin »Deine Mutter nimmt mir schon wieder den Hörer aus der Hand« Winnemuth.

Schleichwerbung: Der beste Zeitschriftenladen von Hamburg – Jürgen und Ana Ahrens, Isestraße 16.

Maschinen: Macintosh PowerBook G3 (Zeichenzählfunktion, Erics Ultimate Solitaire), Heißluft-Popcornmaschine (»Nach dreimaligem Gebrauch unbedingt ganz abkühlen lassen, bevor Sie das Gerät erneut benutzen«), Philips Farbfernseher.

Nachschub: Ritter Sport Vollmilch-Nuss, Haribo Weinland-Gummi, neuseeländischer Cloudy Bay Sauvignon Blanc 1998, Joeys Pizzaservice (Classic mit Artischocken, Spinat, zweimal scharfe Peperoni, zweimal Knoblauch).

Audiovisuelle Hilfsmittel: Seinfeld (besonders die Folge, in der George das »shrinkage problem« hat), Frasier, ER, Traumhochzeit. Chet Baker (»For heaven's sake let's

fall in love«), Jay-Jay Johanson (»I used to be handsome and popular, but I´m older now, much older than I was when I was young«), Dean Martin (»When the moon hits your eye like a big pizza pie – that´s amore«).
Bei wem ich mich unbedingt noch entschuldigen muss: bei Anja Lösel und Alexander Mayr für den wirklich miesen Weißwein, den wir letztes Jahr mitgebracht haben. Bei Peter Praschl für die rufschädigende Beschreibung seines Geschlechtsorgans in Kolumne Nummer 58.
Nützliche Wörter, die ich von ihm gelernt habe: Popschi, baba, pudern.

Er *Inspirationen:* Alle Kolleginnen bei »Amica«, Heike »Ich bin ja nicht blond« Hansemann, Sylvia »Writer´s Block« Plath, Ildiko »Ich würde dich gerne zum Essen einladen, aber kochen musst du selbst« von Kürthy.
Coaching: Ingeborg »Klar können wir diese Klausel noch in den Vertrag aufnehmen« Rose, Susanne »Lassen Sie sich ruhig Zeit« Frank.
Unbedingt: Stella »Mir doch egal, wie du Britney findest« Hansemann, Janosch »Deutschland hat scheiße gespielt« Hansemann, Paul »Können wir noch mal in Toy Story gehen« Hansemann.
Schleichwerbung: Auf dem Sofa (http://sofa.digitalien.org) bekommen Sie alles, was Sie fürs Leben im Liegen benötigen.
Maschinen: Apple Macintosh iMac (Championship Manager, Pac the Man), Palm V, Grundig RR 630 CD (ätzende Farbe, aber Ultra Bass System).
Nachschub: Balzac Coffeeshop (Grande Latte to go), Joeys

Pizzaservice (Classic mit Gorgonzola, Tunfisch, Anchovis, 2 x Knoblauch), Bok (Bento 3), Nutten-Thai (machen Sie ruhig scharf), U-Bahnhof Hoheluftbrücke (die Würstchen mit dem Reißverschluss).

Audiovisuelle Hilfsmittel: Seinfeld (vor allem die Episode, in der Jerry herausfinden will, ob die Frau in der Sauna echte oder Silikonbrüste hat), Verrückt nach Dir, Ehen vor Gericht. Beach Boys (»God only knows what I′d be without you«), Talking Heads (»Heaven is a place where nothing ever happens«), Prefab Sprout (»We were quoted out of context – it was great!«).

Bei wem ich mich unbedingt noch entschuldigen muss: Bei allen Nichtösis für die österreichische Bundesregierung, die jede Sanktion verdient hätte. Und bei Meike Winnemuth, die etwas Besseres als mich verdient hätte, obwohl ihr nichts Besseres einfällt, als mich permanent zu vernadern.

Nützliche Wörter, die ich von ihr gelernt habe: ich, liebe, dich.

Noch nicht genug?

Mehr von
Meike Winnemuth
und Peter Praschl
jeden Monat in

AMICA

AMICA. Das Frauenmagazin für Freundinnen.